外研社 高等英语教育学术会议文集

外语教育与改革发展论集

主编 仲伟合

外语教学与研究出版社
北京

图书在版编目（CIP）数据

外语教育与改革发展论集 ：汉文、英文 / 仲伟合主编. -- 北京 ：外语教学与研究出版社，2017.12
（外研社高等英语教育学术会议文集）
ISBN 978-7-5135-9734-0

Ⅰ. ①外… Ⅱ. ①仲… Ⅲ. ①外语教学－教学改革－研究－中国－文集－汉、英 Ⅳ. ①H09-53

中国版本图书馆 CIP 数据核字（2017）第 331743 号

出 版 人　徐建忠
项目策划　段长城
责任编辑　毕　争
责任校对　蔡　喆
封面设计　张　峰　锋尚设计
出版发行　外语教学与研究出版社
社　　址　北京市西三环北路 19 号（100089）
网　　址　http://www.fltrp.com
印　　刷　北京九州迅驰传媒文化有限公司
开　　本　730×980　1/16
印　　张　13.5
版　　次　2018 年 1 月第 1 版　2018 年 1 月第 1 次印刷
书　　号　ISBN 978-7-5135-9734-0
定　　价　49.90 元

购书咨询：（010）88819926　电子邮箱：club@fltrp.com
外研书店：https://waiyants.tmall.com
凡印刷、装订质量问题，请联系我社印制部
联系电话：（010）61207896　电子邮箱：zhijian@fltrp.com
凡侵权、盗版书籍线索，请联系我社法律事务部
举报电话：（010）88817519　电子邮箱：banquan@fltrp.com
法律顾问：立方律师事务所　刘旭东律师
　　　　　中咨律师事务所　殷　斌律师
物料号：297340001

外语教育探索与实践

目 录

专家论坛

外语教育现状与规划

外语教育师资与测评

序 言

2016年12月10日，中国外语教育改革与发展高层论坛在广州广东外语外贸大学举行，该论坛由广东外语外贸大学主办，外语教学与研究出版社等机构协办。论坛参会代表来自国内外逾百所高校。

论坛面向国家战略发展需求，依托教育部重大攻关项目“我国外语教育的改革与发展研究”，以主旨发言、分组讨论和论文海报等形式，针对“外语教育现状与规划：调查·政策·标准”、“外语教育改革与发展：人才·师资·测评”、“外语教育探索与实践：目标·理念·教学”等议题展开了热烈的研讨。

论坛期间，学者们探究外语教育的时代热点和发展难点，展望外语教育规划、发展与改革趋势，探索外语教育健康有序发展的策略、方法和途径。论坛主旨发言环节，仲伟合教授从国家战略发展需求角度出发，提出了我国外语教育的现状、问题与未来发展方向。孙有中教授从思辨能力与跨文化能力的视角探讨了我国外语教育的立足点。Helen Kelly Holmes 教授分析了全球化语境下我国外语教育改革与发展的机遇与挑战。石坚教授从能力与素养的视角审视我国英语专业的学科内涵。王文斌教授解析了我国外语教育研究的理论框架。彭青龙教授就构建中国外语高等教育话语体系分享了自己的见解。韩宝成教授深度剖析了“整体外语教育”的核心理念并提出具体实施方案。赵蓉晖教授从语言政策与规划的视角分析了我国外语与外语教育改革的方向选择问题。庄智象教授从宏观层面审视我国英语专业的现状、问题并提出对策。王铭玉教授针对国家“一带一路”倡议需求提出我国亟需构建语言战略的设想。张绍杰教授从教育国际化背景探讨我国高校英语类专业面临的危机与挑战。龚亚夫教授针对我国基础教育阶段外语教育现状提出中小学英语教育需要实现四个转变。张文霞教授及教育部考试中心研究团队基于我国外语能力测评现状和需求调查数据，就我国英语教学现状、问题提出了改革建议和对策。论文海报和小组发言环节，学者们基于前沿学术视角和观念，运用多维度、跨学科的研究方法，展示了我国外语教育领域的最新研究成果，得到了200余位与会代表的积极回应，产生了广泛的反响。

本书是在对近百篇提交的论文全文进行评审遴选后集结成册的，旨在以多维度、跨学科的学术视角和研究方法，展示我国外语教育领域的最新研究成果。论文分四个部分：专家论坛、外语教育现状与规划、外语教育师资与测评和外语教育探索与实践。“专家论坛”部分，3篇论文真实地再现了论坛的主旨演讲环节，勾勒了我国外语教育的现状与未来。在“外语教育现状与规划”部分，9位作者从宏观和微观层面探讨了外语战略规划、语言教育政策、翻译人才培养现状、民族地区外语教育的方方面面。在“外语教育师资与测评”部分，9 位作者就课程标准与教学质量、民族地区大学外语教师专业发展等领域展开研究。“外语教育探索与实践”部分，9 位作者则具体讨论了英语专业人才培养能力结构、军队院校课程教学改革及英语教学中的教学法、行动研究等主题。

面向我国战略发展需求，本书立足我国经济、社会、文化事业发展的新语境、新要求，研究和探索我国外语教育改革与发展的关键问题。我们以本书为起点，探讨我国外语教育在中国话语体系国际建构、中国文化观念国际传播以及中国发展模式国际认同中的改革与发展路径，期待以更多元的研究成果激发外语教育改革的内生动力，勾画外语教育发展的未来趋势。

仲伟合

2017 年 5 月于广州白云山畔

专家论坛

国家外语能力建设视角下的外语教育规划 *

仲伟合
广东外语外贸大学

摘要：国家外语能力是国家经济文化竞争力的重要支点。外语教育构成我国教育事业的有机组成部分，对于国家总体战略的有效实施具有重要的支撑作用。基于国家战略发展，本文从外语规划与教育的视角审视国家外语能力建设的现状与问题，并进一步提出外语教育规划服务国家外语能力建设的战略发展建议。

关键词：外语教育规划；国家外语能力；国家战略发展

1. 导言

近年来，随着我国综合实力的崛起和国际影响力的提高，中外文化和经济互动增多，中国的海外利益范围日益扩大，参与国际事务和国际竞争日趋频繁，国家的多方面安全问题（领土安全、经济安全、主权安全、军事安全、文化安全、信息安全等）成为各研究领域的焦点。国内众多语言学者指出，在处理涉及国家安全事务的过程中，语言的作用被摆在了关键地位（赵世举 2013，2015；沈骑 2016；戴曼纯 2011；赵蓉晖 2010）。当语言涉及一个国家的安全问题时，传统意义上的语言研究中的交际、认知、社会文化视角对于理解语言与国家安全的联动关系的局限性就显现出来。

世界强国和跨国组织近年来制定的语言发展政策和规划给予我们警示，必须充分认识到语言作为经济和文化资源在维持和巩固国家安全方面的关键作用。语言是资源，在个人层面，"公民个人语言能力的强弱直接影响民族素质和国家人力资源质量与水平，进而影响一个国家的经济创造力和发展力"（赵世举 2013：1）；在国家层面，能否充分"掌握利用语言资源、提供语言服务、处理语言问题、发展语言及相关事业"直接关乎国家的经济利益乃至综合实力。这里涉及的语言能力就是众多语言专家们提及的"国家语言能力"（赵世举 2015；文秋芳 2016；李宇明 2011）。

"国家外语能力"是由国家语言能力延伸而来的一个重要概念。作为国家语言能力的重要组成部分，在全球化进程中，国家外语能力建设显得尤其重要。文秋芳、苏静和监艳红（2011：5）认为，国家外语能力是指"一个国家运用外语应对

---

* 本论文主要内容已发表于《语言战略研究》2016（5）：45-51，本文做了细节修改。

各种外语事件的能力”。与文秋芳等人偏重国家安全的定义不同，蔡基刚（2014：15）认为国家外语能力还体现在国家的经济、科技和学术交流等方面，继而将其定义拓展为“一个国家运用外语以确保国家安全和在政治、经济、科技等领域有国际竞争力的能力”。考虑到一国的外语能力建设涉及国家发展的方方面面，本文主要基于蔡基刚的定义，从外语教育规划的视角，来探讨提升我国外语能力的有效途径。

2. 国家外语能力建设中的外语规划和教育问题

要提高国家的外语能力，离不开国家的顶层设计，即有前瞻性、全局性和可持续性的自上而下的外语教育规划。当前，为应对提升国家外语能力的需要，我国外语规划和外语教育尚存在以下四方面的不足。

2.1 从理念上看，战略意识缺位

我国外语教育思想长期停留在外语的知识培育和技能训练的专业教育思维模式。外语教育的关注点在于个体发展的实用性，而不是自觉地服务于国家战略利益。文秋芳等人（2011）指出，尽管学术界、政府文件和国家领导人的讲话，都发出了提高我国全体公民外语能力、学习国外先进科学技术、赶上世界发达国家水平的呼声，近期《国家中长期人才发展规划纲要（2010—2020年）》和《国家中长期教育改革和发展规划纲要（2010—2020年）》对外语教育和外语能力建设的战略地位和如何具体推进均没有深入阐述。蔡基刚（2014）指出，我国现时的大学英语课标，从改革开放至今尽管历经30年的改革，仍旧定位在提高语言技能的“打基础”阶段。同时，即便是教育部即将发布的《大学英语教学指南》仍然倾向于降低国家对学生的外语客观要求，过度倾向于放权于高校（与学生自己）选择“适合”大多数学生的较低层次的语言技能，而放弃更高的、符合国家利益的要求，也就是提高用英语从事专业学习、科研或今后工作的能力（蔡基刚 2016）。近几十年邻国日本和西方强国都有意识地将外语教育规划和设计服务于国家战略和国际竞争，而我国这方面的战略意识还比较薄弱。

2.2 从顶层设计来看，缺乏战略规划和制度保障

自1964年10月国家制订的第一次（也是至今唯一一次）的外语规划以来，国家仍没有设立专门的机构管理外语教育规划（胡文仲 2011）；学术机构对于这一重大问题也一直缺乏研究，直到近十年才逐渐成为重点研究对象。我国整体上缺乏连贯性、持续性的外语战略规划和制度体系建设。作为一个拥有外语学习者人数已超过3亿的大国，我国至今还没有一个统一的外语能力标准，没有一个统

一的外语能力认证机构。我们在外语语种的规划与布局、外语人才培养的数量和水平、外语教育层次间的衔接等方面都没有一个中长期的外语教育战略规划。可以说，我国当今外语教育存在种种问题（诸如英语专业发展过快、英语教育目标需重新定位、英语人才不拔尖、小语种人才数量小，等等），跟一直以来缺乏这样一个前瞻性的外语规划不无关系。

2.3 从资源配置上看，战略投入不合理

外语教育具有投入大、产出小、战略性价值强的国家公共产品的特征。在十年前的扩招压力和市场机制导向下，各高校自然按“社会需要”来配置资源，导致我国外语学科建设战略性投入不足、不合理：语种数量偏少，结构不均衡，英语专业发展过快而质量不精，其他语种特别是非通用语种专业发展严重滞后（朱海龙 2016）。2002 年到 2005 年三年内英语专业点增长了近一倍。截至 2014 年 12 月，全国范围内开设英语专业的本科院校多达 1,000 余所，在校英语专业本科生总数接近 60 万人。以翻译为例，截至 2016 年 3 月，全国共有 230 院校开设了翻译专业。“似乎只要是所高校就一定要成立英语系，就一定要有英语专业”（胡文仲 2011），在这么短的时间内学生人数激增，但合格的师资力量不足，难以保障教学质量。与英语专业的“过热”相反，其他外语语种却似乎一直处于“寒冬”。与我国目前 3 亿的英语学习者相比，其他语种的学习人数不到英语的 1%；在这不到 1% 里，绝大部分都集中于日、俄、德、法、西班牙语等常见语种（文秋芳等 2011）。胡文仲（2011）指出，我国中小学可供学生选择的外语仅为英语、俄语和日语。然而，不仅开设俄语和日语的学校数量在逐渐减少，选学这两种外语的学生人数也在不断下降。与此相对比，无论是欧盟国家还是美国、澳大利亚，在中小学提供的外语种类和要求学生学习的外语种类都在两种（或以上），学习外语的人数比例也是我国难以企及的。

2.4 从人才培养的角度看，存在较为严重的供需缺口和结构性失衡

第一，中国作为最大的发展中国家，与广大发展中国家存在共同的利益诉求，政治、经济和文化的交流日益密切，迫切需要通晓这些国家语言文化的人才。“一带一路”倡议的推进，更加大了这种紧迫性。从外语语种数量看，目前和中国建交的 172 个国家中，非通用语种有 95 种，而中国目前仅能开设 67 种语言课程。根据中国非通用语教学研究会最新数据，“一带一路”沿线 65 个国家（不含南太平洋国家），有 49 种官方语言性质的非通用语，国内高校已开设的有 32 种（指专业外语，不包括二外等），尚有三分之一语种未被覆盖，不少语种都是近几年新开的。未来“一带一路”的推进，将面临非通用语人才储备严重短缺的困境。

第二，在各类涉外事务（如与外国的生意往来、法律纠纷、旅游发展、联合军演等）中，我国能胜任这些事务的高端外语人才寥寥无几。由于外语能力和跨文化交际能力的不足而引起的沟通障碍往往会导致经济利益损失乃至损害中国的国际形象。文秋芳等（2011）引用数据表明，全国范围内“熟知国际法、国际贸易法和 WTO 规则的律师稀缺，即便在最前端的上海，5,000 多名律师中只有约 50 名具备这样的素质和能力”。随着中国在国际组织中任职人数的增加，以及近年来中国参与各种突发国际事件概率的提高（领土纠纷、边境安全、国际维和、防暴防恐活动等），我国在国际组织中精通外语、能直接参与国际合作和竞争的国际人才极其匮乏的状况，将会给中国的正当利益在诸类涉外事件中带来不可预测的损失（沈骑 2016）。

显而易见，以外语素质为基础的各类人才相对于国家战略需求，存在较为严重的供需缺口和结构性失衡。

3．外语教育规划服务于国家外语能力建设的战略建议

国家转型给外语教育带来了挑战，有必要推进外语教育规划，提升国家外语能力，服务国家发展战略。展望我国外语教育改革与发展的未来，笔者认为，外语教育服务国家外语能力建设可从以下五个方面开展工作。

3.1 确立我国外语教育规划与实施战略

秉持“凡事预则立，不预则废”的理念，笔者认为应该研究外语教育规划服务国家外语能力的方法路径，根据国家政治、经济、文化、军事等国家安全战略的需求论证外语教育规划理据，提出我国外语教育的整体布局和发展思路。

3.1.1 明确新形势下我国外语教育发展战略定位

我国公民的外语能力以及由此形成的国家外语总量是国家政治、经济、文化、教育等领域的重要资源，更是国家话语权的重要组成部分（刘美兰 2016：386）。因此，有必要改变对外语教育的地位和作用的传统认识，从国家战略层面上来审视和看待外语教育事业，把外语教育定位为国家战略的有机组成部分。

3.1.2 设立外语管理的专门机构统筹规划，协同联动

我国外语学习和使用隶属多个部门监管，急需整合协同。建议在国家层面设立一个专门机构，充分借鉴美、俄等国外语战略的经验，加强外语教育顶层设计，例如设立外语管理局，从国家层面上制定外语发展总体规划；确定国家中长期教育规划及目标，跟踪国家发展新战略要求，建立保障外语战略的制度体系；协同相关部门负责组织外语发展规划、外语政策的制定与落实，促进有关的国家

行政部门等的沟通交流，如国防部、教育部、外交部等，形成联动的工作机制。

3.1.3 多元统一的外语教育语种规划，确立国家“关键外语”

语种的选择是国家外语教育规划的重要问题，直接影响国家安全。因此，在语种的安排上，应加大国家和政府层面的规划。根据国家政治、经济、文化等方面发展的需要，加强外语语种规划与布局，并确立“关键外语”。

统计表明，“一带一路”沿线包含 65 个国家，如果加上南太平洋国家则将近 80 个国家，官方语言 70 余种。其中除英语和日语外，全是非通用语种。语言是联系的桥梁和纽带，是政策互动、人心相通的前提。优化外语语种的结构是建设“一带一路”的应有之义。因此，在外语语种规划中除了要调整我国外语语种结构，充分发挥区域优势加强非通用语种人才的培养外，还需在政策上确定几门外语作为优先发展的战略语言。例如，重视发展与我国有长期重要政治、经贸、文化安全等领域交往的国家或地区通用语言，通过开展外语语言生态的定期调查来微调区域性外语语言教育的语言使用和语种配置（谢倩 2013：199）。从谋求最大共同利益、协调国家海外利益角度，根据“一带一路”倡议需要，确立国家的“关键外语”，加大战略投入，培育和储备外语人才。

3.1.4 建构并完善外语教育的系统层次和水平衔接

就外语专业人才培养来看，目前已有本科、硕士、博士三个层次，但不同语种之间、同一语种内部不同的层次之间的比例严重失调，各语种学科点的分布——包括层次与结构——也存在严重不合理的情况。例如，英语专业本科毕业生严重过剩，博士点、硕士点的分布也多集中在沿海经济发达地区。其他语种，甚至应该是作为关键语种的非通用外语，如印度和中亚的一些重要语言，不但教学点稀少，甚至没有专门的研究型人才储备。这与国家未来发展的需求极不相称（束定芳 2013），我们有必要从“国家外语战略”格局入手，规划小学、中学和大学的外语教育“一条龙”体系；压缩多语种人才培养周期，在有条件的高校建立本、硕、博相互衔接以及环环相扣的“多语种 + 专业”人才培养机制。

同时，根据教育层次制定不同的外语教育目标，如面向全体教育者的基础教育阶段外语教育目标、国家一般专业人员的外语教育目标、国家外语专业人员的外语教育目标等。

3.1.5 重视安全语言教育与规划，加强军事外语教育规划

外语教育规划不应忽视军队外语能力的规划和建设。全球化背景下，军队的使命除了战场作战外，还要通过各种非战争军事行动来维护国家安全，如维和行动、联合军演、人道主义救援等，这些都需要军队人员有较强的外语交流和文化

理解能力（李洪乾 2009）。因此，当前国家有必要尽快从外语教育规划层面加强我国军队外语能力建设。

3.2 开展我国外语能力建设现状动态监控

外语教育规划是涉及外语教育全局的工作，对于外语教育规划缺乏考虑或者考虑不当，都会对外语教育产生负面影响（胡文仲 2001）。外语需求的调查分析是外语规划的重要依据。科学的外语教育规划和外语能力建设战略，不仅需要专家学者的主观思考，更需要大量实证调研数据的支持。然而，国家外语能力建设是动态发展的，相关调查如仅限于单次或局部，既费时耗力，又收效甚微。目前，我国相关高校和政府部门已开展了一些调研，如教育部国家考试中心的我国外语测评现状及能力需求调查、北京外国语大学文秋芳教授团队在建的国家外语人才资源动态数据库、北京师范大学董奇教授团队的全国基础阶段教育质量监控等。因此，亟待政府牵头，借鉴已有的调查项目，整合资源，开展我国外语能力建设现状的动态监控。主要包括以下五个方面：

3.2.1 国家外语能力总量

国家外语能力总量指一国国民的外语能力综合，包括外语人才数量、质量与语种分布等基本要素（鲁子问、张荣干 2012：228）。对我国基础教育、高校教育和社会教育中的外语教育发展现状进行持续性的调查分析，结合国家的新型发展战略研判我国外语人才培养的相关问题，如不同语种、院校、地区的外语人才培养的规格和质量等，及时掌握我国外语能力总量。

3.2.2 国家外语能力需求

紧盯国家发展重大需求，结合“一带一路”等国家发展需求进行外语教育需求的长期调研。“一带一路”涉及国家和地区广泛，沿线各国的语言文化千差万别，外语能力需求调查必须提前启动（沈骑 2015）；有必要既从宏观战略层面挖掘、分析语言文化需求，又从语言使用者角度入手，收集我国不同区域、不同行业产业对外语能力的切实需求。

3.2.3 外语教学国家标准实施状况

国家外语教育政策的制订与落实是保障外语教育质量的重要途径。针对新一轮外语教学国家标准的实施和效果展开调研，考察国标在不同层次、不同类别学校的具体实施情况。调研包括国标规定的培养目标及规格、课程体系、教学评价、师资队伍、质量保障体系等方面；通过对外语教育相关管理人员、教师和学生的调查，检验国标执行效果，收集执行过程中遇到的问题，并通过统计分析监控并及时调整相关外语教育政策规划。

3.2.4 外语教育评价体系的应用

评价体系是外语教育中不可缺少的一个重要环节。外语教育评价必须符合外语教育规律，满足社会发展和国家对外交流对外语人才的具体需求。目前我国各级各类外语测试评价体系是否能够达到这种要求，差距在哪里，如何改进，都需要全面彻底的调查研究，以获取第一手数据。全面掌握各地各级各类外语教育评价体系的现状，才可能真正改进我国的外语教育评价，制订整体规划，最终服务国家外语能力的发展。

3.2.5 外语教师发展状况

外语教育的发展离不开师资队伍建设。随着基础外语新课程改革的进一步推进以及中、高考英语改革方案的出台，国家更加重视基础外语教师的培养和培训制度的优化，更加重视培养模式与方式的可行性和灵活性，更加重视教师培训的实效性和可持续发展性（文秋芳、徐浩 2014：322）。尽管我国从上到下对外语教育教师发展的重视程度日益加强，教师培训投入也不断增加，但是教师发展的整体规划一直未能得到应有的重视。教师发展规划需要大规模实证调研数据的支持，主要包括：教师需求、培训资源与机会以及教师发展评价等。

3.3 优化我国外语教育评价体系

2014 年 9 月，国务院印发《关于深化考试招生制度改革的实施意见》（以下简称《实施意见》），标志着新一轮考试招生制度改革全面启动。《实施意见》中明确提出，要加强“外语能力测评体系建设”，这是第一次从国家层面对外语教学与考试综合改革提出要求。外语能力测评体系旨在为各阶段外语教育提供统一的外语能力标准和测评方法，构建沟通衔接各级各类外语教学、科学评价多种学习成果的终身学习“立交桥”（姜钢 2016）。

3.3.1 统一的国家外语教育评价体系

我国外语教育事业和体系中最需要改革的问题之一便是外语考试的多样化和繁杂性，政出多门。各种考试相互之间缺乏统一的能力描写和等级划分标准，这使得考试用户莫衷一是，不便于准确利用考试结果；英语教学方面也不便于课程的组织和衔接（杨惠中、桂诗春 2007）。研制统一的外语教育评价体系有助于改革外语教育的诸多弊端，对于提升外语教育质量、节省外语教育资源具有举足轻重的作用。

3.3.2 提升考试科学性与规范性

考试不仅是对于教育教学的最终结果的检验和评估，反过来又对教学具有反拨作用和引导功能，既影响教育教学内容又影响学习者的学习信念、态度及兴趣等。提升外语考试的科学性和规范性需要考虑两方面内容：一是外语考试自身的质量标准；二是外语考试管理与服务的标准。前者是从外语测试、心理测量等角度对考试设计、试题命制、考试信效度及公平性、等级划分、成绩报告、考试使用等方面的明确要求和规定。后者则是包含对考试实施各环节的具体要求，考生服务、信息使用与保护等方面的标准设置。以公平公正为原则制定外语考试质量标准，才能保障国家考试的公信力。

3.3.3 改革完善现有外语考试

我国现存的外语考试种类众多、缺乏可比性，考生在毕业、升学、就业、出国、鉴定外语水平时不得不参加各种考试（刘建达 2015）。有些考试仅仅成为外语学习者获得证书的一种平台或途径，难以真正测出参加考试者的真实外语水平，由此造成学生虽然通过了某种考试但实际运用语言能力依然低下。外语教育改革的重要议题之一便是改革现有外语考试的设置，完善考试要素和功能，促进外语学习者的语言运用能力。

3.3.4 形成性和终结性测评相结合

考试功能因考试的目的不同而有所差异。外语考试应多采用形成性评测，即开展以提高外语学习者学习兴趣和学习自主性为目的、重视学习过程的评测；而当前，外语评测还是以通过期末考试来给外语学习者的一个最终分数，以学习结果为目的的终结性测评为主（李清华 2012）。在我国，形成性测评还没有系统地应用于具体的外语教育教学中，各阶段的外语教学仍主要采用终结性测评。开展形成性测评研究，注重形成性测评和终结性测评结合，提升外语学习效果，是我国外语教育改革服务国家外语能力的重要维度。

从教育规划的视角看，除以上所谈教育过程本身的评价之外，针对教育政策的评估是促进外语教育有效落实的关键环节。科学的评估有助于人们正确判断某一外语教育政策本身的效果与价值，有助于人们对政策过程的各个阶段进行全面的考察分析，为以后的政策时间提供良好的基础。而教育政策评估是当前我国外语教育缺失较为明显的一环。因此，如李娅玲（2012：245）所谈，建议加强政府系统内部的外语教育评估机构建设，或建立相对独立的、专业的外语教育政策评估机构。

3.4 提升外语教师发展及外语师资水平

外语教师承担着向学生传授语言技能、传输文化知识，帮助学生形成正确的世界观和人生观的重要职责。外语教学改革和教学水平提升的关键在于外语教师。因此，有必要构建适合中国中小学教师及高校教师发展的模式，并为相应政策的制定提供理论支撑。

3.4.1 建立健全外语教师资格认定制度及专业等级标准

我国的外语教师是一个庞大的职业群体，目前还没有针对外语教师教学水平、教师能力的有效评价体系。完善外语教师的资格认定制度，研制专业等级标准，是保证教师队伍质量、提升我国外语能力水平的关键环节。

3.4.2 建构外语教师专业发展保障体系

教师专业发展是教师在知识建构和反思学习的基础上，不断提升自身教学能力、科研能力和师德修养的过程，而终身学习理念与学术研究的团体氛围是促进教师专业发展的有效保障（庄智象等 2015：67）。因此，有必要系统研究高效且可持续的外语教师培训机制，建构基于外语教师专业能力发展的保障体系。

3.4.3 建立并强化非通用语种师资培养机制

从国家的现实需要出发，应建立并强化非通用语种师资培养机制，以解决尤其是与"一带一路"沿线国家的经贸、文化、科技、人文交流等密切相关的语种的师资配置。同时，在大力培养本国教师的基础上，加大派出和引进骨干外语教师的力度，改善教学条件和教学环境，为非通用语种外语教育的良性发展提供师资保证。

3.5 探索创新型外语拔尖人才培养模式

创新教育是当前我国教育领域的主旋律。外语教育在培养具有国际视野的创新型拔尖人才方面承担着其他学科无法替代的作用（仲伟合 2013），有必要探索实践非外语专业和外语专业拔尖创新人才培养模式。明确拔尖人才培养的目标和规格，探索和创立适合中国国情的人才培养模式。同时，创新协同培育复合型外语人才的机制，鼓励外语院校与综合性大学、外语院校与国外高校协同培养，发挥优势互补效应，培育高精尖的复合型外语人才。

4. 结语

国家外语能力是国家经济文化竞争力的重要支点，外语教育规划视角下的国家外语能力建设旨在系统解决我国当前非通用语人才、高层次多语种翻译人才、国际组织人才、国别人才的结构性短缺问题，解决文化传播、机器翻译、企业国际化等领域语言资源和智力资源不足等问题，服务国家发展战略，为国家参与全球治理和国际文化交流储备外语人才，为"一带一路"倡议和"引进来""走出去"战略提供重要支撑和保障。

参考文献

蔡基刚，2014，国家战略视角下的我国外语教育政策调整——大学英语教学：向右还是向左？《外语教学》(2)：40-44。

蔡基刚，2016，国家外语能力需求和大学生外语能力无缝对接——关于个性化教学和个性化需求的研究，《云南师范大学学报（哲学社会科学版)》(3)：33-39。

戴曼纯，2011，国家语言能力、语言规划与国家安全，《语言文字应用》(4)：123-131。

胡文仲，2001，我国外语教育规划的得与失，《外语教学与研究》(4)：245-251，320。

胡文仲，2011，关于我国外语教育规划的思考，《外语教学与研究》(1)：130-136，160。

姜钢，2016，贯彻落实《实施意见》 积极推进国家外语能力测评体系建设，《中国考试》(1)：3-6。

李洪乾，2009，中国军事维和人员外语技能培养现状及其途径研究——以 UNIFIL 为例，《高等教育研究学报》(2)：38-40。

李清华，2012，形成性评估的现状与未来，《外语测试与教学》(3)：1-7，26。

李娅玲，2012，《中国外语教育政策发展研究》。北京：北京大学出版社。

李宇明，2011，提升国家语言能力的若干思考，《南开语言学刊》(1)：1-8。

刘建达，2015，基于标准的外语评价探索，《外语教学与研究》(3)：417-425。

刘美兰，2016，《美国关键语言战略研究》。上海：复旦大学出版社。

鲁子问、张荣干，2012，《中国外语能力需求调查与战略建议》。北京：北京大学出版社。

沈骑，2015，“一带一路”倡议下国家外语能力建设的战略转型，《云南师范大学学报（哲学社会科学版)》(5)：9-13。

沈骑，2016，“一带一路”建设中的语言安全战略，《语言战略研究》(2)：20-25。

束定芳，2013，关于我国外语教育规划与布局的思考，《外语教学与研究》(3)：426-435。

文秋芳，2016，国家语言能力的内涵及其评价指标，《云南师范大学学报（哲学社会科学版)》(2)：23-31。

文秋芳、苏静、监艳红，2011，国家外语能力的理论构建与应用尝试，《中国外语》(3)：4-10。

文秋芳、徐浩，2014，《中国外语教育年度报告》。北京：外语教学与研究出版社。

谢倩，2013，《外语教育政策国际比较研究》。武汉：华中科技大学出版社。

杨惠中、桂诗春，2007，制定亚洲统一的英语语言能力等级量表，《中国外语》(2)：34-37，64。

赵蓉晖，2010，国家安全视域的中国外语规划，《云南师范大学学报（哲学社会科学版)》(2)：12-16。

赵世举，2013，语言是保障国家经济安全的要素，《中国教育报》，2013-12-13。

赵世举，2015，全球竞争中的国家语言能力，《中国社会科学》(3)：105-118。

仲伟合，2013，拔尖创新型国际化人才培养模式的探索与实践——以广东外语外贸大学为例，《广东外语外贸大学学报》（1）：98-101。
朱海龙，2016，完善外语教育战略　服务“一带一路”，《中国社会科学报》，2016-7-15。
庄智象等，2015，《国际化创新型外语人才培养与教材体系构建研究》。上海：上海外语教育出版社。

再出发：自觉构建中国外语学科学术话语体系 *

彭青龙
上海交通大学

摘要：经过 40 年的建设与发展，外语学科进入了重新出发、以我为主、创新驱动、自觉构建学术话语体系的新阶段。这既是适应全球化新态势的需要，也是中国从大国向强国转变的必然要求。自觉构建外语学科学术话语体系要从理顺学科内外关系入手，通过梳理和回答重大理论与现实问题，着力提出较系统的新思想和新表述。只有站在中国立场研究世界学术问题，主动服务国家需要和社会需求，优化和完善评价体系，发挥学术共同体的自觉性和积极性，才能创新构建具有中国风格的外语学科体系、学术体系和话语体系。

关键词：外语学科；学术话语体系；创新

约 40 年前，中国恢复高考制度，曾经被特殊年代破坏的外语学科建设重新步入正轨。经过改革开放后几代人的艰苦努力，初步建立了具有中国特色的高等外语教育体系，其中外语学科对国民经济和社会发展的贡献有目共睹，功不可没。然而，40 年后的今天，在中国从大国向强国转型之际，外语学科面临着在新的起点上，进一步深入发展的新形势、新任务。尽管我们在外语学科建设方面积累了丰富的实践经验，甚至在学术话语体系方面取得了丰硕成果，但仍然与中国积极参与全球治理、实现强国梦想和“双一流”建设的需求存在差距。这就需要我们在反思问题、总结经验的基础上重新出发，以更强的自觉性和创新意识，高质量地构建中国外语学科学术话语体系。学科是平台，学术是思想，话语是综合表达方式。学科是学术和话语存在的家，统一于学术和话语的内容和形式之中。学科体系、学术体系和话语体系既相互联系，又相互区别。其中，学术体系具有特殊的地位和至关重要的意义。构建具有中国气派、中国风格的外语学科学术话语体系，既是时代赋予我们的要求，也是包括外语界同仁在内的中国哲学社会科学工作者应有的担当。本文就自觉构建外语学科学术话语体系的时代背景、建设内容和方法谈点个人看法。

* 本文已发表于《中国外语教育》2017（1）：8-14，有细节修改。

1．自觉构建外语学科学术话语体系的时代背景

任何学科的学术话语体系建设都离不开它所处的时代背景，并具有阶段性特征。新中国建立后，外语学科经历了缓慢发展（1949—1976）阶段和快速发展（1977—2016）阶段，即将进入创新发展（2017—2049）阶段。如果说前两个阶段分别是以学习苏联和欧美国家为主的话，第三个阶段则进入了“以我为主、创新驱动”的高级阶段，其标志是2016年5月17日习近平同志在哲学社会科学工作座谈会上的讲话，他要求广大哲学社会科学工作者，抓住历史机遇，创新构建具有中国气派的学科体系、学术体系和话语体系。

自觉构建外语学科学术话语体系是应对国际社会错综复杂局面、各种思想相互激荡新形势的需要。进入新世纪以来，尤其是近年来，世界形势发生了重大变化，曾经辉煌的西方国家陷入了政治保守、经济停滞、社会混乱的局面。英国脱欧事件、难民危机和特朗普当选美国总统后所造成的分裂预示着世界将面临很多不确定性。与此同时，以反全球化为代表的民粹主义思潮正冲击着原有的国际秩序和价值体系。“这是最好的时代，也是最坏的时代；这是智慧的时代，也是愚蠢的时代……”Dickens（1859）一百多年前的话，依然构成对当下时代的隐喻。2016年是一个自然年份的结束，还是一个时代的终结？混乱的根源是政治、经济问题，还是文化和价值观问题？面对国际时局的新变化和各种思想激烈交锋的新情况，作为哲学社会科学的一部分，尤其是与人文教育密切相关的学科，我们应该充分利用自身的外语优势，加速构建学科学术话语体系，应对可能出现的各种挑战。

自觉构建外语学科学术话语体系是中国从大国向强国转变的必然要求。经过几十年的快速发展，中国的综合国力显著提升，正在走向世界舞台中央，这从地缘政治中的国际时局变化可以明显看出。实现“两个一百年”奋斗目标，实现中华民族伟大复兴的中国梦，要求我们重新出发，注重质量和影响力，自觉构建与中国的综合国力和国际地位相称的学术话语体系。实践证明，人类社会历史上每一次的大国崛起，不仅仅体现在经济和军事力量上，更重要的是体现于包括学术话语在内的文化软实力上。如，英帝国在崛起的过程中，英国学者就构建了一整套思想理论体系，为其海外扩张披上了合法性的外衣。帝国是文本想象的帝国，是思想的帝国。“二战”后发展起来的美国也莫不如此。为了维护其全球利益，他们善于通过制造新概念和新表述，企图占领道德高地。诚然，中国不会走帝国侵略扩张的老路，历来主张“和而不同”“己所不欲，勿施于人”，强调国际间要合作与共赢，互联与互通，文化上倡导互学互鉴、交流共生。这种源于中国优秀传统文化的思想与西方的冲突型思维有很大不同，从某种意义上来说，它代表着一

种先进的理念和文化，也可能成为帮助世界走出结构性困境的良方之一。因此，构建不同于西方的学术话语体系，是实现强国梦想的需要，同时也为世界的和平发展与和谐共处提供中国方案。在这一过程中，外语学科可以发挥其独特作用。

自觉构建外语学科学术话语体系是高等外语教育改革与发展的需要。中国在高等教育领域从未停止改革的步伐。纵观过去 40 年，中国高等外语教育经历了精英教育阶段（1977—1997）、大众教育阶段（1998—2020），即将进入普及教育阶段（2020—　）。部分直辖市和省份，如北京、上海、江苏、浙江等，已率先进入普及阶段，拉开了新一轮深化综合改革的序幕。在高等外语教育中，除了人才培养这一核心任务之外，学术话语体系建设一直是外语学科改革与发展中贯穿始终的主线。其成效可以从第四轮全国学科评估上交的材料中得到佐证，如出版大量的著作，涉及语言学、文学、翻译学、外语教学等多个领域，展现中国外语界学者的学术思想。但这些成果在系统性和理论化方面，与建设“双一流”的较高要求仍有差距，从某种意义上来说，也没有完全满足国民经济发展和人民日益增长的物质文化生活水平的需要。因此，自觉构建外语学科学术话语体系将是目前和今后一段时间的重要任务。

2. 自觉构建外语学科学术话语体系的内容

厘清问题是学术话语体系建设的前提。习近平同志（2016）曾对此有精辟的概括，指出“我国是哲学社会科学大国，研究队伍、论文数量、政府投入等在世界上都是排在前位的，但目前在学术命题、学术思想、学术观点、学术标准、学术话语上的能力和水平同我国综合国力和国际地位还不太相称”。尽管他的讲话主要是就中国对哲学社会科学研究的总体问题而言，但对外语学科同样适用。外语学科建设的突出问题有二。其一，队伍规模大但活力不足。外语学科在各个高校规模都不小，少则三五十人，多则一二百人，但真正热心从事学术话语研究的人往往只占据其总人数的三分之一或者略多一些，教师的科研热情和活力没有被充分激发出来，投入在科研上的时间和精力明显不足，学术话语能力不强。这与办学的体制和机制不无关系，也与学术标准和评价制度密切相关。其二是科研自主创新能力薄弱，科研成果影响力较小。“尽管近年来外语学科同仁发表了数量不少的论著，但为国外学术理论背书或者运用西方学术话语体系解释中国问题的成果居多，以我为主、从我出发、体现中国学派和特色的理论成果寥寥无几。即使有若干外语界学者能在国际学术论坛与西方学者展开对话，但整体上影响力较小。在世界范围内具有标志性和重大影响力的学术成果也比较匮乏”（彭青龙 2016）。学术话语即权力话语，一个学术话语能力偏弱的学科，很难在整体布局中占据主导地位，更别说在资源分配时有任何优势而言。这就需要外语界同仁奋发自强，尽快提高学术话语能力，壮大外语学科的整体实力。

自觉构建学术话语体系首先要优化外语学科基本结构理论，理顺学科关系，即更新外国文学和外国语言学两大领域的基本概念和调整学科内外关系。近年来，随着互联网技术的升级和中外文化交流的深入，文学和语言学两大知识体系更新的速度进一步加快，不少领域涌现出一些新概念和新表述。如文化批评、认知诗学、二语加工、国别研究、语料库翻译及智能教育等。这些概念有些是“旧瓶装新酒”，有些则是全新的内容，反映了人类探索外语学科规律的新认知。伴随着新知识的增加，外语学科内外关系要适时调整。这里有两层含义。一是理顺外国语言文学一级学科和二级学科的关系。外国语言文学一级学科属于“文学”门类，下设英语语言文学、外国语言学及应用语言学、翻译学、比较文学与跨文化等 13 个二级学科，其中“翻译学”和“比较文学与跨文化”是新增的两个二级学科。尽管“翻译学”以新科目出现，但在被国家认可之前已经建立了从本科、硕士到博士的学科体系。“比较文学与跨文化”似乎尚未完全在外语学科内落地生根，已制定的《外国语言文学类专业本科教学质量国家标准》也没有充分反映这个新专业的内容。与之相近的“比较文学与世界文学”则是中国语言文学一级学科中的二级学科，属于“资深”的学科，在科学研究和人才培养方面取得了丰硕的成果。为何好不容易获批的“比较文学与跨文化”学科在外语院系受到冷落？它与中文院系的“比较文学与世界文学”有何不同？如何实现错位发展或共同发展？只有厘清了这一新增学科的内涵和边界，才能促进其健康发展。此外，部分学者正在探讨“外语教育学”和“商务外语”学科建制的可能性问题，它们是否像一些学者认为的那样“时机已经成熟”（王文斌 2016）？在 13 个二级学科中，除了“拉美语言文学”之外，基本涵盖了全世界所有地区的语言文学，为何没有新增这个学科？难道拉丁美洲语言文学不重要吗？这些问题都需要从学科建制的顶层设计和总体格局中加以思考和研究。二是理顺外国语言文学学科与其他学科的关系。随着信息技术的发展和人们探索未知能力的提升，学科交叉融合的趋势将进一步增强，跨学科、跨文化、跨国界的学术研究将成为潮流，并在人才培养中体现出来。外语界同仁应该自觉打破与其他学科老死不相往来的局面，不仅在二级学科内部要加强相互交流，如语言学与文学、文学与翻译、语言学与翻译等，而且在相邻或者相远的学科也要展开对话与合作，如外语学科与中文学科、与哲学社会科学，甚至与自然科学的融合。有些人也许认为很难操作，但经过努力是可以做到的。笔者牵头举办的“中澳双边文化研究高端论坛”和“首届多元文化与比较文学全国学术研讨会”，参会的学者来自国内外多个人文学科领域。大家普遍认为，跨学科交流有利于开阔视野，增长见识，激发灵感。问题的关键是要有破解难题的勇气。学术思想创新在于学科交叉与融合。因此，我们在自觉构建外语学科体系时要兼顾内外两个视角，理顺学科边界时不能故步自封，将其他学科拒之门外。

第二，梳理和回答重大理论和现实问题，创新构建学术话语体系。如前文所述，外语学科总体上是零散性成果居多，系统性成果较少；重复性研究成果较多，原创性成果较少。这就需要我们在调查、分析的基础上，梳理出外语学科存在的重大理论和现实问题，开展有针对性的系统研究，进而回答这些问题。以国家社科基金重大项目为例，该类项目是“现阶段国家社科基金中层次最高、资助力度最大、权威性最强的项目类别，包括应用对策研究、重大基础理论研究和跨学科研究三类”，“重点支持一批弘扬民族精神、传承民族文化、对学术发展和学科建设起关键作用的重大基础理论和文化研究课题，着力推出具有原创性或开拓性、具有重要文化传承价值的经典之作”。研究发现，在2005—2016年间获准立项的1,775个课题中，基础类课题偏少，外语学科课题更少，这也从一个侧面印证了外语学科学术话语能力偏弱的事实。值得注意的是，2016年，国家一改过去注重史学、文献类、数据库研究的倾向，转而支持以我为主、服务国家重大理论和应用需求的课题，如“20世纪西方文论中的中国问题研究”“中西叙事传统比较研究”和“国防和军队改革视野的国防语言能力研究”等。其他类别的课题也体现了这一特点。再如，教育部人文社科重点研究基地研究重大项目“中国外语教育理论与实践创新研究”“外语能力的基础理论研究”和“中国课程改革的历史文化传统与理论建构”等。从这些动态中可以看出，国家越来越注重发挥重大项目的导向作用，强调基于重大问题的学术话语创新。鉴于此，外语同仁应该更自觉、更积极地参与重大项目选题的推荐工作，甚至通过成立相关学术共同体，对外国文学、语言学、翻译、比较文学、外语教育教学、文化等领域的重大理论和现实问题进行全面梳理和分析，有计划、有步骤地开展深入研究，推动外语学术话语体系的构建和创新。

第三，提高学术话语能力，勇于提出新思想、新概念、新表述和新范式。学术话语能力的高低关键在于能否系统地提出新东西。尽管提升话语能力绝非一日之功，但经过多年的改革开放实践，应该到了在更高层次进行思想创新和实践创新的时候了。令人欣喜的是，外语界已有一批学者表现出较强的社会责任感和历史使命感，成为自觉探索外语学术话语体系的实践者和先行者。例如，文秋芳首创的“产出导向法”、聂珍钊提出的“文学伦理学批评”、刘建达领衔研发的“中国英语能力等级量表”、教育部高等学校外语专业教学指导委员会研制的《外国语言文学类专业本科教学质量国家标准》、教育部学位与研究生教育发展中心研制的“学科指标评估体系”等。这些成果均源自于对重大基础理论和现实问题的研究，在国内相关领域产生了较大影响，引起了同行的较多关注。眼下不仅要把这些学术话语体系建设好，而且想方设法传播到国外，获得更广泛的认可，从而使中国学者的学术思想在世界相关领域的学术话语体系中占有一席之地。

第四，增加传承中华文化的内容，建设具有中国特色的外语教材体系。教材是外语学科学术话语体系建设的重要内容之一，在人才培养中发挥着无法替代的作用。改革开放以来，我国引进和出版了大量的教材。由于受到利益驱动，有些出版社对传播西方价值观的“引进版”教材把关不严，甚至在推广使用时以此为“噱头”来吸引读者。教材体现理念和方法，蕴含着价值观，对读者有“春雨润无声”的引导作用。因此，一方面，外语界同仁在挑选外文语篇编写教材时，要对西方价值观渗透保持警惕，尽量选用那些传递“正能量”的内容作为素材，努力使其发挥思想引领和情操陶冶的功用。另一方面，外语教材编写要融入中国优秀传统文化的内容，弥补学生在传承中华文明方面的短板。这不仅关乎现在，更关乎未来。同时，要借助纸质、电子版、线上、线下，甚至 APP 等各自的优势，全方位多维度地将中国文化融入外语教材体系的建设之中，努力使学生在学习中外文化的过程中扩大知识面，提高能力和素质。

3．自觉构建外语学科学术话语体系的原则和方法

习近平同志在哲学社会科学工作座谈会上强调，“要按照立足中国、借鉴国外、挖掘历史、把握当代、关怀人类、面向未来的思路，着力构建中国特色哲学社会科学，在指导思想、学科体系、学术体系、话语体系等方面充分体现中国特色、中国风格、中国气派。”这一讲话为中国学者构建学科学术话语体系指明了方向，它同样适用于外语学科。为此，在构建外语学科学术话语体系时要坚持如下原则和方法。

一是站在中国立场，研究世界学术问题。在中国文化影响力日益扩大的背景下，站在中国立场研究世界学术问题，就是充分借鉴优秀传统文化，就世界性的学术问题提出中国学者独到的观点和方法。时下中国和西方呈现“冰火两重天”的景象。一方是锐意改革，综合国力不断增强；另一方是困难重重，实力衰落。一方是社会稳定，文化繁荣；另一方是社会混乱，文化冲突不断。即使在西方学术思想界也出现了争议性话题。如，在多元文化与比较文学领域就出现了“多元文化主义失败”[1]和“比较文学已死”（Spivak 2003）的论调。事实上，多元文化现象由来已久，是一种在任何意义上都无需辩驳的客观存在。兴起于 20 世纪 70 年

1. 2013 年 11 月 15 日，时任英国首相卡梅伦在慕尼黑安全会议上发表讲话，称英国的国家多元文化主义已经失败。

代，由西方社会主导的多元文化主义，则在践行了半个多世纪之后，沦为其结构性矛盾的牺牲品。所谓“多元文化主义失败”，只不过是他们为治理国家失败所寻找的借口而已，企图再次恢复“欧美中心一元论”。“比较文学已死”更是危言耸听，其缺乏视野和格局的言辞，遭到包括中国学者在内的其他学者的反驳。多元文化与比较文学呈现勃勃生机的事实表明，比较文学不仅没有死亡，而且还进入了“跨文化和跨学科研究”（乐黛云 2004）的新阶段。任何危机都蕴含着机遇。中华文明是世界上最古老的文明之一，在现代转型中呈现出特有的魅力。很多先辈们留下来的思想观点是破解学术难题的一把钥匙，或者至少是一种新的视角。激活中国传统文化中依然生机无限的普遍意识，将中国理论、中国方法、中国视角融入全球性、世界性问题的研究之中，这是未来的发展方向，也是创新构建外语学术话语体系的关键所在。这就需要当代中国学者更加积极主动地把握中国综合国力增强的历史机遇，顺应全球化的历史潮流，在西方思想界陷入种种混乱和困境之际，展现中国外语界学人不同于西方的东方智慧。

二是对接国家需要，服务社会需求。中国社会正在经历历史上最伟大的变革，许多理论问题和现实问题都需要包括外语学者在内的中国学者去思考和解决。尽管外语学科属于基础性学科，服务支撑作用明显，但其对接服务国家和社会需求的重要性和能力并不弱于其他学科，甚至可以毫不夸张地说，在全球化的背景下，国家发展规划中的任何一项任务都离不开外语的直接或者间接的作用。就学术话语体系而言，外语学科对接国家需要和服务社会需求，在两个领域大有作为：应用性对策研究和基础性理论研究。前者如外语战略与政策研究、国家外语能力标准与评价研究、外国文学经典与国民教育研究、国际文化传播能力研究等；后者如多元文化研究、翻译标准重构研究、中国文学与世界文学关系研究、中西文艺理论比较研究、语言学比较研究、中外教育思想比较研究等。这些课题都与中国文化软实力建设密切相关，需要外语界学者花大力气去思考和研究，并取得理论化成果。

三是完善评价体系，发挥导向作用。经过 40 年的发展，中国已经初步建立了包括外语学科在内的学术评价体系。如学科、专业评估体系，专业认证体系和科研成果评价体系等。这些评价体系无疑对于推动外语学科和学术的发展有积极作用。但在评价理论、评价主体、评价标准、评价方法、评价技术等方面依然有许多待改进的地方，甚至存在不符合学科规律的内容。这就需要我们敢于创新体制和机制，进一步完善科学、合理的多元评价体系的建构。比如，在学术评价领域，我们过度依赖西方评价标准，也普遍存在过度量化现象。入选 SCI 和 A & HCI 的期刊被国内很多高校奉为最好的期刊，而国内质量很高的期刊则在评价体系中被自我矮化，低人一等。这是一种学术不自信的表现，亟须改变。同时，我们在评价体系中，过于追求数量，忽视质量。绩效考核的周期往往被设定得很短，年度考核数项目、文章的条款比比皆是。这种做法对于包括外语学科在内的哲学社会科学伤害很大，无法使学者安心做学问，也无法使他们写出有思想深度、广度的大著作、大文章。鉴于此，我们应该发挥评价的诊断、导向和激励作用，依据每个学科的不同特点和规律，通过制定多元的、综合的、专业的学术评价体系，引导广大外语界学者多出学术正品、学术精品和学术珍品。只有形成科学合理的评价体系和健康向上的学术评价文化，才能使学术研究达到静水流深、宁静致远的境界。

四是搭建跨领域、跨学科、跨国界学术共同体，促进融合发展。学术话语体系的构建关键在于人。改革开放后成长起来的学者是中国外语学科学术话语体系构建的中间力量，他们不仅参与这一伟大变革，而且也是改革开放红利的受益者。从整体上讲，他们学历高，受过系统的学术训练。随着中国硬实力和软实力的提升，这批学者的主体意识和民族意识在增强，在与西方学者对话时也变得更有信心。但目前存在的问题是，内部条块分割严重，外部自主搭建国际学术共同体的意识不强，这就影响了基于重大问题的研究能力和学术思想的传播能力。因此，对内要勇于打破因学科行政建制造成的学术壁垒，或者因学术志趣不同而团体固化的结构，自觉搭建跨领域、跨学科平台。对外要适时成立中国学者主导的国际学术组织，而不是等待别人的施舍。我们深知这是一个艰巨的任务，甚至可能是一个乌托邦想象，但只要外语界学者秉承开放、包容的原则，通过院系、校校、校企、国内外的联合攻关，取长补短，就一定能促进外语与其他学科之间的共同进步，也一定能在国际学术界逐渐发挥主导作用。令人欣喜的是，全国哲学社会科学规划办公室已通过国家社科基金重大项目申报指南进行了有益的引导，鼓励学科交叉或跨学科研究。部分高校也在尝试实施大部制，引导学科间的交流与合作。有些知名学者甚至开始创建以我为主的国际学术共同体。相信在不久的未来，外语学科学术话语体系构建会取得重要突破。

总之，经过四十余年的快速发展，中国外语学科学术话语体系构建已经进入了深化改革、创新发展的高级阶段。这既是顺应全球化发展新态势的需要，也是中国从大国走向强国的必然要求，更是外语高等教育改革与发展的内驱力使然。因此，中国外语学者应该以更宏阔的全球视野，更执着的家国情怀，更强烈的使命感，更高的自觉性，为创新构建外语学科学术话语体系贡献才智。选择再出发，并不是否定已有的成绩，而是在此基础上的大胆创新，争取高质量、系列化、理论化的学术成果。外语学科学术话语体系创新离不开它的母体文化，也离不开其他学科的支撑，因此，我们只有根植于中国文化，从优秀传统文化中汲取营养，同时借鉴国外成果，走跨学科的发展道路，才能完成这一长期而艰巨的任务。

参考文献

Dickens, C. 1859. *A Tale of Two Cities*. London: Chapman & Hall.

Spivak, G. C. 2003. *Death of a Discipline*. New York: Columbia University Press.

乐黛云，2004，跨文化、跨学科文学研究的当前意义，《社会科学》(8)：99-106。

彭青龙，2016，论学科评估新趋势和外语学科内涵建设新路径，《外语界》(3)：34-41。

整体外语教育：核心理念及实施方案

韩宝成
北京外国语大学

摘要：本文讨论整体外语教育的核心理念及实施方案，既包括中小学外语教育，也包括外语专业教育。笔者认为我国外语教育的目标是使学生学文化、启心智、达至善。为达到这个目标，要形成基于内容的外语课程体系，即整体设计，以增长学生知识为核心，以语言和思维发展为两翼。最后，笔者呼吁外语教育回归整体，外语课程整体设计，外语教学回归本源，整进整出。

关键词：外语教育；整体教育；整体设计

什么是整体外语教育？如图 1 所示：即使是相同的种子，在不同的园丁手里，也会长得非常不同。在第三位园丁手里，这棵树长得最好，枝繁叶茂，硕果累累。为什么相同的种子在不同园丁手里长势差别这么大？主要因素有两个：一是园丁，另一个是环境。在很多人看来，环境最重要。但笔者认为，园丁更重要。因为园丁不但可以改变环境，还可以创造环境。最为重要的是，园丁可以对种子进行设计，不是说改变种子的基因，而是说，这粒种子可以按照园丁的设计来成长。好的园丁可以根据各种环境因素，对这粒种子的成长目标进行预设，创造各种条件，让它长得最好。

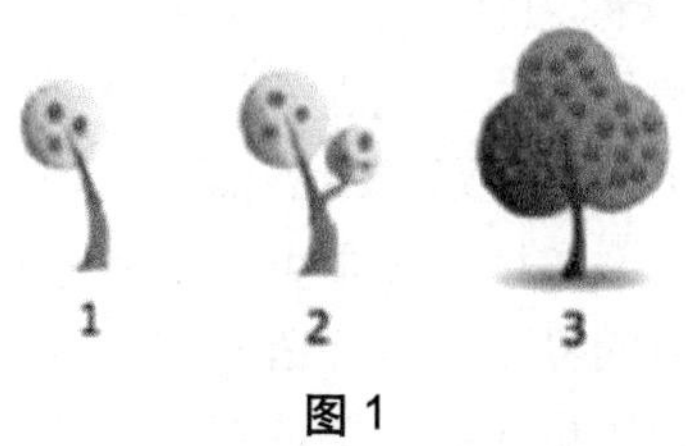

图 1

人们通常把教师比作园丁，尤其是中小学教师，这个比喻非常恰当。作为园丁的外语教师，应该如何设计我们的种子，如何培养我们的学生呢？外语界前辈许国璋先生说："我教学生，从来不以教会几句英语或教会一种本事为目标，而是要教怎样做人，是英语教育：用英语来学习文化、认识世界、培养心智，而不是英语教学。"

许先生站得高，看得远。许先生的这番话，反映了他对外语教育的认识和态度。笔者站在许先生的肩膀上，对我国外语教育的目标做了进一步提炼，概括为一句话，九个字：学文化，启心智，达至善。

外语教育首先是一种文化教育。学习一门语言，不仅意味着掌握这门语言，更重要的是能够借助这门语言，认识世界，增长知识，使学生的心智得到拓展。学一门外语，不仅等于学习一种新的思维方式，更重要的是，在外语教与学的过程中，要培养和训练学生的思维能力。与此同时，还要教怎样做人，培养学生追求尽善尽美。这是外语教育的目标，也是学生的发展目标。这叫全人教育，也叫全人发展（whole person development）。笔者把它称之为整体发展。整体发展非常非常重要。如若不能整体发展，学生会发育不健康，外语教育会走偏。多少年前，许国璋先生对此就看得一清二楚。针对中小学外语教育，他说："中小学十几年，大部分时间用来学习几百篇从几十字到几百字的对话或课文，操练一些四会五会的技术，束缚了孩子们智育发展，忽视了心智健全成长，我们对不起他们。"针对外语专业教育，他说："实用主义的教学以表现敏捷为第一，以好学深思为迂腐，它是一堵墙，挡住了青年的视野。它只求速效，不求深造，妨碍了学习积极性的充分发挥。它害了学生，也害了老师。"

至今，这些问题并未得到彻底改观。如何才能实现整体发展这个目标呢？

树，根深才能叶茂，土肥才能果硕。好的外语教育要以内容为纲，而不是以语言为纲。学习内容不仅要适应不同年龄段学习者，更要以促进学生心智发展为目标。外语课程的内容以语言为载体，和思维密不可分，这样就形成了基于内容的外语课程体系。它是以增长学生知识为核心、以语言和思维发展为两翼的综合课程体系。

我们把这样的课程设计称为整体设计（whole curriculum design）。多年来，我们的外语课程设计不是整体性的：它过分关注语言，对语言知识和技能的教学说起来头头是道，却忽视了给学生以充足的知识，对学生应该掌握的语言知识之外的知识是什么毫无体系，也忽视了对学生思维能力的充分训练和培养，甚至对思维是什么都没有一个清晰的界定。对外语专业教育而言，更要从内容出发。学生需要大量阅读文学作品，历史作品，要读哲学、社科，更要懂点科学。外语专业教育要以这些内容为基础，在老师的指导下，通过听说读写译来掌握语言，增长知识，开阔视野，获得能力和素养。

如何实施整体外语课程，可能是摆在老师们面前的一道难题。我们看一个例子。牛津大学有一个专业，叫 PPE，是哲学、政治学和经济学的简称。我们从一位在那里念大一的中国学生那儿了解到，PPE 每周的阅读量和写作有多大。他说，通常每周需要念 1,000 页的政治学原著，300 页的哲学原著，200 页的经济学材料。每周至少要写一篇 2,500 词的政治学论文，1,200 词的哲学论文；5 篇经济学短文，每篇经济学短文 400 词，加起来也有 2,000 词。

以语言为专业的学生更应大量阅读和写作。没有大量的语言输入，怎么能够有大量的产出？需要特别指出的是，语言学习要整体输入，整体输出。我把这种学习方式称为“整进整出”（whole language development）。

多年来，我们对外语教育教学进行了大量的科学研究。科学通常采取原子主义的观点。但教育教学更像一门艺术。我们要让外语教育回归整体，服务于学生的整体发展；让我们的外语课程整体设计；让外语的教和学回归本源，整进整出。

外语教育现状与规划

论外语战略规划的概念内涵与基本内容 *

沈 骑[①] 魏海苓[②]
①上海外国语大学
②广东外语外贸大学

摘要：外语战略规划研究是近十年来中国外语研究的热点领域之一。现有研究在政策建议、问题聚焦与国际比较三方面成果丰硕，但对外语战略规划的理论认识明显不足。外语战略规划的概念内涵和基本内容是外语战略规划研究的基础和起点，亟待厘清阐明。本文基于语言规划和战略规划等理论，进一步明确外语战略规划的概念内涵，并在此基础上构建外语战略规划的基本内容，为推动我国外语战略规划研究的深入开展提供理论支撑。

关键词：外语战略规划；语言规划；语言战略；概念内涵；基本内容

1. 引言

近十年来，外语战略规划研究成为我国外语研究的一个热点领域，越来越多的学者开始致力于外语战略规划研究。现有研究主要集中于三个方面：第一，政策建议。不少学者重视外语教育政策与外语规划中的现实导向，提出不少外语战略规划的改革意见，例如李宇明（2006，2010）、黄国文（2009）、戴炜栋（2010）、胡文仲（2011）、王克非（2011）、束定芳（2013）与仲伟合等（2016）均指出外语教育政策的制定与规划需要对接国家战略，服务社会经济发展大局。第二，问题聚焦。国内学者都以国家外语能力建设作为外语战略研究的重要问题，国家外语能力理论渐具雏形，拓展了外语战略研究的问题导向；在理论层面，文秋芳等（2011b）、文秋芳（2017）及李宇明（2017）提出了外语规划是国家外语能力提升的必要基础；在实践应用层面，沈骑（2015）和孙吉胜（2016）初步探讨了提升国家外语能力，服务“一带一路”倡议的策略与途径。第三，外语战略国际比较研究渐受关注。不少学者通过国际比较，对国别与国际区域组织的外语战略规划和特点做了全面细致的评介和分析，如蔡永良（2007）、王建勤（2010）、文秋芳（2011a）、沈骑（2012）与龚献静（2013）等，这些研究在很大程度提升了外语战

* 本文得到教育部哲学社会科学研究重大课题攻关项目“我国外语教育改革和发展研究”（项目批准号：15JZD048）、国家社科基金青年项目“非传统安全领域语言安全问题与语言规划研究”（项目批准号：12CYY016）、国家语委科研基地重大项目“国家外语能力调查与公民外语能力提升策略研究”（项目批准号：ZDJ125-2）、2016 年上海市“曙光学者”人才计划资助。

略研究的国际视野。上述研究表明，我国外语战略研究正从外语教育层面向整体战略规划聚焦，从现实问题层面向宏观政策领域探索，体现出外语研究者的“家国情怀”、大局意识和战略视野。然而，由于我国外语战略研究刚刚起步，现有研究一方面受制于外语学科局限，将外语战略限定在外语教育发展和外语人才培养等教学实践层面，外语规划也仅限于外语语种规划和外语专业设置等具体问题（束定芳 2012），这样就难免忽略外语战略的宏观价值和顶层设计维度，窄化外语战略研究的问题领域。另一方面，个别研究泛化或是模糊战略规划的范畴，将语言战略等同于社会语言学研究（王晓梅 2014），甚至将外语战略等同于外语教育产业（李雪岩 2012），难以有效揭示外语战略规划的战略内涵。这些问题和不足在一定程度上影响并制约了我国外语战略规划的发展，也暴露出我们对于外语战略研究理论认识还很不够。到目前为止，外语战略规划的概念内涵尚未厘清，外语战略规划的基本内容也有待系统阐述。本文将从语言规划和战略规划等理论着手，探讨外语战略规划的概念内涵，提出外语战略规划的基本内容，希冀通过对这两个理论问题的讨论，推动我国外语战略规划研究进一步发展。

2. 外语战略规划的概念内涵

外语战略规划作为国家语言战略的重要组成部分，是语言规划的一种基本类型，体现语言战略规划活动的明显特征，但它同时还兼具战略规划（Strategic Planning）性质。从概念史角度梳理战略规划概念的发展历史，有助于我们厘清外语战略规划的基本概念。

2.1 战略规划概念史爬梳

在西方，“战略”一词源于古希腊时期，被称为“将帅之道”。中国春秋战国时期的《孙子兵法》就有关于战略思想和实际应用的记载，而“战略”一词为晋朝司马彪所创（钮先钟 1995）。从学科角度研究战略规划，始于“二战”中期，兴盛于冷战时期。最初的战略规划主要致力于研究军事及战争问题，在纷繁芜杂、形形色色的各种战略定义中，美国海军将领威利从军事角度给出了一个较为清晰的定义：“战略是一种为了达到某些目的所设计的行动计划，也是一系列完成该意图的措施和步骤”（Wylie 1989：14），该定义突出强调了战略具有目的性和价值取向，奠定了战略规划的基本特征。

自 20 世纪 60 年代起，战略研究范畴不再局限于军事层面，逐渐成为跨越政治、经济、历史、外交、科技、文化和教育等多个领域的跨学科研究。英国政治学者布尔认为：“战略是在任何领域的冲突中，如何运用手段达成目的的艺术或科学”（Bull 1968：593-605）。这一定义凸显了战略规划的跨领域和冲突性特点。

还有政治学者认为，战略研究深受政治结构和科技发展的影响，其实质是“一种程序，也是一种经常面对机遇、不确定性和模糊性环境下，不断适应变化的过程”（Murray & Grimsley 1994：1），该定义表明战略规划是不断适应变化的一个过程，而不仅仅是一个静态文本。

经济学研究更侧重对战略规划价值蕴涵的解读。哈佛大学商学院教授 Porter（1996）认为战略讨论的是如何界定独特的战略定位、如何做出明确的价值取舍以及如何加强各项活动之间的配称性和可持续性。他着重提出战略定位和价值取舍的重要性，同时也强调将各项活动合理调配和持续发展，从而构成一个战略的价值链。2005 年诺贝尔经济学奖获得者、美国著名经济学家 Schelling（1989）从博弈论角度探讨了战略研究的意义，他指出：“战略关心的并不是各种力量使用的效能，而是如何运用和发掘潜在的能力和优势”（Schelling 1989：5）。博弈论视野下的战略研究面向未来，以战略潜能提升和建设为己任。

20 世纪 70 年代以来，文化正式进入战略研究视野。文化不仅被作为了解战略建构和运用的背景因素，同时也被视为战略思想的重要组成部分，并被应用于“二战”后的战略实践之中。例如美国充分利用其战后主导全球治理的政治和经济优势，通过一系列的文化战略，逐步构建了一个所谓的“全球美国化”的文化帝国（刘永涛 2001；王晓德 2011）。英国学者提出：“文化战略是一个国家利用符号或图腾等文化力量的战略思想或决策，也是一个民族通过其价值观、态度习惯和行为模式解决问题的手段”（Booth 1990）。

2.2 外语战略规划的概念厘定

在文化战略研究兴起的同时，国外研究者也很早提出语言规划的产出除了具体政策之外，也会以战略形式出现（Rubin & Jernudd 1989），但并没有特别关注其战略内涵。进入新世纪以来，语言战略规划受到国内外研究者的关注，成为一项关注社会现实，并以现实重大问题为导向，为解决和认识客观事实提供深入理性思考的学术活动。国内学者蔡永良（2012）提出语言战略是一个国家或政体根据特定语言理念和需要，对语言关系及其问题所作出的总体安排和计划；语言战略由语言规划与语言政策组成，处理语言问题的所有行为举措及其理念可统称为语言战略。这一定义体现了语言战略的整体性和系统性的特点，但是并没有明确揭示出语言战略与语言规划和政策的区别，缺乏战略规划的诸多特征。无独有偶，在著名语言学家 Spolsky（2012）主编的《剑桥语言政策手册》一书中，语言战略是指：“语言政策或是语言管理被赋予重要的价值取向，根据具体变化的形势进行不断调适的一系列可持续的规划方案和途径”（Spolsky 2012：5）。Spolsky 的这一定义整合了语言规划理论和战略规划的概念，体现出语言战略规划具有的价值取向、适应性、可持续性等特征。但是，这一定义忽视了战略研究对冲突性和潜在能力的考虑，问题指向不明确。针对这一问题，近年来中国学者对国家语言能力所作出的理论贡献（李宇明 2011；魏晖 2016；文秋芳 2016，2017），正是对语言资源存在的冲突性和潜在的资源发展和掌控能力提升的思考，凸显出这类研究的战略特征，是对语言战略研究理论的有益补充。结合国内外理论观点，我们认为，在语言战略的定义中增加"提升对语言资源的发展和掌控能力"这一表述更为合适。在补充上述概念基础上，作为从属于语言战略下位规划的外语战略规划的概念内涵应当是：被赋予重要价值取向的外语政策或是外语管理，是为提升对外语资源的发展和掌控能力，根据具体变化的形势进行不断调适的一系列可持续的规划方案和途径。厘定外语战略规划的概念内涵，对于全面认识和理解外语战略规划的基本内容具有重要作用。

3．外语战略规划的基本内容

众所周知，语言规划是分层次的，规划组织从超国家组织到家庭，规划行为从宏观、中观到微观，规划内容也不尽相同。外语战略规划源于语言规划，但在规划层次和组织上明显属于宏观层面的语言规划，属于典型的自上而下的（超）国家、政府或是机构组织的规划行为。西方语言规划学科发展已经有 60 多年历史，关于语言规划活动分类讨论较多，限于篇幅，本文不再赘述。澳洲学者 Lo Bianco（2010：63-64）对国外语言规划分类进行了较为全面的总结，梳理出具有代表性的六种语言规划活动类型，即语言地位规划（Status Planning），语言本体规划（Corpus Planning），语言习得（教育）规划（Acquisition Planning），语言声望规划（Prestige Planning），语言功能规划（Usage Planning）和话语规划（Discourse Planning）。从已有的文献看，国外关于外语战略规划活动的讨论多以前三类为主，尤以外语教育规划最多，后三类研究尚不多见。近年来，国内对外语规划活动的研究不断深入，李宇明（2010）对外语规划的层次和功能领域做了系统界定和区分，提出外语功能规划、外语教育规划、外语领域规划、翻译规划和特殊外语规划等规划活动，大大拓展了外语规划的活动空间。鲁子问等（2012）提出外语规划主要涉及外语地位和本体规划两个基本类型，同时也提出外语的社会发展规划、社会安全规划与外语教育规划三个规划维度。中国学者对外语规划活动的思考，在涉及外语本体、地位和教育规划领域的同时，也关注外语功能规划和外语生活等多方面，已有研究为全面探讨外语战略规划活动奠定了良好基础。外语战略规划是外语规划中具有战略意义的问题，基于外语战略规划的概念内涵，我们可以初步构建出外语战略规划的主要活动分类：

3.1 外语地位战略规划

语言地位规划是指社会通过法律或相关规定对语言角色和功能确定的活动（Lo Bianco 2010）。例如对什么样的语言赋予什么地位，什么语言是官方语言，什么是非官方语言但是通用语言，以及在什么场合下可以使用什么语言等规划活动。语言地位规划的实质是对语言的用途或是功能的分配，对语言使用的场合做出规定。外语地位规划中的战略问题就是外语功能和用途选择中具有战略意义的问题，既包括外语功能的战略规划，也包括外语语种的战略规划。首先，外语功能的战略规划涉及外语在国家政治、经济、教育和社会生活中的地位问题。以日本为例，2000 年，日本政府曾就是否将英语列为国家第二官方语言问题，并将其作为日本面向 21 世纪的重要国家战略，进行过战略规划的讨论，由此在日本朝野引起轩然大波（沈骑 2012）。第二，外语作为教学语言的战略规划更为普遍。在高等教育国际化大潮之下，英语作为教学语言（English as a Medium of Instruction）的规划，已经是一个全球非英语国家在高等教育领域中不得不面对的战略挑战。这不仅关系到英语作为一种国际学术通用语言在高等教育领域的功能和地位问题，还关系到在大学中外语和本国母语地位的高低，更关系到语言所承载的知识和文化的价值优劣问题（Shohamy 2012）。究其根本，高校语言功能的选择不啻为一个知识和权力博弈的战略问题。第三，外语语种的战略规划更是各国外语战略规划的“重头戏”，美国早在冷战时期就开始以“（假想）敌对国”语言作为事关国家安全的“关键语言”开展战略规划，半个多世纪以来，美国“关键语言”的语种规模、投入和相关语言区域研究中心的投入从未减少，对国家外语能力建设起到至关重要的作用（刘美兰 2016）。

综上可见，外语地位战略规划主要满足规划主体出于国内外现实和社会发展需要，赋予某些（种）外语在特定时期或特定领域以优先或战略发展的地位。我国在新中国成立初期，以俄语作为主要外语语种，以及在改革开放时期，确定英语作为第一外语的地位，都是为了满足国家在特定历史时期的战略需要。近年来在全国“两会”期间，不断有人大代表或是政协委员提出涉及外语在社会和教育领域地位问题的“议案”，有些意见引起很大争议，这反映出社会对于外语的功能、地位与价值的认识并不一致，需要引起重视。在当前国家整体实力上升，对外开放格局不断扩大的新形势下，外语功能、地位和语种的战略规划问题，又一次摆在我们面前，需要尽早谋划布局。

3.2 外语本体战略规划

语言本体规划指的是对语言本身的改造，如词典的编写、语法的说明、借词的规定、术语的修订以及书写系统的完善和规范等。外语本体规划主要包括对外国语言文字的使用标准、规范和信息化规划，如外来术语和借词标准规范、计算机语言标准化，也包括外（多）语词典、语法等外语材料的编写。外语本体规划中的战略问题涉及国家安全和社会发展等重要领域。例如，外语术语、借词标准规范历来都是技术传播的关键内容，事关语言主权。在全球化时代，现代科技日新月异，外来科技名词层出不穷，术语统一和规范等充满了语言竞争。非英语国家的科技研究人员遇到新名词和新术语，就面临着是直接采用英语还是翻译或另造新词 / 字的艰难抉择（赵守辉、张东波 2012）。再如，计算机语言标准化在很大程度上决定了国家信息化的水平，是国家信息安全的保障。在非传统安全风险日益复杂的新形势下，计算机人工智能的多语种语音识别技术的重大技术突破，对于防范和应对跨国跨地区反恐和国际犯罪等活动的情报侦听和技术分析，具有重要战略意义和安全价值。此外，双（多）语词典和语法书等外语材料编纂对于语言传播和学习普及意义也不容忽视。1823 年，外国来华的第一个基督教传教士马礼逊，编纂了世界上第一部汉英—英汉字典——《华英字典》——为当时欧洲传教士学习汉语和从事翻译工作提供了极大便利，在中西文化交流史上发挥了重要作用。值得一提的是，已故外语教育家、复旦大学陆谷孙教授是中国外语本体战略规划史不能忘记的人物，他主编的《新英汉词典》在很大程度缓解了改革开放初期广大学子在学习英语条件极度匮乏状态下的“燃眉之急”。陆先生晚年领衔主编《中华汉英大辞典》（上），更体现出他为中华文化走向世界、促进中外文明交流互鉴的远见卓识。

随着我国提出的“一带一路”大幕渐次开启，外语本体战略规划也面临着艰巨任务，除了对内型本体规划需要加强之外，为推广汉语国际传播战略，当前还急需考虑开展对外型本体战略规划。例如，国家汉办在众多海外孔子学院实际教学实践中发现，外向型双语学习词典对外国人学习汉语很有意义，如何编纂适合“一带一路”沿线不同国家和不同语言文化背景学习者需求的双语词典，已经成为新时期外语辞书编纂规划的重要任务之一，事关重大。

3.3 外语教育战略规划

语言习得规划，也被称为语言教育规划，主要研究教育（中）语言规划问题。它与地位规划和本体规划是密切联系的，语言规划学者 Robert Cooper (1989) 认为语言教育是语言规划活动中一个不可忽视的目标和焦点，他之所以提出这一新领域是因为在语言交流和使用过程中，必然产生语言学习和传播等具体活动。语言教育规划包括制定宏观政策和具体方案，以及编写学习材料，以促进个体和群体语言能力的发展，从而满足该语言日后的各种用途（Kaplan & Baldauf 2003）。外语教育战略规划不仅体现外语教育规划的特征，而且还与宏观教育政策密切相关，其焦点在于提升国家和全民整体外语能力所采取的教育规划和措施。根据语言教育规划框架（Kaplan & Baldauf 1997，2003），外语教育战略规划不仅是国家语言战略的一个分支，同时还是一项重要的人力资源发展规划，它首先需要与宏观教育政策形成联动机制，确定外语教育战略目标。在此基础上，外语教育战略规划还需要战略统筹课程对象、师资队伍、课程政策、教材教法、资源配置、测试评价以及社会需求等规划内容。更为重要的是，外语教育战略规划还需要规划预制 —— 实证调查 —— 分析报告 —— 战略制定 —— 战略实施 —— 战略评估等一系列战略规划流程。

在世界外语教育规划历史上，较有战略借鉴意义的案例当属美国在冷战时期制定的外语教育战略规划。首先，1957 年苏联率先将第一颗人造卫星（Sputnik）送入太空轨道，让美国举国震惊。出于对在军备竞争中落后的恐惧，美国开始对数学及国家外语能力进行自我反省。从宏观教育规划层面看，美国 1958 年开始的《国防教育法》是旨在保障其应对国家安全急需的人力资源战略规划。该教育法案的第五部分，将重点放在教授非通用语种、语言师资培训及教学和测试材料的开发上，同时，该战略规划全力支持全美学术机构开展全球及区域研究和从事外语教学，众多将英语作为二语教学的语言资源中心也在被支持行列（Kramsch 2005）。此外，它还资助学者学习外语和从事相关的区域研究。在诸多举措下，美国最终形成了外语语种齐全，并以世界不同语言文化为主要切入点，覆盖整个社会科学领域的全球知识体系，有力支撑了美国在不同时期的国家战略。这种服务于国家利益和战略安全目标的外语战略，对于当前致力于全球治理战略的中国来说，同样具有重要借鉴意义，中国外语教育研究者必须正视国家战略转型的时代重任，加强外语教育战略规划研究。

3.4 外语服务战略规划

语言服务是面向社会应用进行语言资源合理配置和规划的活动，语言服务研究涉及语言研究与行业领域的语言需求、语言支持、语言资源配置与语言能力等诸多方面。Lo Bianco（2010）提出的语言使用规划（Usage Planning）正是拓展语言在不同行业或领域中的用途与作用的规划。外语服务规划作为语言服务规划的重要分支，涉及行业领域众多，如外语翻译、在线外语教育培训、外语技术支持以及外语咨询业等产业类型。在世界贸易史上，外语服务规划早已有之，最早可以追溯到古巴比伦汉谟拉比国王利用当时巴比伦城的多语者众多之资源，选用精通双语者作为商品交易经纪人，这些人的语言技能为当时贸易和商业发展起到了重要战略作用（Hogan-Brun 2017）。目前国内对外语服务产业研究较多，但是对外语服务战略规划的讨论却明显不足。虽然两者在内容上有重复，但在语言资源配置对象和规划的战略价值上区别较大。囿于篇幅，我们仅就外语服务战略在政治公共事务和中国企业“走出去”两个方面来进行分析如下：

一方面，政治公共事务领域亟待外语服务战略规划。一方面，随着我国参与全球治理任务和活动的日益频繁，中国在履行大国义务并在国际维和、反恐和国际救援等领域发挥作用方面都需要外语服务支撑。但是到目前为止，我国国际公务员队伍整体偏小偏弱（李宇明 2017），这说明在一定程度上，中国在国际政治与公共事务领域的外语服务能力还有待增强。另一方面，城市公共服务领域的外语服务能力，是衡量一个城市国际化水平和文化开放程度的重要指标之一。多元化、国际化城市的外语规划，已经成为表征城市国际竞争力、治理水平和社会规划的一个战略问题。以美国西雅图为例，作为美国西海岸的一个国际大都市和重要移民城市，其主要公共服务门户网站的重要资讯和信息能够提供不少于 30 种语言支持，城市的文化包容和开放程度由此可见一斑。在全球化进程中，我国不少城市国际化脚步日益加快，来华外国人数量明显增加，这对城市外语服务能力提出更高的要求，亟须启动相关研究。

另一方面，中国企业“走出去”需要外语服务战略。2014 年，《哈佛商业评论》刊出“你们公司的语言战略是什么?”一文，提出跨国企业和公司需要重视语言在全球经济战略中的地位，其中尤其提到需要不断加强对企业精英人才的语言文化技能培训，包括国际通用语言能力和外派国家当地语言和跨文化能力的学习（Neeley & Kaplan 2014）。以 IBM 为例，该公司不仅指定英语作为公司通用语言，同时还确定其他八种语言作为公司沟通语言的选择，为跨文化团队管理和沟通，以及本地化战略积极开展规划。进入新世纪以来，中国企业“走出去”战略步伐加快，中国 500 强企业中已有 70% 以上提出了国际化战略，语言作为国际商务经贸活动中不可忽视的要素，是企业实现全球化战略无法逾越的一道障碍。“一带一路”倡议提出后，中国企业走出去将会面临更多跨语言和跨文化沟通问题。2002 年至 2015 年，中资企业对外投资总案例数为 2,018 起，其中跨国并购案例数为 1,817 宗，企业在“走出去”的过程中，往往面临语言文化的障碍，这些都能左右企业的兼并是否能够最终成功（徐蔚冰 2015）。在对我国海外直接投资风险评估中，与语言紧密相关的文化风险覆盖率高达 71.3%，甚至高于主权风险（46.9%）（汪段泳、苏长和 2011：205）。因此，外语培训、外语技术和外国语言文化咨询服务等多层次的外语服务战略规划势在必行。

3.5 国际话语战略规划

Lo Bianco（2005）最早提出将话语作为一种规划对象纳入语言规划研究领域的学者。他认为话语规划是指研究语言表征与形象，并以劝说或是教育方式将意识形态通过话语建构的一种语言规划，话语规划一种以“对话协商、迭代反复或慎重思考”为干预特征的规划实践活动（Lo Bianco 2005：261-262）。话语规划并不是一般意义上的话语制造，它主要涉及国家、机构等组织通过话语在意识形态层面建立机构的世界观和形象。话语战略规划主要是国家或机构从战略利益出发，以提高话语能力，提升自身形象的一种规划行为。Lo Bianco（2005）以自己亲身参与的澳大利亚语言战略长达 15 年的变迁过程为例，认为话语规划在国家语言问题和宏观政策之间起到了重要的现实话语建构作用。在论述国家语言能力理论时，文秋芳（2017）专门提出国家话语能力是“检验与国家战略相关的语言事务处理是否有效的终极能力”。话语战略规划的目标之一就是提升国家话语能力，其根本在于建构中国话语体系，这也是当前我国外语学科发展的责任和使命。话语研究历来是语言学研究的重镇之一，话语分析也是应用语言学实现跨学科研究，滋养和丰富其他人文社会科学研究的学术“利器”。话语战略规划研究则是话语研究与语言规划研究的“联姻”，不仅可以扩展语言规划和语言战略研究方法，同时也是语言规划研究面向社会，并与政策与战略需求对接的关键纽带。

当前，国际话语战略规划的首要议题就是如何在全球治理新格局中建构中国话语体系。改革开放三十多年来，中国成就举世瞩目，经济实力更是令人刮目相看，正逐步成为引导和参与全球治理的重要建设者和推动者。然而，与之形成鲜明反差的是，中国在国际舞台上还不具备重要话语权，更没有设置话题的权利，更有甚者，中国话语体系的国际影响力也是微乎其微（李宇明 2012）。以我国中医“走出去”为例，由于缺乏相应的战略规划研究，中医国际化困难重重，从中医术语国际标准的规划到中医文化的海外接受，都是“任重而道远”。事实上，以中医药为代表的文化是一种不同于西方的话语体系，而中医语言的模糊性更是造成了西方世界理解上的困难。中医要为国际社会所普遍接受，必须要在概念和认知体系中进行中医话语的战略规划，才能实现良性传播和广泛普及。诚然，以中医为代表的中国话语体系处于全球竞争之中，必然受到各种客观历史条件的限制，突破和创新有待时日。但是，无论是从国家对外传播话语战略规划的种类，还是从话语规划的质量、类型乃至领域来看，现有规划仍缺乏战略考虑，规划语种匮乏、传播方式单一、目标群体不清和传播领域有限等问题都会严重掣肘中国话语体系的国际传播。因此，如何传播中国声音，讲好中国故事，是当前国际话语战略规划不容忽视的重要任务。

3.6 翻译战略规划

翻译作为跨语言和跨文化传播与交流的传播活动，并不是简单的文字转换过程，它至少涉及两个文化系统的交流、交锋与交融。事实上，正如语言规划史一样，人类为了解决跨语际交流的障碍，翻译规划实践久已有之，翻译规划也经历了从实践探索到理论思考的发展过程。从古巴比伦王国商业交易中的双语翻译规划，到中国唐代为“万国来朝”专门设立译馆，招募居于长安的外国商人为丝绸之路来客提供翻译；从罗马帝国大量译介希腊文明，掀起西方第一次翻译高潮，再到清末民初西学东渐下的中国近代翻译大潮，古今中外，翻译规划活动比比皆是。在全球化浪潮之下，国际翻译研究逐步进入描述性研究，实现“文化转向”以及“社会学转向”之后，翻译政策与规划研究被正式提出（Toury 2002；Tonkin & Frank 2010）。近年来国内翻译政策与规划研究方兴未艾（滕梅 2009；黄立波、朱志瑜 2012；朱波 2016），翻译战略规划研究呼之欲出。翻译规划研究的兴起有其必然性，因为翻译史研究表明，一个国家和民族的文化发展与社会变迁往往求助于翻译，在不同程度上将之作为“填补缺漏”的途径，而翻译总是受到一定规范和准则制约，用以满足接受者文化和社会某种需求，属于文化规划（Toury 2002：154），同时又兼具语言规划的特性，是一种跨语际（文化）的规划。因此，翻译规划是旨在干预或介入社会、群体或系统现状的，有目的、有计划的翻译活动和行为。它一方面涉及政府机构、教育机构、非政府组织和其他组织等的宏观计划和目的，另一方面也包括译者个人的选择及翻译策略等的实施与计划。

具体而言，翻译战略规划主要涉及政府机构及相关组织出于战略目的开展的宏观翻译规划行为。从文化战略角度看，翻译对政治文化思想变革影响巨大。日本在明治维新时期通过翻译，大量输入并摄取西方先进思想，炼石补天，对社会文明开化起到了重要作用（王克非 1996）。翻译战略规划涉及诸多领域：（1）翻译本体规划：外来专有术语的翻译和传播、宗教经典，如佛经的翻译等；（2）翻译地位规划：翻译在社会变革中的地位，翻译职业化和专业化问题；（3）翻译教育规划：翻译学科规划、翻译人才培养与培训等；（4）翻译声誉规划：翻译产品或是作品的市场和社会接受、流通度和传播形象；（5）翻译话语规划：翻译中的诗学、翻译与政治等问题。当前，中国翻译学科发展日新月异，无论是服务“一带一路”倡议，还是推动中国文化“走出去”战略，都亟须构建和发展系统科学的翻译战略规划研究体系。在上述五类规划中，本体规划和教育规划是基础工程，地位规划是保障机制，声誉规划是评价机制，而话语规划则是终极目标。中国外文局原副局长黄友义先生近年来一直在呼吁有关部门加强党政文献对外翻译工作，提升中国对外话语体系建设（黄友义等 2014）。2017 年“两会”期间，他又一次提出设立一个重要文献外文同步发布的国家级长效机制，体现出其翻译话语规划的战略眼光。

4. 结语

党的"十八大"以来，中国从"本土型"国家向"国际型"国家转变步伐日益加快。在这样的新形势下，外语研究者开始思考在国际风云变幻、国家战略升级、社会转型变迁与教育变革创新的中国现实语境下的中国外语战略规划这一重大命题，这不仅仅是外语学科必须始终维护和拓展国家利益的重要使命，也是外语研究和外语学科自身发展的需要，是每一个外语教育与研究工作者的时代责任。外语研究者需要以战略的眼光和思想，站在时代前沿，深刻思考外语学科与国家发展的战略关系，明确中国外语学科的时代使命与责任。本文基于国内外语言规划和战略规划的理论和实践研究成果，对外语战略规划的概念内涵进行了探讨，在此基础上，尝试构建出外语战略规划的基本内容，希望以此抛砖引玉，能为国内外语战略规划研究提供理论视角和实践参考。

参考文献

Booth, K.1990. The Concept of Strategic Culture Affirmed. In C. G. Jacobsen (ed.). *Strategic Power: USA/USSR*. New York: St. Martin's Press.121-128.

Bull, H. 1968. Strategic studies and its critics. *World Politics* 20(4): 593-605.

Cooper, R. 1989. *Language Planning and Social Change*. Cambridge: Cambridge University Press.

Hogan-Brun, G. 2017. *Linguanomics: What is the Market Potential of Multilingualism*. London: Bloomsbury Academic.

Kaplan, R. B. & R. B. Baldauf. Jr. 1997. *Language Planning: From Practice to Theory*. Clevedon: Multilingual Matters LTD.

Kaplan, R. & R. B. Baldauf. Jr. 2003. *Language and Language-in-education Planning in Pacific Basin*. Dordrecht: Springer.

Kramsch, C. 2005. Post 9/11: Foreign languages between knowledge and power. *Applied Linguistics* 26(4): 545-567.

Lo Bianco, J. 2005. Including discourse in language planning theory. In P. Bruthiaux *et al.* (eds.). *Directions in Applied Linguistics: Essays in Honor of Robert B. Kaplan.* Clevedon: Multilingual Matters LTD., 261-262, 263.

Lo Bianco, J. 2010. The importance of language policies and multilingualism for cultural diversity. *International Social Science Journal* (1):37-67.

Murray, W. & M. Grimsley.1994. Introduction: On strategy. In W. Murray *et al.* (eds). *The Making of Strategy: Rulers, States, and War*. Cambridge: Cambridge University Press.

Neeley, T. & R. S. Kaplan. 2014. What is your language strategy? *Harvard Business Review* (7):70-76.

Porter, M. 1996. What is strategy? *Harvard Business Review* (6):61-79.

Rubin, J. & B. H. Jernudd. 1989. Introduction: Language planning as an element in modernisaion. In Rubin & Jernudd (eds.). 1971. *Can Language Be Planned*? Honolulu: The University Press of Hawaii. xiii-xxiv.

Schelling, T. C. 1989. *The Strategy of Conflict. Cambridge*. MA: Harvard University Press.

Shohamy, E. 2012. A critical perspective on the use of English as a medium of instruction at universities. In A. Doiz, D. Lasagabaster & J. M. Siera (eds.). *English-Medium Instruction at Universities: Global Challenges*. Bristol: Multilingual Matters.196-210.

Spolsky, B. 2012. What is language policy? In Spolsky (ed.). *The Cambridge Handbook of Language Policy*. Cambridge: Cambridge University Press. 3-15.

Tonkin, H. & M. E. Frank. 2010. *The Translator as Mediator of Cultures*. Amsterdam: John Benjamins Publishing Company.

Toury, G. 2002. Translation as a means of planning and the planning of translation: A theoretical framework and an exemplary case. In S. Parker (ed.). *Translations: (Re) Shaping of Literature and Culture*. Istanbul: Bogazici University Press.154.

Wylie, J. C. 1989. *Military Strategy: A General Theory of Power Control*. Annapolis, MD: Naval Institute Press.

蔡永良，1997，《美国语言教育与语言政策》。上海：上海三联书店。

蔡永良，2012，语言战略视角下的语言教育，《中国语言战略》（1）：170-178。

戴炜栋，2010，国际化背景下我国外语教育的发展战略，《浙江工商大学学报》(6)：80-85。

龚献静，2013，《第二次世界大战后美国高校外语教育发展研究》。青岛：中国海洋大学出版社。

胡文仲，2011，关于我国外语教育规划的思考，《外语教学与研究》（1）：130-136。

黄国文，2009，从《中国外语》看我国外语教学与研究的发展，《中国外语》(5)：16-20。

黄立波、朱志瑜，2012，晚清时期关于翻译政策的讨论，《中国翻译》（3）：26-33。

黄友义等，2014，加强党政文献对外翻译，加强对外话语体系建设，《中国翻译》（3）：5-7。

李宇明，2006，中国的话语权问题，《河北大学学报（哲学社会科学版）》（6）：1-4。

李宇明，2010，中国外语规划的若干思考，《外国语》（1）：2-8。

李宇明，2011，提升国家语言能力的若干思考，《南开语言学刊》（1）：1-8。

李宇明，2012，中国语言生活的时代特征，《中国语文》（4）：367-375。

李宇明，2017，提升国家外语能力任重而道远，《光明日报》，2017-2-6。

李雪岩，2012，《中国外语教育品牌战略研究：基于路径选择的视角》。北京：经济管理出版社。

刘永涛，2001，文化与外交：战后美国对外文化战略透视，《复旦学报（社会科学版）》

(3)：62-67。
刘美兰，2016，《美国“关键语言”战略研究》。上海：复旦大学出版社。
鲁子问等，2012，《外语政策研究》。北京：北京大学出版社。
钮先钟，1995，《西方战略思想史》。台北：麦田出版社。
沈骑，2012，《当代东亚外语教育政策发展研究》。北京：北京大学出版社。
沈骑，2015，“一带一路”倡议下国家外语能力建设的战略转型，《云南师范大学学报（社会科学版）》（5）：9-13。
束定芳，2012，《外语战略研究》。上海：上海外语教育出版社。
束定芳，2013，我国外语教育规划与布局的思考，《外语教学与研究》（3）：426-435。
孙吉胜，2016，国家外语能力建设与“一带一路”的民心相通，《公共外交季刊》（3）：53-59，124-125。
滕梅，2009，《1919 年以来的中国翻译政策研究》。济南：山东大学出版社。
汪段泳、苏长和，2011，《中国海外利益研究年度报告（2008—2009）》。上海：上海人民出版社。
王建勤，2010，美国关键语言战略与我国国家安全语言战略，《云南师范大学学报（社会科学版）》（2）：7-11。
王克非，1996，《中日近代对西方政治哲学思想的摄取》。北京：中国社会科学出版社。
王克非，2011，外语教育政策与社会经济发展，《外语界》（1）：2-7。
王晓梅，2014，语言战略研究的产生与发展，《中国社会语言学》（1）：1-9。
王晓德，2011，《文化的帝国：20 世纪全球美国化研究》。北京：中国社会科学出版社。
魏晖，2016，文化强国视野下的国家语言战略探讨，《文化软实力》（3）：27-36。
文秋芳，2011a，美国国防部新外语战略评析，《外语教学与研究》（5）：738-747。
文秋芳，2016，国家语言能力内涵及其评价指标，《云南师范大学学报（社会科学版）》（2）：23-31。
文秋芳，2017，国家话语能力的内涵——对国家语言能力的新认识，《新疆师范大学学报（哲学社会科学版）》（3）：66-72。
文秋芳等，2011b，国家外语能力的理论构建与应用尝试，《中国外语》（3）：4-10。
徐蔚冰，2015，中国企业走出去要注重文化融合和人才国际化，《中国经济时报》，2015-12-3。
赵守辉、张东波，2012，语言规划的国际化趋势：一个语言传播与竞争的新领域，《外国语》（4）：2-11。
仲伟合等，2016，国家外语能力建设视角下的外语教育规划，《语言战略研究》（5）：45-51。
朱波，2016，翻译战略研究的多维空间，《光明日报》，2016-1-9。

当代南非语言教育政策对中国外语教育的启示 *

肖建芳
广东外语外贸大学

摘要：本研究审视和评析了当代南非语言教育和语言教育政策的发展历程、现状及总体特点，提出了当代南非语言教育政策对中国外语教育政策的借鉴意义：在全球化和“一带一路”的背景下，中国需要制定多元生态的外语教育发展规划，优先发展“关键语言”；设立外语管理的专门机构；着力提升外语师资水平；创新人才培养模式，优化评价体系；倡导外语教学语种多元化、外语教学模式多样化、外语教学过程个性化，提升国家外语能力。

关键词：当代南非；多语制；语言生态；语言教育政策；外语教育规划

1. 引言

南非，因其语言、文化的多样性与融合性被誉为“彩虹之国”，日益以一个发展中大国的身份，出现在世人的视野当中。种族隔离制度解除之后，南非经济社会呈现出一种蒸蒸日上的趋势。国内生产总值经历了长时间的持续增长，经济发达，成为“金砖之国”。

中国与南非的关系源远流长，中南关系可以追溯到一千多年前。随着南非贸易与资本回升步伐的加快，加上通过联合国、金砖国家、二十国集团和中非合作论坛等组织的促进以及 2015 年南非“中国年”，南非与中国建立起了更为紧密的国际合作，中南两国间的合作具有协同效应，中南关系在非洲大陆甚至全球事务中都占有重要位置。

在南非，语言教育政策和政治因素紧密相连。多语主义被支持但同时也存在争议，尽管宪法体现出国家对语言的平等权所存在的问题已有了极大关注并推进改革，但是语言教育问题仍没有在实践层面得到良好的解决，非常值得研究。

2. 当代南非的语言教育政策

语言政策是指人类社会群体在言语交际过程中根据对某种或某些语言所采取的

* 本研究得到教育部哲学社会科学研究重大课题攻关项目“我国外语教育改革和发展研究”（项目编号：15JZD048）及全国教育科学“十二五”规划 2013 年度教育部重点课题“欧盟国家外语教育政策比较研究”（项目编号：DDA130230）的资助，在此一并表示感谢。

立场、观点而制定的相关法律、条例、规定、措施等等（Hornberger 1998：439）。语言政策是一个十分敏感的领域，处理得是否妥当关系到一个国家的政局稳定、民族团结和国际地位。表现在语言教育规划方面，各个国家在制定语言政策时，不仅要根据自己的政治和经济需要制定与之相适应的外语教育政策，并根据形势的发展不断加以调整，还要把国民教育的长远需要考虑在内，将两者有机结合起来。

2.1 南非的语言概况与特点

南非是一个多种族国家，据南非统计局公布的 2016 年人口普查结果，其全国人口数量总计 5,570 万人[1]，居民主要有四个种族，包括非洲人、白种人、有色人（混血种人）和亚洲裔人。其中黑人占总人口的 79%，白人和有色人种各占约 9.2% 和 9%，亚裔占 2.8%[2]。非洲黑人是南非的原住民族，是南非的主体民族，分为九个部族，祖鲁人、科萨人、斯威士人、恩德贝勒人、南索托人、北索托人、茨瓦纳人、聪加人和文达人。南非使用 25 种语言，分属三种语言类型：欧洲语言、非洲语言和亚洲语言（Kamwangamalu 2004：199-200）。其中非洲语言均来自班图语系，分别为恩古尼语族、索托语族、文达语族和聪加语族。南非宪法（1996）规定 11 种官方语言，包括英语和阿非利堪语以及九种本土语言。英语母语者占南非总人口的 9.6%，阿非利堪语的使用人数占 13.3%，主要为白人和有色人。九种本土官方语言分别为祖鲁语、佩迪语、色索托语、恩德贝莱族语、科萨语、茨瓦讷语、聪加语、斯瓦蒂语、文达语，其中使用人数最多的是祖鲁语（李丹 2015：48）。多元族群的移民社会各族群，都有各自的文化与语言，因此南非境内，各族群内部的复杂性，往往伴随语言的多元性。

2.2 南非的语言政策概况

南非的语言政策可以依其历史大致划分为四个阶段，即：荷兰殖民期（1652—1795，1803—1806）、英国殖民期（1806—1948）、荷裔南非人统治期（1948—1993）以及语言民主期（1994 年至今）。荷兰殖民期，南非推行荷兰语政策，要求在所有社会高层领域，如行政、教育、商业等都必须使用荷兰语（杜韡、王辉 2012：58）。英国殖民期，南非实行英语化政策，其教育承袭了完整的英国教育体制，从 1823 年到 1827 年，殖民政府相继出台一系列语言法律。英语成为南非学校唯一教学语言（du Toit 1970：534）。英国化政策激化了南非白人内部语言冲突，这一时期的语言冲突具有很大的现实性，突出体现为英语和荷兰语（后为阿非利堪语）的地位争夺战。布尔人不满被同化，在英国化政策步步紧

1. 数据来源：http://www.smilegogo.com/fanwen/87745.html（2017 年 3 月 21 日读取）。
2. 数据来源：http://www.wendangxiazai.com/b-e9097d6c581b6bd97e19ea4c-5.html（2017 年 3 月 21 日读取）。

逼之下，阿非利堪民族语言意识提升，民族凝聚力增强，民族主义逐渐显露。1948 年至 1993 年荷裔南非人执政，一味提升阿非利堪语的地位，阿非利堪语获得了空前的发展。政府实施了一系列极端政策，如《班图教育法案》，奉行种族隔离教育政策，使国内民族矛盾激化。此间语言冲突类型多样、相互交织。这一时期的语言冲突多表现为语言应用型冲突，阿非利堪人通过夸大班图语言间差异，挑起族际争端、打造语言壁垒。20 世纪 80 年代末 90 年代初，种族隔离制度渐趋势弱。1993 年 12 月颁布的临时宪法体现出南非多种族、多民族、多文化、多语言的特点，赋予所有语言以平等发展的权利（李丹 2015：53-58）。1994 年，国大党领导的民主新南非进入后种族隔离时期。国大党任命的教育部上台后的第一件事情就是改变种族隔离时期的教育制度，推动学校教育从仅仅重视白人学生的学术教育，转向面对所有南非社会群体的技术教育，建立种族、性别平等的教育体制，进行九年义务教育，特别强调平等的语言教育在义务教育和继续教育阶段的重要性。黑白混合的教育体制为提高全民族教育状况做出了重要贡献。1996 年颁布的《南非共和国宪法》，其中第一章第六节对语言做出了明确的规定，赋予 11 种语言平等的官方地位，一方面是因为 98% 的人口都会使用其中一种语言作为母语，另一方面多语政策很好地避免了长期以来讲非洲各语言的黑人和讲英语与阿非利堪语的白人之间的民族语言的竞争。该宪法为后来所制定的语言政策提供了保障。南非至少在理论层面上进入了语言民主期，以期摆脱种族隔离阴影，消除种族歧视，培养南非各族人民的国家认同意识。这期间的语言政策规划旨在提升语言的平等性，支持语言的多样化以及发展在南非长期被边缘化的非洲各语言。进入 21 世纪以来，南非更加重视外语教育，尤其是汉语教育，未来 5 年南非政府计划在 500 所中小学中开设汉语课作为第二外语的选修课（人民网 2016）。

3. 当代南非的语言教育政策发展历程

20 世纪，由于历史、政治、经济、文化、教育和法令政策等多方面的影响，南非语言教育困境重重，问题凸显。南非将近半个世纪种族隔离的语言教育政策遭到了全世界人民的谴责。在世界人民的声援、黑人学校的联合抵抗以及工人运动的配合之下，在 20 世纪 80 年代末，种族隔离的语言教育政策逐渐得到松动。1992 年，国家教育政策调查提出必须发展添加性双语教育替代削减性双语教育。1993 年临时宪法增列了有关教育及人权的条文，规定每位学生均有平等进入教育机构就读及自由选择教学语言的权利，教育机构不得有种族歧视，官方语言亦由两种（英语及阿非利堪语）变成 11 种。

3.1 多元文化语言教育政策的开端——1995 年《教育与训练白皮书》

基于历史的原因，语言和语言教育问题在南非是一个非常敏感的话题。国家的政策文本在处理语言教育政策的相关问题上相当谨慎。1995 年政府将种族隔离时期的不同族群的各教育部统合为单一的教育部以统筹全国教育事务，并公布《教育与训练白皮书》（*White Paper on Education and Training* 1995）以保障各族儿童能公平地接受教育，废除语言歧视政策，学生有权选择 11 种官方语中的两种语言当作语言科目。在《教育与训练白皮书》的指引下，南非政府开始全面规划其语言教育政策。语言教育政策指导着南非 26,000 多所公立和私立学校，1,202 多万学生的语言学习。

3.2 多元文化语言教育政策的宪法保障——1996 年《南非宪法》

在临时宪法基础上，南非在 1996 年 5 月 8 日《南非共和国宪法》（简称《南非宪法》）中描述了国家未来语言教育政策整体的发展方向。《南非宪法》第一章第六节对语言做出了明确的规定：

1）南非的官方语言包括：斯佩迪语、索托语、茨瓦纳语、斯威士语、文达语、聪加语、阿非利堪语、英语、恩德贝勒语、科萨语和祖鲁语。

2）鉴于历史原因所造成的非洲各语言的使用和地位的降低，政府有义务采取积极有效的措施来提高这些语言的地位并促进对其的使用。

3）(a) 考虑到语言的使用性、可行性、花费、地方状况和平衡整个省或大众对语言的需求或偏好，中央和各省政府可以使用任何官方语言作为行政语言，但是必须使用至少两种官方语言。(b) 市政府应考虑本市市民对某种语言的使用和偏好。

4）中央和各地方政府应通过立法或其他措施管理和控制对官方语言的使用。依照上述第 2 条款，各官方语言应该享受平等的地位和公平的待遇。

5）泛南非语言委员会的成立应该致力于 (a) 创造条件并促进所有官方语言；科依语、那麻语和桑语以及手语的发展。(b) 促进和确保对南非各社区语言的尊重，如：德语、希腊语、古吉拉特语、印地语、葡萄牙语、泰米尔语、泰卢固语、乌尔都语以及阿拉伯语、希伯来语、梵语和其他用于宗教目的的语言（*The Constitution of South Africa* 1996：Chapter 1, Section 6）。

首先，宪法提高了九种非洲本土官方语言的地位，明确提出政府“必须积极采取有效的、切实可行的措施来提高本土语言的地位，促进本土语言的使用”。“所有官方语言都必须获得同等的尊敬和公正的待遇”。尽管政府可以使用其中的任何语言，但是由于“市政当局必须考虑到居民的语言使用偏爱”，因此“国家政府和各省政府必须至少使用两种官方语言”。其次，公共教育机构和各种教育设施必须采取各种措施纠正种族隔离制度所造成的语言教育的不公平。宪法规定“当前教育条件合理可行的状况下，公民都享有接受使用官方语言或自选语言进行教育的权利”，为了确保此权利得到有效施行，政府必须考虑提供一切合理的教育设施，包括媒体机构在内；要充分考虑到“公平性、实用性和需求性，纠正过去相关种族歧视法律及做法”。再次，确保在公共教育机构提升公民的语言权。公民有权自由选择其使用的语言，保护人们交流表达的自由，以及用自己的语言接受教育的权利。在公共教育机构，每人都有以官方语言或他们选择的语言接受教育的权利。第四，为了认同双语，建立了全南非语言委员会，以便“为所有的官方语言、克瓦桑语族、那马部族语和桑语、手语以及南非社会普遍使用的所有语言（包括德语、希腊语、古吉特拉语、北印度语、葡萄牙语、泰米尔语、泰卢固语、乌尔都语、阿拉伯语、希伯来语、梵语）和南非的宗教语言使用、发展与获得尊敬创造和改善条件”（*Department of Education of South Africa* 1994：4-6）。宪法旨在加强南非种族、民族团结，号召民众接受并尊重国家语言、文化的多样性事实，实现民主国家建设目标。多语政策有益于化解长期积累的语言矛盾和语言冲突，宪法为其后制定的所有语言政策和教育语言政策提供了法律依据。宪法第二章“权利法案”承认语言权利为基本人权，并详细规定了南非公民所享有的语言权利，表达了民主、平等、自由、宽容、团结的思想，11 种官方语言的大胆举措在世界范围内也属罕见（*The Constitution of South Africa* 1996：Chapter 2）。

同年，南非通过了《国家教育政策法案》（The National Education Policy Act），授权教育部制定国家语言政策，确保所有官方语言得到平等对待和尊重，旨在促进南非国家教育体制民主转型，满足各族人民的需求和利益，维护南非公民基本权利（李丹 2015：62）。与此同时，南非教育部通过《南非学校法》（*South Africa School Act*），强调全新教育体制必须致力于纠正旧有的不公正规定，保持并发展南非语言、文化的多样性，维护学生、家长和教育者的权利。其中第二章第六项公立学校语言政策禁止学校实施任何形式的种族歧视政策，南非手语在公立学校中同样享有官方语言地位。公立学校必须避免任何与官方语言使用相关的歧视行为，尤其不得歧视本土官方语言课程学习（*South Africa School Act* 1996 Chapter 2 Section 6），为本土语言教学提供了法律保障，同时也赋予了每个公民平等、依照个人意愿选择语言接受教育的权利。

3.3 语言教育政策框架基本确立——1997 年系列政策出台

在宪法的指引下，南非政府颁布了《语言教育政策》（1997）、《关于语言政策的原则与标准》（1997）、《国家语言政策框架》（2003）、《南非国家课程框架 2005》（1997）（李旭 2003：37）。这四个相关或专门的语言教育政策，规定了国家、地方政府、学校以及个人在语言教育方面的权利和义务，秉承了国家宪法的精神，提出以下指导原则：促进和保护语言和文化的多样性；通过加强语言平等和语言权利来巩固民主制度；确信语言多样性是一种资源；鼓励学习母语之外的南非语言，旨在促进多语制，承认文化多样性是国家的财富，促进多语制并开发南非的 11 种官方语言，支持开展母语教育的添加性双语教育，并赋予学生自由选择语言接受教育的权利，等等（*Language in Education Policy of South Africa* 1997：2）。南非基本的语言教育政策的框架（包括语言教育的宏观管理政策和语言教育的具体实施政策两个部分）基本确立。语言教育的宏观管理政策主要是通过《语言教育政策》和《关于语言政策的原则与标准》确立。具体内容有五方面：

1）规定南非语言教育政策的目标

强调在国家建设战略背景下促进人们尊重多样性，在南非学校和其他教育机构中促成新型的多语机制。开发官方语言，推行添加性双语制，尊重国家使用的所有语言，促进非洲语言的编典及其现代化。

2）确立国家教育部和省教育厅在国家语言教育上的分工

国家教育部门负责制定标准，各省教育厅根据国家语言教育政策的要求制定各省的语言教育政策。地方教育机关负责具体学业要求。规定如果有 40 人以上要求学习学校之外的其他官方语言，各省教育厅就要考虑如何解决这些学生的语言教育需求问题。对执行语言教育政策有争议时，在省层面上应诉诸省教育政策执行委员会解决，或可诉诸国家语言委员会进行法律仲裁。

3）规定学校在语言教育中的作用

在执行语言教育政策的时候，学校不能有任何形式的种族歧视，不准对入学者进行语言水平和语言能力的性向测试。在条件可行的范围内，学校必须提供学生用自己所选择的教学语言进行学习的机会。学校管理机构必须制定出学校如何发展多语制的发展框架，即通过使用一种或一种以上的语言作为教学语言，提供添加性双语课程，确保学生能够最大程度参与语言学习的过程。

4）规定家长在语言教育中的作用

公立学校的管理委员会有很大的管理权，有权决定学校的教学语言。管理委员会由选举出来的家长代表、学校的教师和以校长为代表的非教学人员组成。同时规定，家长成员必须占管理委员会的绝大多数，即把每所学校教学语言的选择权交给家长。家长替自己的孩子在入学时进行教学语言的选择，代替自己的孩子行使语言权。

5）规定个人在语言教育中的权力和义务

在一、二年级时，学生必须从被批准的教学语言中选择一种作为语言科目。

从小学四年级开始，学生必须至少选修两种语言，并且要求所有的语言科目要有同样的时间分配和资源分配。从五年级开始到基础教育结束，学生必须通过一门语言的测试；从十年级到十二年级，学生必须通过两门语言的测试（即第一语言和第二语言，其中一门必须是官方语言）。

《语言教育政策》是南非教育史上的里程碑，赋予了学生和家长前所未有的语言选择权利。但是，可惜的是，自《语言教育政策》颁布以来，南非基础教育部从未出台任何具体实施计划以确保学生获得双语能力（Mckinney & Soudien 2010：13）。

3.4 语言教育政策的课堂具体实施——《南非国家课程框架 2005》的颁布

国家语言教育政策的课堂具体实施主要体现在《南非国家课程框架 2005》（简称《2005 课程》）里的语言教育政策。《2005 课程》由时任南非教育部部长 S. Bengu 1997 年 3 月 24 日在议会上宣布启动。它规定学校语言教育发展目标是：营造学校交流参与的文化，教育重塑，提升每个受教育者的责任和能力意识，确保每个南非公民能够拥有读、写、算和思考能力，教导和尊重每个受教育者的人权，使艺术和文化成为课程的一部分，使历史教育成为课程的一部分，学习统一的南非社会所体现出来的文化、信仰以及和世界有关的多样性，使多语言主义具有良好的生态环境（方展画、吴岩 2004：91-96）。《2005 课程》指出：语言学习领域包括 11 种官方语言以及由泛南非语言委员会和南非资格证书认定机构批准的语言（如：布莱叶盲字语言和南非手势语言）。为了理解与欣赏不同的语言与文化，所有学生需精通母语并至少掌握其他任何一种官方语言。在教学中，无论何时都可以使用学生的母语，当学生必须从母语过渡到添加性语言时，有必要进行精心规划（张屹 2010：14-16）。

《2005 课程》以学习者为中心，以学习效果为导向，强调团队合作（Kamwangamalu 2004：235）。语言教育的学习结果主要是由听力、口语、阅读和浏览、写作、想象和推理、语言结构和使用六部分的评价组成。并对每一个学年阶段要学习的内容以及要达到的各项具体技能和指标都做了详尽的描述，并指出对 11 种官方语言的语言要求水平是一致的。

《2005 课程》还规定学生在基础阶段至少有 40% 的时间专门用于语言学习，在中高级阶段至少有 25% 的时间用于语言学习。

表 1 普通教育初级阶段的学时分配比例

科目	语言	算术	生活技能
比例（%）	40	35	25

Department of Education (DoE). *Curriculum 2005: Lifelong Learning for the 21st Century*

表 2 普通教育中 / 高级阶段的学时分配比例

学习领域	语言	数学	自然科学	社会科学	技术学	生活指导	经济管理科学	艺术与文化
比例（%）	25	18	13	12	8	8	8	8

Department of Education (DoE). *Curriculum 2005: Lifelong Learning for the 21st Century*

3.5 国家语言教育政策发展目标确定——《2007—2015 国家语言教育政策发展目标》

2003 年南非艺术文化部出台《国家语言政策框架》和《南非语言法》，并设立专门的国家语言机构。2006 年 7 月，教育部在开普敦召开了专门的语言研讨会，讨论语言政策的实施困境，并最终形成了两点共识：教育部应鼓励至少六年的母语教育，高校应促进非洲本土语言的教学。

2007 年，南非召开关于语言教育政策的峰会，提出了关于国家语言教育发展的目标，这是在国家层面上第一次根据国家现实的语言教育现状，明确提出未来的语言教育发展目标，指出南非的语言教育发展前途必然和南非班图语教育的提升紧密相联；并建立了干预机制，确保在 2015 年前完成这次语言教育发展目标提出的具体要求。从它的规定中可以看出，南非语言教育政策在逐步重视班图语的母语教育对国家语言教育的作用：

1）国家要确保六年的南非班图语母语教育，以确保学生能够在基础阶段和中间阶段学习母语。

2）国家确保在三年级、六年级的评估考试和九年级的国家普通资格考试中能够使用南非的多种语言。

3）国家提高各个层次和语言政策相关机构的南非班图语母语教育的政策执行能力。

4）国家要确保大众教育和继续教育范围内的第二语言的学习项目。开展多种语言学习项目，确保获得目标语言的基本交流能力。

5）国家的高等教育要在发展和提升多种语言的教学领域中发挥重要作用。

3.6 落实高等教育多语制度——《高等教育语言政策》出台

南非高等教育委员会于 2001 年 7 月出台《南非高等教育语言政策框架》（简称《框架》），清晰地勾勒出南非高等教育中本土语言使用受限、阿非利堪语的使用范围缩小、英语独霸天下的画面，号召南非高校重视本土语言，制定并实施有利于本土语言发展的语言政策和教育政策（Plessis 2006：87-113）。《框架》建议高等教育采取循序渐进式的语言政策，其中包括即刻执行措施、短期措施和中长期建议三部分（*Language Policy Framework for Higher Education of South Africa* 2001：10-13）。《框架》提倡践行多语制度，保护母语或家庭语言，充分认可母语教育和多语教育的价值，实现南非教育领域语言多样性，这对高等教育中多语局面的形成具有积极作用。2002年11月，南非教育部综合各方意见，在“权利法案”和《框架》基础上正式出台《高等教育语言政策》（*Language Policy for Higher Education of South Africa* 2002），号召南非国民，尤其是南非高等院校师生确保所有官方语言得到同等尊重；提倡落实高等教育多语制度，确保那些期望借助高等教育实现自身潜力的人具有平等入学和获取成功的机会（李旭2006：62）。

4. 全球化背景下当代南非语言教育政策的特点

语言在南非的教育领域始终是一个很敏感的问题。南非国内既没有普遍认可的族际通用语，也没有一门完全中立的语言，形成了“重英语，轻本土语言，阿非利堪语居中”的语言意识形态。

纵观南非当代尤其是1994年以来出台的宪法和多项教育语言政策，可以发现一个明显的特点：无论是针对基础教育还是高等教育，实现所有官方语言地位平等、扭转本土语言被边缘化的局面、在全国范围内打造多语格局、推行多语制度是贯穿所有政策的一条主线。在全球化下南非实行的多语制政策体现了语言的民主化和多元化，保障公民的语言权。在个人和集体两个层面上，南非的语言教育政策达成了从同化取向、压制语言权，到保存取向、促进语言权取向的转化，在质的层面上有了提升。它不再是维护殖民者利益的语言教育政策，而是把其目光定位在所有的南非人民上面，重视提升所有南非人民的语言人权。南非政府的语言教育政策是作为南非政府建立一个非种族化的国家的一个重要的战略组成部分，致力于提升不同种族、肤色和宗教之间人群的交流与合作，试图建立起一种能够把语言当成是资源而不是问题的政策理念，树立起一种能够尊重所有语言而不是仅仅尊重自己的本族语的意识。

个人多语现象是南非的一个特色，因而学习至少两门语言是南非社会构建的原则和方式。互相的理解也是应对任何种族和语言沙文主义以及分隔主义的一个有效工具。语言教育政策的课程文件是一个国家欲传授给自己下一代的语言的价值观和生存的基本知识，亦会影响到孩子的人格发展与未来的社会阶层（周有光 2006：176）。

南非《2005课程》强调语言教育的平等性，强调在整个教育体系达成南非班图语的教育，强调语言教育的学术性的发展性向，这些都表明至少在文本规定上，国家对南非班图语教育的尊重和期望。南非《高等教育语言政策》建议“高院校应出台政策和措施以帮助学生熟练掌握指定的教学语言；制订相关策略、措施，促进外语教学与研究，尤其是对南非文化、贸易和外交关系至关重要的外语”（*Language Policy for Higher Education of South Africa* 2002：10-15）；试图解决教学语言选择、班图语言发展、外国语言学习以及如何在高等教育政策和实践中落实多语制度等问题（同上：2-9）。

相比其历史上的语言教育政策来说，当代南非的语言教育政策文本有了长足的进步。如果确实能够达成的话，将为世界的语言教育政策的发展贡献一种新的价值观、理念和评价方式。然而，尽管各项政策均以实现语言平等为基本准则，但南非教育领域内的语言选用仍呈现级差分布，“英语独大、阿非利堪语势弱、本土语言边缘化”仍是南非语言生活的主旋律（李丹 2015：70）。主要缘由是南非的语言政策存在着模糊性、缺乏协调和监督机制，以至于在语言实践中，南非的各种官方语言处在不对称的权力关系之中，英语和本土母语处在相反的两极（许嘉璐 2002：215-216）。

4.1 语言规划模糊，缺乏能够有效实施的语言教育政策文本

首先，对官方语言教育权的描述模糊。南非在宪法中规定了 11 种语言都作为官方语言，而没有法律保障官方语言的地位。9 种班图语虽然拥有了官方语言的地位，但没有明确该语言必须用于司法、学校教育等领域。规定学校的教学语言必须是官方语言，但是没有规定教学语言必须是母语，没有遵循母语教育优先的原则。政府高层机构的重要决策人员对语言多元化缺乏有效支持，本土语言并没有被提升到政府行政用语的地位，国家机构在语言使用上的单语倾向日趋明显。

第二，对母语教育的要求模糊。《语言教育政策》中没有对母语教育做出具体要求，没有规定母语教育在基础教育阶段中的必然地位。《2005 课程》也没有对母语教育在义务教育阶段的具体实施做出具体的要求。《语言教育政策》要求学习至少两种官方语言，但是对选择哪种语言作为教学语言并没有做出任何规定。母语教育并非义务，只是一种权利。

第三，推广班图语的措施模糊。政策文本更多是口号性的，缺乏具体落实的措施和规定。

第四，跟进和推广语言教育政策的措施模糊。从宪法关于语言教育政策的条款到《语言教育政策》及《课程 2005》都没有提出任何具体明确的措施或要求和期望。

第五，管理委员会语言决策模糊。管理委员会可以决定学校的教学语言，但没有规定管理委员会的选举方式、人员构成中的各种族人数的比例，这样在某种程度上黑人参与学校语言教育政策决定的权利不一定能够得到保障。

4.2 语言教育政策缺乏协调和监督机制

《语言教育政策》《关于语言政策的原则与标准》《课程 2005》三个语言教育相关政策虽然前后相隔四个月出台，但是相互之间并没有建立起良好的协商机制。语言教育政策的宏观政策和语言教育政策课堂实施政策间存在着许多前后矛盾的地方。譬如，教育语言政策规定在小学一、二年级的时候，学生必须从被批准的教学语言中选择一种作为语言科目。从小学四年级开始，学生必须至少选修两种语言。但又规定在义务教育阶段结束的时候至少要通过一门语言的测试。与种族隔离制度结束前的考试要求相比，对于语言的考试要求降低了，容易造成单语化的倾向。

《语言教育政策》没有规定必须完成从母语到英语作为教学语言的转化，在政策层面上似乎有很多选择，但是在全国层面上的大规模考试却只有英语和阿非利堪语。《语言教育政策》中规定添加性语言在四年级开始学习，但在《2005 课程》中却规定添加性语言应该从一年级就开始学习，这互相矛盾。添加性双语教学中，语言转换并没有在双语教育项目中进行良好的规划。教育部的语言教育政策规划，完全由教育部及中央各部的行政官员进行研拟，学者照搬国外的经验，未对国内的现实情况进行更充分的考虑，或仅仅从提高英语教育的角度去考虑，缺乏地方教育行政机关的代表，以及未来负责政策执行人员的参与，因此造成语言教育政策文本缺乏对全局的把握力，缺乏对现实社会中的隐性语言教育政策的调控力，从而导致地方教育行政机关无法有效执行。

4.3 隐性语言教育政策和语言教育政策文本相差甚远

纵观当前南非的语言教育政策，很多语言教育政策的现实相关因素并没有得到很好的解决。南非的母语教育规划，始终缺乏一个明确的主轴与方向。母语教育在南非推行受到严重阻碍。因各自的母语不同，南非的语言教育政策的实施情况各异。母语一直是南非教育一个敏感的话题，母语教育的推行似乎很难突破与创新。

5．对中国外语教育的启示

审视南非语言教育政策的发展历程，无疑有利于构建基于中国实际情况的科学的语言教育政策，以指导中国未来语言教育政策健康地发展。在制定语言教育政策时，要考虑语言教育生态中所有的语言，并根据它们的特点、作用和地位来分配它们的教育权重。这些政策要既有利于各种语言的发展，又有利于调和各种语言之间的关系。

语言是资源，“公民个人语言能力的强弱直接影响民族素质和国家人力资源质量与水平，进而影响一个国家的经济创造力和发展力”(赵世举 2013：1)；“国家语言能力”的强弱，即国家充分“掌握利用语言资源、提供语言服务、处理语言问题、发展语言及相关事业”的能力，直接关乎国家的经济利益乃至综合实力(赵世举 2015；文秋芳 2016；李宇明 2011)。

中国的语言教育由对全体人民的语文教育和外语教育、对少数民族的汉语教育以及对外国留学生的汉语教育四个方面组成。因此，中国的语言教育政策必须包括汉语、少数民族语言和外语的教育政策，关注语言生态平衡。对任何一类语言教育政策的研究都有它局部的作用和意义。科学的汉语教育政策有利于提高国人对汉语的重视，遏制汉语“内冷”的同时，完善对外汉语教学有利于满足汉语的“外热”需求和提高中国的软实力；和谐的少数民族语言教育政策有利于加强各民族的团结，保护少数民族语及维护少数民族的语言权。明确的外语教育政策有利于提升国民及国家外语能力，扩大对外宣传，提高中国人与外界的沟通能力，从而更好地落实“一带一路”倡议和新时期“走出去”的国家发展战略。

5.1 强化母语意识，完善对外汉语教学

母语意识体现了一个国家的民族形象以及民族的认同，同国家安全息息相关。同南非一样，中国是一个多民族、多语言、多文字的国家。汉语语言政策的制定直接关系着各民族的切身利益，关系着国家的繁荣和稳定，也关系着国家在国际上的地位。在全球化时代，不少中国人的母语意识不强，在语言态度上重英语轻母语。现有的汉语教学不能适应时代的发展要求，大部分还停留在课堂讲解、书本教学的模式。因此，加强中国国内汉语母语的教育，提高汉语母语意识尤为重要。在全球化的今天，中国既要看到挑战，也要抓住机遇，在全球化的语言和文化博弈中，通过对语言进行规划，制定汉语国际推广的相关政策，让世界更了解中国文化，提升汉语在国际上的地位。完善对外汉语教学政策，推广中华文化。这是我们对中国语言文化发展的历史责任，也是在全球化时代中华民族对世界文化发展的历史责任。

5.2 明确国家中长期外语教育发展战略，提升国家外语能力

国家外语能力是国家经济文化竞争力的重要支点。外语教育是中国教育事业的有机组成部分，对于国家总体战略的有效实施具有重要的支撑作用（仲伟合等 2016：45)。迄今为止，中国还没有提出 21 世纪外语教育发展战略或规划，并没有将外语教育发展上升到战略发展的高度。这与中国走向大国的国家战略目标极不相称。中国有必要改变对外语教育的地位和作用的传统认识，要把外语教育定

位为国家战略的有机组成部分（仲伟合等 2016：47）。必须从外语教育政策发展的进程着眼，积极开展外语教育战略发展调研，组织专家撰写国家外语教育战略草案并组织讨论，根据各地外语教育发展水平以及社会经济发展差异，确定外语教育发展的不同目标，建立完善外语教育战略评价和调整机制，着手研制国家外语教育战略。

5.3 制定多元统一的外语教育发展规划，优先发展“关键语言”

语种的选择是国家外语教育规划的重要问题。中国外语教育在语种的安排上，应结合“一带一路”倡议和新时期“走出去”的国家发展战略，加大国家和政府层面的规划，必须从国家安全和国际交流的战略高度认识和规划多语种外语教育问题，完善外语语种规划，制定出具有全球化战略价值的外语语种规划，即“战略语言”教育发展计划（沈骑 2010：267-269）。优化外语语种的结构，根据国家政治、经济、文化等方面发展的需要，加强外语语种规划与布局，确定几门外语作为优先发展的“关键语言”或“战略语言”。

统计表明，“一带一路”沿线包含 65 个国家，官方语言接近 60 种，其中绝大多数是非通用语种。在制定规划时，应重视发展与中国在重要政治、经贸、文化安全等领域有长期交往的国家或地区通用的语言，通过开展外语语言生态的定期调查来微调区域性外语语言教育的语言使用和语种配置（谢倩 2013：199）。根据“一带一路”需要，以语言经济学和语言生态学的视角，从谋求最大共同利益、协调国家海外利益角度，确立国家的“关键外语”，加大战略投入，培养和储备外语人才。

5.4 设立外语管理的专门机构，联动落实国家外语教育政策

纵观当代南非的语言教育，国家制定了顺应教育国际化的多元发展的语言教育政策，但是由于历史原因以及缺乏专门管理机构监管和落实，南非的语言政策执行效果不甚理想。有鉴于此，中国外语学习和使用隶属多个部门监管，有待整合协同。应在国家层面设立一个专门机构，充分借鉴美、俄等国外语战略的经验，加强外语教育顶层设计。例如设立外语管理局，从国家层面上制定外语发展总体规划；确定国家中长期教育规划及目标，跟踪国家发展新战略要求，建立保障外语战略的制度体系；协同相关部门负责组织外语发展规划、外语政策的制定与落实，促进有关的国家行政部门的沟通交流，如国防部、教育部、外交部以及新闻出版机构外文局等，形成联动的工作机制（仲伟合等 2016：48），并提升外语师资水平，倡导外语教学语种多元化、外语教学模式多样化、外语教学过程个性化，优化评价体系，创新人才培养模式，确保国家外语教育政策落到实处。

6. 结语

纵观南非历史，语言是导致社会分裂的因素之一。南非虽然从宪法、语言教育政策、课程设计等层面促进语言教育，但因国内既没有普遍认可的族际通用语，也没有一门完全中立的语言。语言群体间纠葛的过往预示着确立唯一官方语言或国语的举措很可能引起剧烈冲突，并最终威胁国家的富强和文化繁荣（Webb 1996：140；张宝增 2003：203-204）。统治精英的实用主义语言观和将教育语言政策用作阶层特权维护手段的工具观塑造了南非教育领域中的英语独大局面和精英阶层独享英语象征性权力的垄断格局（李丹 2015：79），语言教育多样化没能有效实施。

中国要结合国家发展战略，明确国家中长期外语教育发展战略；制定多元生态的外语教育发展规划，优先发展"关键语言"；设立外语管理的专门机构，把握规律，富于创造；着力提升外语师资水平；创新人才培养模式，优化评价体系；倡导外语教学语种多元化、外语教学模式多样化、外语教学过程个性化，为国家参与全球治理和国际文化交流储备足量优质外语人才；服务"一带一路"倡议和中国"走出去"的国家发展战略。

参考文献

Department of Education of South Africa. 1994. *South Africa's New Language Policy: The Facts*. Pretoria: Department of Education, 22-28.

Department of Education of South Africa. *Curriculum 2005: Lifelong Learning for the 21st Century*. Pretoria: Department of Education. http://education.pwv.gov.az/Policies%20and%20Reports/Policies/Language.htm (assessed 20/09/ 2016).

du Toit, B. M. 1970. Afrikaners, nationalists, and apartheid. *The Jouranl of Modern African Studies* 8(4): 534.

Hornberger, N. H. 1998. Language policy, language education, language rights: Indigenous, immigrant, and international perspectives. Meeting of the American-Association-For-Applied-Linguistics Orlando, America, March 1998.

Kamwangamalu, N. M. 2004. Language: Planning situation in South Africa. In Baldauf Jr. R. B. and R. B. Kaplan (eds.). *Language Planning and Language Policy, Vol. 1: Botswana, Mozambique and South Africa*. Clevedon: Multilingual Matters Ltd., 199-200, 235.

Language in Education Policy of South Africa. 1997. http://www.education.gov.za/LinkClick.aspx?fileticket=XpJ7gz4rPT0 (assessed 30/12/ 2016).

Language Policy Framework for South African Higher Education. 2001. http://www.dhet.gov.za/HED%20Policies/Language%20Policy%20Framework%20for%20South%20African%20Higher%20Education.pdf (assessed 13/10/ 2016).

Language Policy for Higher Education of South Africa. 2002. http://www.dhet.gov.za/sites%20Policies/Language%20Policy%20for%20Higher%20Education.pdf (assessed 20/10/ 2016).

McKinney, C. & C. Soudien. 2010. Multicultural education in South Africa. *2010 CIALEI Country Report*. 13.

Plessis, T. d. 2006. From monolingual to bilingual higher education: The repositioning of historically Afrikaans-medium universities in South Africa. *Language Policy* 5 (1): 87-113.

South African Schools Act. 1996. Chapter 2, Section 6. http://www.gov.za/sites/www.gov.za/files/38397_gon17.pdf, (assessed 25/11/ 2016).

The Constitution of South Africa. 1996. Chapter 1, Section 6, https://en.wikipedia.org/wiki/Chapter_One_of_the_Constitution_of_South_Africa (assessed 29/10/ 2016).

Webb, V. 1996. Language planning and politics in South Africa. *International Journal of the Sociology of Language* (1): 118, 140.

杜韡、王辉，2012，南非语言政策综述，《牡丹江大学学报》（12）：57-60。

方展画、吴岩，2004，南非国家课程的实施、调整及启示——评南非“2005 课程改革”，《课程 · 教材 · 教法》（10）：91-96。

李丹，2015，语言冲突视角下非洲教育语言政策研究——以南非、尼日利亚、坦桑尼亚为例。博士学位论文。北京：北京外国语大学。

李旭，2003，南非《2005 课程》改革策略研究。硕士学位论文。金华：浙江师范大学。

李宇明，2011，提升国家语言能力的若干思考，《南开语言学刊》（1）：1-8。

人民网，2016，未来 5 年南非政府计划在 500 所中小学开汉语课，http://www.edu.cn/edu/guo_ji_he_zuo/dong_tai/201604/t20160422_1389995.shtml（2016 年 4 月 23 日读取）。

沈骑，2010，全球化下东亚外语教育政策发展研究。博士学位论文。南京：南京师范大学。

文秋芳，2016，国家语言能力的内涵及其评价指标，《云南师范大学学报（哲学社会科学版）》（2）：23-31。

谢倩，2013，《外语教育政策国际比较研究》。武汉：华中科技大学出版社。

许嘉璐，2002，《未了集——许嘉璐讲演录》。贵阳：贵州人民出版社。

张宝增，2003，从官方双语制到官方多语制：南非语言政策与语言规划研究。载中国社会科学院民族研究所“少数民族语言政策比较研究”课题组、国家语言文字工作委员会政策法规办（编），《国家、民族与语言——语言政策国别研究》。北京：语文出版社。

203-204。
张屹，2010，南非高等教育语言政策的演变与现行多语制政策的实施困境，《比较教育研究》（4）：14-16。
赵世举，2013，语言是保障国家经济安全的要素，《中国教育报》，2013-12-13 第 5 版。
赵世举，2015，全球竞争中的国家语言能力，《中国社会科学》（3）：104-118。
仲伟合、王巍巍、黄恩谋，2016，国家外语能力建设视角下的外语教育规划，《语言战略研究》（5）：45-50。
周有光，2006，从“华语热”谈起，《群言》（2）：33-35。

翻译专业人才抽样调研报告
——兼论翻译人才发展现状与对策 *

王巍巍　穆　雷
广东外语外贸大学

摘要：立足我国翻译人才需求，本调研抽样了解翻译人才培养现状，管窥我国翻译专业乃至语言服务行业的发展现状和存在问题，为建立全国翻译人才统计机制和全国翻译人才动态数据平台、开展行业人才普查等奠定基础，为国家制定相关语言政策提供数据支持和决策参考。

关键词：翻译专业人才抽样调研；语言服务；人才培养

1．全国翻译人才抽样调研背景

1.1 翻译人才在国家“走出去”战略中的地位和作用

语言是人类最重要的交际工具，是保持一个国家稳定和民族发展最根本的手段。语言问题不仅是国家的文化问题、教育问题，而且是政治问题、经济问题，同时也构成国家的安全问题、战略问题（贺宏志 2014：111）。经济全球化的深入发展和国际竞争的日趋激烈，越来越需要更多通晓国际语言和文化、具有国际竞争能力的翻译人才（仲伟合 2013：98）。一个国家经济文化及其影响力的发展归根结底就是对他国先进文化和科技的学习借鉴，以及对自身文化价值观的传播。在中外文明交流互鉴当中，翻译发挥了重要的作用。

面向国家新型发展战略的需要，从翻译人才需求与现状出发，重新定位和规划语言服务行业发展，建设高层次国际化翻译人才队伍，对国家的经济转型、文化传播和信息安全具有重要的战略意义。

在全球化步伐不断加快、国家对外开放格局不断扩展、语言与文化的交流日益广泛的新形势下，翻译人才培养应主动适应国家经济社会对外开放的要求，培养具有国际视野、通晓国际规则、能够参与国际事务和国际竞争的国际化语言服务人才（仲伟合 2013：98）。

促进国家对外“走出去”战略人才供给与储备，探讨翻译人才培养机制，建设全面服务于国家战略的翻译人才体系是本次调研的核心价值所在。一方面，探

* 本文系教育部哲学社会科学研究重大课题攻关项目“我国外语教育改革与发展研究”（项目批准号：15JZD048）阶段性成果。本文主要内容已于 2017 年 7 月在《中国翻译人才现状及需求调研报告》（外文出版社）一书中发表，本文做了细节修改。

讨面向国家“走出去”需求的翻译人才培养模式，为国家储备“一专多能”、“双高”（思想素质高、专业水平高）、“两强”（外语实践能力强、信息技术运用能力强），熟悉国际惯例，具有较强的跨文化沟通能力，专业基础扎实，了解本专业国内外发展趋势，具有国际视野和创新意识，能直接参与国际竞争与合作的国际复合型语言服务人才。另一方面，响应“一带一路”倡议规划，倡导和主张多语言人才供给与储备，为国家储备印尼语、日语、韩语、俄语、泰语、阿拉伯语、法语、西班牙语等语言应急人才，使外语人才满足社会需求，服务国家需要，在维护国家战略安全方面发挥不可替代的作用。

翻译人才现状与发展，事关国家安全、政治军事竞争力和未来发展。培养翻译人才有助于推动国家适应全球化经济发展，参与国际竞争与合作，扩大国家的国际话语权。清晰界定翻译人才是有效进行全国翻译人才的调研统计分析的基础。笔者认为，翻译人才是掌握翻译专业知识，具备翻译专业技能，具有国际化视野和跨文化沟通能力等翻译专业素养，从事语言服务行业相关工作的人。这一定义表明，翻译人才是一种广义的、抽象的、与行业发展俱进的动态概念。

1.2 调研目的

此次主要为抽样调研，其目的在于：(1) 抽样了解全国翻译人才需求和人才培养现状，为国家相关翻译政策制定提供决策参考；(2) 结合调查数据进行分析研究，为相关部门进一步制定全国翻译人才发展纲要和全国翻译行业发展规划提供战略建议。

1.3 调研对象与方法

调研采用调查法、访谈法、文献法和观察法等研究方法开展数据抽样搜集，定量定性地对数据进行常态化分析，管窥我国翻译人才现状、需求和存在的问题等。针对高等院校翻译专业、国家机关、中央文化新闻出版单位、央企及跨国企业及语言服务企业的外事翻译人才展开调研。主要关注工作岗位的分布情况、日常工作中与翻译相关的工作情况、对当前工作的满意度与认可程度、对当前工作压力的判断、对翻译技能提升的需求、对翻译行业的认知情况、对翻译技术的掌握，以及对职业发展前景和趋势的判断等内容。其中，高等院校翻译专业人群包括高校从事翻译相关课程的博导、青年教师，以及翻译硕士专业的应届毕业生。对学生的调研主要聚焦学生的专业背景、对于专业的认同情况、对于专业学习的满意度情况、接受培养教育的现状、对相关技能培训的需求、对职业发展前景和趋势的判断等内容。

2．全国翻译人才发展现状分析

2.1 翻译人才队伍正处于年富力强阶段

年龄结构方面，通过抽样问卷调查及焦点小组访谈可见，五类人群中35岁以下的受访者数量最多（均占60%以上），35岁至40岁人群在总受访者数量的占比位居其次，40岁以上的受访者较少。其中，抽样的某国家机关单位35岁以下翻译人才达88.9%。性别方面，由于女性学生在潜在翻译专业就业人群中所占比例最大（抽样的MTI学生群体女生占比83%），直接决定了未来我国翻译使用部门，特别是涉外部门用人的性别基础。

教育背景及培训方面，五类人群中大多数受访者均为外语类专业（英语专业为主，部分是翻译专业）。语言企业抽样中，受访者毕业于非英语专业，包括热能与动力工程、国际经济与贸易、生物化工、人力资源管理以及环境工程。学历方面，五类人群中60%以上为本科学历，高校和国家机关的受访者学历普遍更高。高等院校的受访者大多为博士或有过海外求学经历，国家机关的受访者中硕士以上学历占77.8%。五类人群当中，国家机关、新闻出版单位、中央企业等翻译人员接受的培训量偏多，包括外派的实践性培训，而翻译企业的偏少。抽样的某国家机关单位中所有受访者都接受过学位教育外的翻译培训。

抽样数据显示，翻译人才队伍正处于年富力强阶段。这一年龄结构的优势在于，年轻化的人才队伍在知识更新和技术创新能力等方面走在前面，是行业发展的动力源泉。劣势在于，一方面存在业务经验、管理和决策能力尚未成熟的可能；另一方面，由于大部分翻译人才的教育背景为语言类专业，较为单一，不适应翻译的复合型发展需求，难以适应未来社会专业化分工更加细化的需求，因此尚存在非语言专业的结构性人才匮乏。

2.2 翻译人才数量总体逐年增长

随着国家对外交往日益加强，全社会对翻译人才数量的需求也越来越多。根据人社部主办的全国翻译专业资格（水平）考试数据统计，考试报名人数连续10年实现两位数增长，由首次报名1,600人达到2015年报名人数近9万人。截至2015年年底，该考试累计报考46万人次，累计近6万人次获得翻译资格证书（中国网，2013），这一数据可从侧面显示我国具备翻译职业资格的人才总量。

结合高等院校翻译专业方向以及招生数量的增长趋势，可见翻译人才数量总体逐年增长。然而在此背景下，当前翻译人才仍存在结构性匮乏。因此，亟待国家相关部门针对翻译人才培养与储备开展中长期规划，使翻译人才队伍建设不仅仅局限在总量增长，还要面向当前社会经济发展具体需求产生质的提升。

2.3 翻译工作满意度与认可度逐步提升

总体看来，在翻译本科专业、翻译硕士专业等人才培养体系建设、翻译行业协会等组织机构的宣传推动、语言服务行业的蓬勃发展等多方因素促进下，社会对翻译行业及翻译人才认识已经逐渐改变，翻译工作者的社会地位正在提升。

2.3.1 工作薪酬

工作薪酬是人力资源管理的重要问题，在一定程度上决定着本行业对从业人员的激励作用和对潜在人才的吸引力，从而进一步影响着语言服务行业的发展效率与竞争优势。

抽样数据显示，五类人群中均有超过 40% 的受访者对薪资不满意（满意度评分为 1-2）。过半受访者认为薪资水平与企业单位有差距。受访者当中，仅有少数员工明确表示对目前薪酬比较满意。

2.3.2 工作环境

人力资源研究表明，良好的工作环境既包括安全舒适的物理环境，如现代化的设备、充足的工具装备等；也包括公平竞争的政策环境，如个人成长机会、公平的工作晋升决策等。与薪酬相比，良好的工作环境能够带来从业人员更多的内生动力。

在抽样调查的五类人群中，过半受访者对工作环境表示基本满意或满意。其中，受访者表示可能造成对工作环境不满意的原因主要在于依然存在翻译工作在单位缺乏重视或行业欠缺规范等问题，或者单位领导并不理解翻译工作的特殊性，认为外语好就能做好翻译，译文跟原文应该很容易就“无缝对接”，留给翻译工作的时间极为有限。

2.3.3 社会地位

根据马斯洛（1987）需求层次理论，人的第四层次需求便是社会地位，即个人的能力和成就得到社会的承认。这一层次在于人对尊重的需要。马斯洛认为，尊重需要得到满足，能使人对自己充满信心，对社会满腔热情，体验到自己的价值。因此，社会地位的良好认知同样能够提高对从业工作满意度，进而影响翻译人才与语言服务行业的发展现状。

关于翻译工作的社会地位问题，五类人群中有 25% 左右的受访者对翻译工作的社会地位不满意（满意度评分为 1-2），一半受访者满意度一般（满意度评分为 3），三分之一的受访者对工作地位满意（满意度评分为 4-5）。其中，语言企业的受访者提到社会地位低下的典型例子之一是：由于翻译工作的特殊性和客户的要求，从业者常常不得不加班熬夜，这种工作常态严重影响了译者的健康状况。

2.3.4 工作强度

工作强度可分为积极强度和消极强度。其中，积极强度在于工作的挑战性。人力资源理论提到，从业者常常更喜欢企业能为他们提供机会使用自己的技术和能力，有一定的自由度，并能得到及时的工作反馈（Gruneberg 1994）。这些要素使得工作更富有挑战性。反之，挑战性低的工作使人感到厌烦，但是挑战性太强以至于难以完成的工作也会使人产生挫折感和失败感，这些都是导致工作满意度较低的因素。在中度挑战性的条件下，大多数员工会感到愉快和满足。

此次抽样调研中，数据显示五类人群中的过半受访者表示对工作强度满意（满意度评分为 4-5）或满意度一般（满意度评分为 3）。然而，进一步探究，可发现大多数受访者提到的工作强度主要属于消极强度，即因规范缺乏或管理因素导致的非挑战性因素。例如，某机关部委的受访者表示，由于领导对翻译工作缺乏了解，分派任务时不一定能照顾到翻译的感受，往往没有给翻译留出足够的时间完成翻译工作。参与抽样的某央企受访者表示，出差时往往存在需要加班的情况。虽然每年都向相关领导反映工作强度的情况，但由于翻译没有独立的主管部门，涉及的部门很多，即使反映了问题，落实具体措施时依然会遇到困难。

归纳上述四个方面，我们发现抽样人群中的翻译人才对当前的工作满意度普遍较低。除薪酬之外，主要问题在于社会地位和工作强度两个方面。人力资源理论认为，工作薪酬主要由企业状况、个人因素和社会因素三方面决定。调研发现，当前翻译行业乃至语言服务业的社会认可度较低，在一定程度上增加了翻译工作的强度，使得译员常常面临“时间紧、要求高、薪酬少”的窘境。同时，行业内部规范欠完善，例如翻译质量管理体系亟待建立、译员在职在岗培训体系有待改进、客户教育宣导缺失等，也进一步消解了语言服务行业、翻译行业、翻译人才的社会地位及影响力。

2.4 翻译人才职业生涯发展亟待改善

2.4.1 职业前景

五类人群中，高等院校和国家机关及新闻出版单位的受访者对工作前景满意度接近 50%，而两类企业人群中超过 30% 的受访者对前景表示了一定程度的忧虑。其中，中央文化新闻出版单位抽样数据中，73% 的翻译工作者已经从事了 6 至 10 年的翻译工作，说明该部门大部分的翻译工作者对工作前景是相对满意的。一位受访者表示：“从初级翻译做到一级翻译再到审校是需要一段时间的。我们的评审一般比较快一点，容易一点。但是要业绩积累。按照我们每天这样做下来绝对没有问题，硬性指标也是可以达到的。”

前景堪忧的原因主要集中在两个方面，一是晋升渠道模糊。有受访者反映，翻译岗位的中高级职称指标相当有限，晋升空间较小。翻译的出路主要为自由职业者、进入国际组织、调任行政岗位或进入企业单位任职。二是由于行业准入门槛低，大量低价劣质翻译拉低了整个行业水平，一定程度上会导致优秀人才转行，从而带来优质人力资源流失。

2.4.2 职业压力

由于此次调研选取的五类人群工作性质存在一定差异，因此压力来源存在方向性不同。高等院校人群中，教师在本人担任译员角色之外，更多地是站在译员的培养者的角度看问题。因此其大部分工作压力来源，主要来自科研和教学。无论是青年教师还是博导群体，将受访者的压力按照程度大小排序后可以发现，绝大部分受访者认为压力首要来自科研，其次是教学工作、课程学习和行政工作。高校受访者几乎无人将翻译实践工作列为首要压力来源。

其他四类人群中，受访者主要是一线翻译从业人员，因此其工作压力主要来源于翻译工作。通过访谈，我们发现该部门的工作压力主要来源于以下因素：工作量大，翻译薪资低，资源不充足，与企业相比差距较大；与政府之间的沟通不顺畅，导致翻译工作的影响受限，成就感有限；比较排斥语料库之类的翻译软件导致翻译效率不高。有受访者表示，压力主要来自主管领导对翻译认知不足，导致翻译工作难度往往被低估，会对工作完成带来阻碍，这些问题也很难获得领导的谅解或政策的支持。

2.5 行业认知与翻译技术重要性日益突显

随着语言服务行业信息化程度不断加深，翻译早已不是一纸一笔的手工作坊式工作。因此，从业人员有必要在一定程度上了解行业的最新发展，掌握常用的翻译技术，与时俱进。然而，我们在调研中发现，五类人群中的受访者普遍表示行业认知对翻译工作的影响较小，因此较少关注行业进展。

翻译技术方面，绝大部分受访者会使用网络搜索工具，如有道词典软件等；30%左右的受访者会同时运用以上两种工具。其中，国家机关抽样人群中，77.8%的受访者在翻译工作中会使用到 Trados 软件。当问及对翻译相关技术的看法，受访者表示技术对翻译工作的影响较小。因各人对翻译技术的掌握程度参差不齐，虽然对技术的运用有一定需求，但由于人手短缺，难以展开相关工作。即使使用了 Trados 软件，但是因为没有共享记忆库，实际上效率并不高。中央文化新闻出版单位的受访者甚至提到比较排斥辅助翻译软件，完全不使用翻译辅助工具。然而，由于缺乏对术语的管理，导致的术语不统一问题在该部门也比较突出。因此，亟待进一步提升对翻译技术和语料库建设的重视。

3. 全国翻译人才需求分析与预测

3.1 全国翻译人才需求总体概况分析

翻译专业相关的语言服务既要满足市场发展需要，也要满足国家治理的需求。“十三五”期间全国翻译人才的总需求问题，直接涉及我国语言能力建设问题，直接影响我国社会生活质量提升和社会治理文明程度，也体现了国家实力与形象。因此，可预见的翻译人才需求具体如下：

3.1.1 多语种、多类型、高层次翻译人才储备

特别是三类紧缺人才，即专业应用型翻译人才（尤其是与高新科技、国际法规等相关）、翻译应用研究类人才（解决行业发展实际问题，有别于传统的翻译学术研究，这也正是翻译博士专业学位的培养理念和基点）及非通用语种翻译人才（特别是“一带一路”沿线国家语种）的储备和培养，从而打破制约我国建设发展乃至国家安全的瓶颈。同时，少数民族语言翻译人才储备也应引起高度重视。

3.1.2 “翻译+”新形态

充分发挥翻译作为语言服务的基础设施作用，让以翻译为基础的语言服务与各个行业进行深度融合。语言服务行业转型发展，让翻译成为像水电一样便利的基础服务，从而创造新的发展生态，提升全社会的创新力和生产力。

3.1.3 社会治理中的语言服务

统筹社会治理中的语言服务，特别是需要更多少数民族语言服务人才参与政府机关或公共机构服务，如维吾尔语、藏语等，促进民族之间沟通与和谐；需要关注特殊人群，如聋哑人、盲人，以及因病失语者的语言服务。对于残障人群的语言服务，以前很少有人关注，国家宏观的语言战略规划也不够重视，但这种社会关注和福利是现代化高素质社会的特征，有必要开始关注。

3.1.4 语言产业管理人才

翻译技术和语言服务的产业化发展，对于语言服务行业人才的素养和技能的要求不断提升。亟待高等院校打破语言类课程壁垒，从业界视角出发，借鉴管理学等理念，协同企业联合培养出更多与市场紧密对接的语言服务管理人才。语言服务业作为一个新兴的快速发展的现代服务业的组成部分，需要高级管理人才，既懂得语言服务的特殊需求，也懂得行业管理的基本知识，如人力资源管理、财务管理、市场营销等相关内容。这些都需要在进行语言教育和翻译教育规划时充分考虑。

3.2 语言服务行业发展对翻译人才的需求

翻译人才培养和发展必须和国家战略、市场需求和翻译行业联系起来，才

能具有针对性，避免与现实脱节，适应语言服务行业发展的需求（穆雷、杨冬敏2012：57）。结合“十三五”规划，根据本次抽样调研数据，课题组从能力角度总结出新时期语言服务发展对翻译人才的需求。

3.2.1 现代语言技术、信息技术及产品的学习和使用能力

传统的口笔译业务已不再是翻译市场中的唯一业务。随着全球化发展，越来越多的中国企业走向世界，本地化、服务外包、技术写作、术语管理等多元语言服务类型进入了翻译的业务范围。为了胜任这些工作，从业者需要掌握基本的翻译技术，具有及时更新语言技术、信息技术等方面的知识和能力。

3.2.2 语言资源开发利用能力

语言资源开发包含自然语言资源开发、语言资源衍生品开发及语言能力开发三方面。其作用在于维护国家安全，维护文化多样性，促进汉语国际传播，进而提升我国国际影响力。当前，由于我国语言资源开发利用程度滞后，汉语国际化趋势在一定程度上受到制约。因此，急需开发语言资源衍生品，改善中华文化外译传播效果，助力我国外宣工作，讲好中国故事，从而推动汉语国际化的可持续发展。

3.2.3 多语能力

随着我国对外开放程度和水平进一步提升，双语翻译人才在一定程度上已不能满足社会对外语类人才的需求。从社会需求看，具有国际视野的“英语 + 非通用语种”的复合型多语种高级翻译人才是语言服务行业的发展趋势之一。多语人才从哪里来？如何才能培养出多语种的高级翻译人才？这些问题都值得高度关注。

3.2.4 专业语言服务能力

语言服务产业的转型发展必然带来语言人才内涵的不断扩展。新兴专业语言服务如语料库建设、舆情翻译、语言信息分析、语言治疗与康复等均要求从业者具备专业的语言服务能力。这些专业语言服务需求日趋增加，将在一定程度上提升社会对语言服务的认知。

随着我国综合国力不断提升，国家语言能力发展已成为综合竞争力的重要组成部分，直接关联着语言服务产业的发展趋势。因此，深入研究我国语言需求，对接国家语言能力建设和语言服务行业发展，是翻译人才发展的关键。

4. 全国翻译人才发展存在的问题

4.1 翻译行业人力资源概念有待更新

人是生产力诸要素中最活跃的因素，人是知识、信息、技术等资源的载体。

人力资源是行业机构发展最宝贵的资源，各层级的竞争归根到底均表现为人才的竞争。因此，翻译行业的发展必须建立在先导性的人力资源战略基础上。

根据调研，我们发现“以人为中心”的理念尚未被翻译行业的管理者普遍接受。五类人群中，大多数翻译人才依然停留在“工具性”或“附属物”的层面，未受到社会和所在机构的足够重视。例如，在对外传播过程中，中译外和外译中从难度和流程方面都有很大的不同。正式出版物的中译外和一般外事交流的中译外也在流程和水平要求上不同。然而，由于社会对翻译工作中语言方向等重要性缺乏认识，可能直接影响了对外传播的效果。同时，正是由于人力资源概念在翻译行业发展中的滞后，导致译员常常被迫陷入“临时需要什么就译什么”的怪圈中，挫伤了翻译从业人员的积极性和创造性，也必将导致高级人才的流失，使翻译服务行业乃至语言服务行业的发展障碍重重。

4.2 翻译人才发展战略规划有待加强

调研数据显示，五类抽样人群当中，英汉翻译人才占总受访者绝大多数比例。这在一定程度上揭示了我国翻译人才发展缺乏战略层面的整体思考和规划。翻译人才的外语语种、教育层次、区域分布、岗位设置，以及翻译人才数量与国家的现实需要和中长期战略不相适应。

根据在高等学校中进行的调研可以发现，翻译人才培养对接行业发展和市场需求仍存在一定问题。比如MTI语种设置除英语外，仅有日语、法语、俄语、德语、韩语、阿拉伯语和泰语等少数语种。即便加上我国高校当前开设的约60个外语语种方向，依然无法满足“一带一路”沿线65个国家、53种官方语言（200多种方言）、分属9大语系的语言种类需求。在一些非通用语种人才使用上也要从国家战略需求出发，加强政策支持和投入。要在语言人才培养规划中研究现有60余个外语语种哪些属于“一带一路”沿线涉及的语种，哪些语种的人才需求量有多大，规划布局人才培养方案。

4.3 翻译专业人力资源管理机构和管理制度有待完善

观念滞后和人力资源规划缺位，导致翻译专业人力资源管理定位不清和管理制度不完善。在调研中，课题组发现，大多数翻译从业人员的管理者并不了解翻译，更未受过专业训练，常常采用随意式、临时性、命令式的管理方式，导致译者无法规范地执行翻译工作。

行业准入方面，调研的五类人群中的多位受访者都提及缺乏行业准入限制，导致大量无基础的兼职翻译混迹市场，这大大降低了翻译行业社会认知和译者权威性。

职业发展方面，国家机关、新闻出版机构、央企国企以及语言企业类人群受访者均提及：(1) 缺乏系统的职业培训，例如译员继续教育培训、定期的行业知识培训和国内外同行交流活动等。(2) 缺乏科学的绩效评估激励体系，导致译员薪酬制度欠合理，未能激发翻译从业者的安全感和归属感。(3) 晋升渠道模糊，导致译员晋升路径静态单一，职业发展受限。(4) 缺乏质量监控和维权体系，导致出现质量纠纷或违反职业操守的情况时，往往只能由译员或翻译中介公司与用户进行私下沟通调解。

5. 翻译人才发展问题建议与对策

5.1 从国家层面重视语言服务发展，制定翻译专业人力资源战略规划

语言服务是国家语言能力运用的实际体现，而国家语言能力关系到国家硬实力和软实力的发展，关系到国家安全和国民经济发展等重大问题。“一带一路”“亚投行”和“中国文化走出去”等无一不需要语言服务的支持。目前国家对于语言能力、语言服务、语言安全、语言战略等问题的认识远远不足。教育部下属的国家语委由于所属关系和级别不够，无法统筹协调管理全国的语言能力和语言服务的顶层设计，相关部委如中宣部、商务部、文化部，还有外文局和军队系统，相互之间缺乏协调的机制，没有一个国家层面的机构可以对相关问题进行统筹管理。长期以来，语言服务隶属并服务于许多相关部门，由于缺乏统筹主管部门，没有列入社会行业分类，也没有自己的独立行业地位。语言服务行业在国民经济生产和统计中也缺乏自己的独立价值，更得不到法律法规的保障。

翻译人力资源战略规划需要与国家战略目标保持一致，切实服务于国际战略。从“一带一路”“亚投行”等的需求出发，根据经济发展、国家安全、军事外交等领域对翻译人才的具体需求，规划布局翻译语种和人才层次。

建立翻译人才基于年龄结构的长期培养计划，开设翻译项目管理等翻译行业性培训，鼓励其他专业背景有外语优势的人才进入翻译行业，开设有针对性的培训课程，补充非语言专业的结构性人才。

特别关注小语种（7 个非通用语种之外的）翻译人才，从制度上对语种、地区、层次、类别进行规划。特别针对小语种翻译人才的职称评审流程进行区别性调整。在目前国家没有相关小语种资格考试和认证的情况下，适当参考外国相关证书。

从“中国文化走出去”的视角出发，统筹规划国家外宣类翻译人才（吴奇志 2012）。提高外宣项目补贴，给外宣出版项目充分的经费支持。搭建沟通平台，促进中外专家不断协调和沟通以达到外宣目的。

5.2 规范行业准入限制，提高薪酬待遇

在翻译行业日趋职业化的过程中，资格认证设立不可或缺，其主要作用在于设立行业准入标准、评量人才能力。可参考国外相关行业做法，进行准入认证。

从认证方式区分，各个国家及地区的口译资格认证体系主要采用考试的方式，部分认证体系中也采用资历考核评审的方式（比如我国的全国翻译专业资格（水平）考试中，申报“资深翻译”通过考核评审取得，而一级口笔译则通过考试与评审相结合的方式取得）。

从认证类别区分，各个国家及地区的口译资格认证体系所颁发的证书主要有“资格认证”（或“从业执照”）和“能力认证”两种。“资格认证”不分等级，仅设门槛，即判定申请人是否具备相关从业能力，如同“医师执业证书”。采用“资格认证”的国家包括德国、阿根廷、丹麦等。“能力认证”则评价申请人的能力水平，按照翻译类别区分不同水平等级的从业人员。采用“能力认证”的国家包括加拿大、澳大利亚、英国、捷克、乌克兰和中国等。美国的口译资格认证体系同时采用“资格认证”和“能力认证”两种类别，如美国翻译协会（ATA）资格认证考试的报考人员需先通过学历或国际翻译家协会（FIT）会员资格审核，才能够参加认证考试，从而根据相应口译等级类别获得资格证书。

加强对翻译资格证书等相关证书考试的学术研究，借鉴教育学、测试学等相关领域的最新成果，从考试的理论、构念、命题、阅卷等方面对考试的信度和效度开展扎实的大规模研究，提高现有资格证书考试的可信度与含金量，也提高其社会认可度。

在提升准入门槛的基础上，可考虑由行业协会提供并规范市场指导价格。同时，开展机制体制改革，为机构内口笔译人员提供特别人才津贴，缩小机关口译工作人员与市场自由译员之间的收入差异。

5.3 推广用户教育，提升行业社会认知

多种途径的用户教育至关重要，用户教育可以帮助用户在使用翻译服务之前建立合理期待。以口译为例，国外口译服务行业用户教育的实施已近十年，涉及多种语言、口译类型及工作场合，主要采取“用户指南”的形式。从发起方来看，大多由行业协会、翻译机构、政府组织等发出。如美国翻译协会（ATA）2011 年出版的《口译服务购买指南》，旨在介绍口译服务类别、工作方式、购买方式及价格等内容。

从涉及口译服务类型来看，国外社区口译服务的用户教育材料所占比重相对更多，这或许是由于其服务面较广、用户文化及教育背景更为复杂所致。比如，澳大利亚新南威尔士大学的 Sandra Hale 教授撰写了《法官与法庭口译员的工作指

引》，旨在为法官有效使用法庭口译员提供建议。英国国家语言中心则于 2004 年出版《公共服务口译指南》，其中以常见问答的形式介绍了口译服务的概念、何时需要使用、如何使用、质量监控，以及服务价格等内容。同时，该机构也分册出版了《商务口译指南》和《会议口译指南》，旨在促进人们对于口译服务的了解，帮助人们更顺利地使用口译服务。

从出版方式看，这些用户教育资料主要使用了纸质手册、宣传单张、电子版文档和网页视频等形式。在宣传途径方面，某些材料会在口译服务现场、行业会议、学术会议上免费发放；用户亦可通过网站下载、邮件联络等方式获取相关信息。例如，浏览美国马萨诸塞州公共卫生署的网站，可以找到关于医疗口译服务的相关资料，具体包含“口译服务申请表”“口译服务手册”及“口译服务时间表及价格”等内容。

5.4 建立译员职业发展体系，明晰晋升路径

以澳大利亚翻译资格认证（NAATI）及澳大利亚翻译者协会（AUSIT）为例，NAATI 证书持有者和 AUSIT 会员，必须通过证书年审和参与持续专业发展计划（CPD）才能够继续保持 NAATI 证书有效及 AUSIT 会员资格。

澳大利亚翻译资格认证（NAATI）及澳大利亚译者协会（AUSIT）认为，随着市场及用户对翻译服务的期待日益提高，翻译服务质量标准已经变得比以往任何时候严格。因此，为保持译员在行业中的专业性及竞争力，保证译员承诺最高道德标准，译员必须通过参与持续专业发展（CPD）或进行终身学习，才能够满足日益提高的市场要求。

在这样的背景下，该组织于 2006 年与业界、国家专业机构和其他利益相关者进行磋商并达成协议，决定自 2012 年 7 月 1 日开始，进行 NAATI 证书重新验证（revalidation）。根据要求，2007 年 1 月 1 日后获得 NAATI 证书的持有人必须参与年审，NAATI 证书有效期为三年。对于一般会员的要求是平均每年收集 40 学分，三年内共需收集 120 学分。如在三年有效期限内译员未能达成 120 学分，则 NAATI 证书过期失效，取消 AUSIT 会员资格。

在学分记录和审核方面，澳大利亚译者协会主要采取自我评估，由译员按照相应活动及其归属类别（主题、持续时间等）自行进行分值计算和记录。同时，NAATI 证书资格评审委员会、分支委员会及其管理员均有权进行随机检查，可以要求任何成员出示其收集学分的相应证明。

对比我国行业现状，目前全国翻译专业资格（水平）考试（CATTI）也有类似措施。自 2006 年起，中国外文局委托中国翻译协会负责 CATTI 证书登记与继续教育工作的具体实施。作为对翻译专业人员实行行业管理的一部分，中国翻译

协会拟定了《关于组织全国翻译专业资格（水平）证书持有者继续教育（或业务培训）的通知》和《关于组织全国翻译专业资格（水平）考试证书登记工作的通知》。根据相关要求，CATTI 证书有效期为三年。持有证书的译员需通过书面阅读或网上阅览的方式学习继续教育相关教材（其内容包含翻译专业教育、对外新闻出版、翻译产业发展等方面的现状，以及主要翻译专业机构和翻译类高校的相关信息）。译员通过继续教育测试后，可以办理证书登记。如在规定的三年时间内没有完成证书登记手续，且不符合申请延期登记情况的，则由中国翻译协会行业管理办公室核实后，注销证书登记并公开声明证书作废。然而，相比澳大利亚译者协会（AUSIT）译员专业发展学分要求及细则，CATTI 证书继续教育较为笼统，主要从宏观层面的职业道德、行业状况出发，较少涉及微观层面的语言能力或翻译能力水平检验和发展。

建立完整的译员职业发展体系，有助于简化翻译高级职称的评审流程，有助于将实际翻译工作量与翻译水平和评审翻译从业资质（职称评审）相挂钩。

5.5 重视语言立法，建设语言服务质量监控体系

语言立法是语言行业职业化进程中从无序市场（自律）到行业自治（他律）的重要保障。当前，全球不少国家已完成语言立法，特别是翻译行业立法。比如，第一部欧盟的翻译立法是《2010/64/ 欧盟指令》（Directive 2010/64/EU），该指令规定了当事人在刑事诉讼程序中享有口译和笔译的权利，明确了所有成员国必须遵守的最低标准等内容。该指令认识到司法领域 CIT 的双重性，目的在于建立欧盟范围内的 CIT 的最低标准，强调不懂诉讼程序语言，以及不能阅读与诉讼相关的司法文书的嫌疑人和被告，享有免费提供语言服务的权利。该指令要求每个成员国在 2013 年 10 月底应据此进行各自相应的立法。

同时，作为第三方监控的语言服务质量仲裁委员会也是翻译质量保障体系建设的必要进程。也是以英国为例，其全国公共服务译员登记局（NRPSI）下设职业操守委员会（Professional Conduct Committee）、纪律委员会（Disciplinary Committee）和纪律上诉委员会（Disciplinary Appeals Committee）三方，对口译服务中出现的违例行为及质量纠纷进行调解、听证、裁决，并接受申诉。比如，纪律委员会接获一宗投诉，指认译员存在庭外与证人谈话并提出对法院诉讼的负面看法等行为。于是，该组织于 2012 年 6 月 19 日召开听证会，认定该译员违反“行为守则”第 4.8 节，裁决该译员自听证会日起三个月内暂停工作。在另一案例中，纪律委员会接获一宗投诉，指认译员在口译过程中未能保持中立。于是，该组织于 2012 年 3 月 13 日召开听证会，认定该译员违反“行为守则”第 5.9 节及第 5.12 节，因此，决定对该译员进行警告处分。

反观我国行业现状，当翻译服务过程中出现质量纠纷或违反职业操守的情况时，往往由译员或翻译中介公司与用户进行沟通调解。目前，暂无相关行业机构从第三方视角对口译服务中出现的违例行为及质量纠纷进行调解、听证、裁决，并接受申诉。

总体而言，亟待国家指定或设立翻译行业主管单位，开展语言管理与翻译政策顶层设计，从而推动翻译行业及人才的可持续发展。在宏观层面上统筹规划机制体制，在微观层面上制定规范标准和操作细则，从而进一步建设一体化的翻译人才培养、储备及质量保障体系，服务于国家新型发展战略对国际人才的重大需求。

参考文献

Gruneberg, M. M. 1994. *Understanding Job Satisfaction*. London: Palgrave Macmillan.

贺宏志，2014，语言文化建设的内涵、现状与对策，《语言文字应用》（3）：107-116。

穆雷、杨冬敏，2012，从翻译企事业员工的现状和市场需求看专业翻译人才的培养，《外语与外语教学》（3）：57-60。

马斯洛，1987，《自我实现的人》。北京：生活·读书·新知三联书店。

全国翻译专业资格（水平）考试网，2017，考试简介，http://catti.net.cn/node_74539.htm（2017 年 9 月 4 日读取）。

吴奇志、黄友义，2012，文化走出去需要深刻理解中译外工作的本质，《对外传播》（12）：19-22。

中国网，2013，翻译专业资格（水平）考试专家委员会换届大会暨考试十周年总结会在京召开，http://news.china.com.cn/txt/2013-12/20/content_30956318.htm（2017 年 9 月 4 日读取）。

仲伟合，2013，拔尖创新型国际化人才培养模式的探索与实践——以广东外语外贸大学为例，《广东外语外贸大学学报》（1）：98-101。

我国 MTI 毕业生就业力调查理论框架构建 *

葛诗利　亓海娇
广东外语外贸大学

摘要：在回顾国内外有关大学毕业生就业力的结构、测量和教学应用研究的基础上，详细评析两个主要就业力理论模型：USEM 模型和钥匙模型。为了调查我国教育硕士（MTI）就业力情况，传统就业力模型中的专业知识与技能需要具体到 MTI 教育中的翻译专业知识与技能。在 PACTE 翻译能力模型的指导下，我们构建了我国 MTI 毕业生就业力四维理论模型。该模型将 MTI 毕业生就业力划分为翻译能力、一般能力、个人特质和职业发展能力。参照以往就业力调查问卷设计，结合翻译行业用人需求，确定了 50 项就业力要素。根据要素的内涵和属性，分别归属不同的就业力维度，从而初步构建了可用于指导 MTI 就业力调研的理论框架。
关键词：翻译专业硕士；就业力；翻译能力；就业力调查

1. 引言

翻译硕士专业学位（Master of Translation and Interpreting，MTI）自 2007 年设置以来，取得了较为显著的发展。根据全国翻译硕士专业教育指导委员会官网统计，截至目前已经有 215 所 MTI 教学培养单位，每年都有大批翻译硕士毕业生完成 MTI 学位学习，进入工作岗位。我们培养的大批 MTI 翻译人才的就业情况，以及 MTI 毕业生能否满足用人单位的需求都到了反思的节点。要探究这些问题，首先需要一个信效度较高的 MTI 毕业生就业力测量工具。当前的就业力研究与调研实践尚未涵盖 MTI 这一特定领域。该工具的研制和开发需要通过多次测试，不断检验量具的信度与效度，最终才有可能设计出效果良好的量具。如文秋芳等（2009：38）所指出的，"开发一个符合我国国情、信度高且效度好的……能力测量工具是一项长期而艰巨的任务，需要不断评价、修改与完善。"就业力理论框架的分析与构建就是量具开发不可或缺的第一步。

* 本研究得到教育部哲学社会科学研究重大课题攻关项目"我国外语教育改革与发展研究"（项目编号：15JZD048）资助，同时也得到广东省研究生教育创新计划教改项目"MTI 翻译与本地化管理方向研究生培养实践研究"（项目编号：2015JGXM-MS22）和广东省人文社会科学重点研究基地广东外语外贸大学翻译学研究中心基地招标项目"面向多语种翻译的复语人才培养理论与实践探索"（项目编号：CTS2014-13）的资助。

2. 国内外就业力研究现状述评

2.1 术语界定

在西方劳动力市场政策分析和人力资源管理的研究领域中，就业力，也称为就业能力（employability），是非常重要的研究主题。“联合国把它作为青年就业中国家政策行为的四大优先考虑因素之一”（McQuaid & Lindsay 2005：198）。从 20 世纪 50 年代起，就有学者为了经济发展提出就业力概念，并试图从就业态度等变量方面提高就业力，解决部分群体就业难问题（Forrier & Sels 2003：103）。

后来的学者尝试从不同视角研究就业力的内涵、结构以及培养方式。Hillage & Pollard（1998）将就业力定义为“获得最初就业，维持以及获取新的就业所需要的能力”，“其核心理念是毕业生能够具备获得工作、保有工作以及做好工作的能力”（Harvey, Locke & Morey 2002：16），即“就业力是获得及持续完成工作的能力”（曾红权 2010：1）。

2.2 国外研究现状

2.2.1 就业力结构研究

早期的就业力界定大都围绕毕业生个人特性，如 McQuaid & Lindsay（2005：199-200）列出前人研究的多个就业力定义都是关于个人技巧（skills）、知识（knowledge）、技术（technology）、适应性（adaptability）和态度（attitudes）等。鉴于个人特性难以全面解释毕业生就业情况，很多学者在此基础上拓展了就业力的研究范围。Forrier & Sels（2003：106）给出了 Thijssen 的层级定义，即核心就业力、广义就业力和综合就业力。核心就业力是个人在某一给定的劳动力市场上完成工作的能力或智能，完全是关于个人完成工作的能力；广义就业力在此基础上拓展到工作者所有特性，是指所有影响个人未来劳动力市场定位的个人因素，如个人能力、对工作的态度、对就业和工资的期望和在劳动力市场的行为；综合就业力不仅包含广义就业力定义中的个人要素，而且还进一步涵盖了促进就业能力及有效运用就业能力环境的相关因素，如雇主提供的培训及劳动市场的现状（例如是否存在对某一劳动群体的歧视或优待）。McQuaid & Lindsay（2005：208-213）将就业力概念拓展为三部分：个体因素、个人环境和外部因素。个体因素主要指狭义的就业力，包括一个人的就业力技巧与特性、人口特征、健康状况、工作获取能力、适应性与流动性等五个方面，其中就业力技巧与特性涵盖了大部分与工作相关的个人能力与特性。个人环境包括一系列与个人社会和家庭环境相关的三个方面的社会经济因素：家庭环境、工作文化和资源获取能力。这些因素可能影响个人选择就业机会的能力、意愿或承受的社会压力。外部因素包括影响某个人就业能力的因素，如劳动力需求情况和就业相关的公共服务支持情况等。

2.2.2 就业力测量研究

就业力的测量与其结构密切相关。Harvey（2001：99-100）首先分析了相关文献中就业力定义包含的要素，但也同时指出，很少有就业力定义能直接用于指导就业力测量，其关键在于理论概念的操作化定义，并给出了就业力操作化定义需要考虑的各个方面以及具体步骤。Knight & Yorke（2003：50-52）认为，人们期待高等教育能够提升学生相应学科和就业力相关的复合成就（complex achievements），但这些成就的评价研究薄弱。他们通过对文献的梳理，区分了形成性和终结性就业力评价。形成性评价在就业力领域的应用潜力仍有待于深入挖掘，而终结性评价适用于高风险应用，但学业和就业力的评价需要评价方法的深入研究。

大规模就业力测量的典型案例来自德国卡塞尔国际高等教育研究中心。他们调查了欧盟国家为主的12个国家高等教育与工作要求的相似性与差异性，其中包括社会工作岗位对毕业生的“专业能力和一般能力的需求”（Schomburg & Teichler 2006：1）的就业力要素调查，分析了不同国家和地区大学毕业生的就业力情况及其与社会需求的差异，为教育界尤其是高校人才培养提供了重要的参考。

2.2.3 就业力教学研究

就业力评价研究与实践可直接应用于社会用人单位的人员聘用，同样也可用于指导高校人才培养。Knight & Yorke（2004：87）就在就业力理论研究和评价实践的基础上，构建了一个开创性的USEM模型，以几个专业为例，设计课程为学生提供复合学习（complex learning）。这个模型轻松地在教育机构中得以实施，从而以较低的投入获得学生就业力的明显提高。当然，就业力培养在高等教育机构中仍然存在争议，因为有些高校教师认为职业训练是对高校学术生活的一种入侵。

2.3 国内研究现状

国内就业力研究总体上是借鉴引进国外理论，开展调查，结合我国国情，指导高校学生培养。典型的研究如文少保（2006：102-103），该研究在回顾了几个重要的就业力定义和USEM模型的基础上，详细分析了欧洲和日本的一项就业力调查，并以此为参照，探讨了我国大学生就业力不足的原因，提出面向个人、学校、雇主和政府的就业力开发策略，以期显著提升大学生就业力。

就业力的界定隐含了就业力的个人因素和环境因素。就业力是指个体在特定社会经济条件下的劳动力市场上行为的结果，是个人与环境互动的结果（郭志文、宋俊虹 2007：88）。首先，就业力的主体是个人，每个个体都拥有；其次，就业力形成于个体职业生涯中，体现于个体职业生涯始终。具体到毕业生就业力，就是毕业生在学校获得的就业能力与社会需求的匹配程度。就业力的测量需要更具体的操作化定义和模型。

2.4 研究意义

高等教育毕业生就业与工作是一个重要课题，主要体现在两个方面：一个是在了解高等教育影响力方面，这与高教研究者和实践者密切相关；另一个是在仔细核查劳动力构成当中，素质最高的那部分人的就业与工作方面，这与职业与工作领域的专家们密切相关（Schomburg & Teichler 2006：133）。可以说，人才的社会需求情况对高校人才培养具有重要的参考价值，也是高校人才培养的义务和目标之一。

3. 国内外就业力模型评析

就业力评价和培养需要建立在相对完善的理论体系或模型之上。目前比较有影响的就业力理论框架有 USEM 模型和钥匙模型。

3.1 就业力 USEM 模型

Hillage & Pollard（1998：2-3）把就业力细分为四大要素，分别是资本、发展、表现和个人环境与劳动力市场的联系。资本要素包括三个层次：基本资本（基本的技能和必要的个性）；中间资本（具体的技能、一般或者关键技能和个人关键特征）；高水平资本（有助于组织的执行能力，如团队精神、自主管理、商业意识）。发展要素包括职业管理技能、搜寻工作技能和战略方法等。表现要素包括个人拥有的资格证书、交谈和工作经历等。个人环境和劳动力市场的联系要素包括个人环境和外部因素。

四大要素的划分与具体内容的界定有助于就业力调查与培养，但要素之间的关系以及四大要素与就业力之间的关系不够明确。Yorke & Knight（2006：5）提出了就业力 USEM 模型，包括学科理解能力（Subject Understanding）、技能（Skills）、自我效能感（Efficacy）和元认知能力（Meta-cognition），同时也探究了四者之间的关系及其对就业力等的影响（具体可参见下页图 1）。

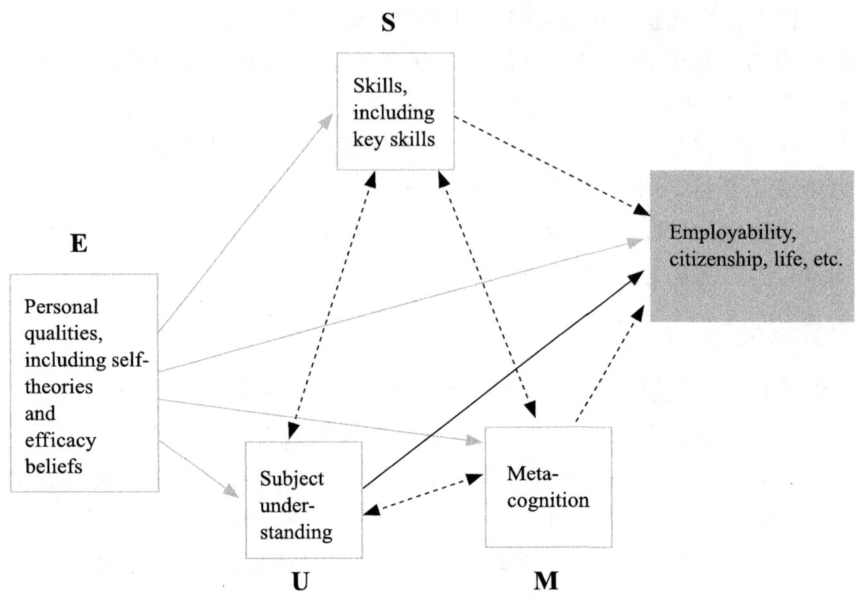

图 1 就业力的 USEM 模型（Yorke & Knight 2006：5）

模型中的“学科理解力”指对学科知识的透彻理解，这也是高等教育的成果；“技能”指的是“有技巧的实践能力”，这意味着对实践环境的知悉和适当的反应调整能力；“自我效能感”是学生的自我理论（self-theories）和个人品质（personal qualities），这很重要，因为它可以让学生觉得他们可能做得与众不同；“元认知能力”包含学生对学习，对自己反思，付诸和准备行动之能力的自我意识。这四个元素相互影响，并最终作用于学生的就业力。

3.2 就业力钥匙模型

Pool & Sewell（2007：279）认为 USEM 模型较为抽象，难以用来向非专家人士，如学生及其父母，解释就业力到底是什么，因此进一步提出了就业力钥匙模型。此模型主要包含学科知识、理解力与技能，一般能力，情绪智力，工作及生活经验，职业发展学习能力五部分。除此之外，该模型还详细阐述了这五个关键要素通过个人反思和评估对高层次自我能力，包括自我效能感、自信和自尊的提高作用，最终提高毕业生的就业力。就业力钥匙模型中关键要素的清晰界定和作用路径的分析与诠释，为进一步开发就业力评估工具和就业力培养提供了启示（Pool & Sewell 2007：281）。

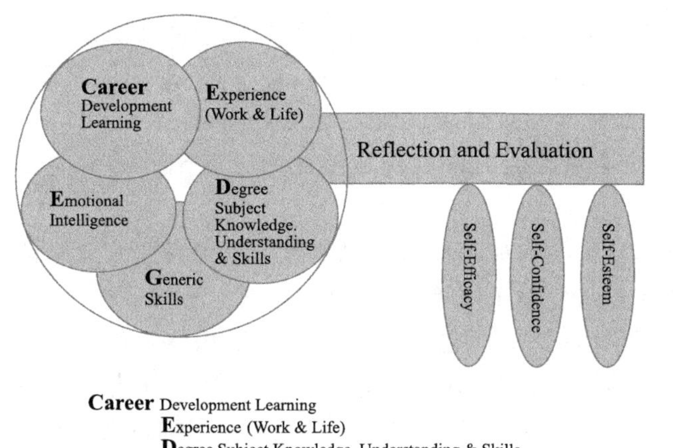

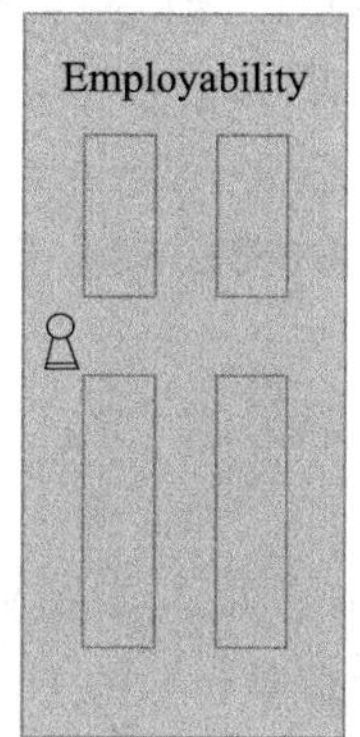

Career Development Learning
Experience (Work & Life)
Degree Subject Knowledge. Understanding & Skills
Generic Skills
Emotional Intelligence

CareerEDGE — The Key to Employability

图 2 就业力的钥匙模型（Pool & Sewell 2007：281）

崔玉娈（2011：21-22）总结了当前就业力研究的趋势，发现其研究范围由宏观走向微观，更注重个人就业能力的改进，包括个体的技能、价值和态度等；研究内容由劳动者知识和技能拓展到对劳动者人力资本和社会资本等潜在因素的研究，也就是在劳动者该拥有哪些专业知识和相关技能基础上，拓展到知识和技能以外的社会关系、成长环境、情商等因素的研究。由此可见，劳动者个人专业知识和相关技能是基础，社会就业市场对其需求就业力得以实现是环境，二者必须相互匹配，不可偏废。对 MTI 毕业生就业力来说，既要分析学生本身的知识和技能，也要兼顾社会对其需求状况。MTI 毕业生的学科知识和技能就是翻译知识与能力。进行 MTI 毕业生就业力研究，其翻译知识与能力首先需要界定和细化。

4. 翻译能力研究

专业学位（professional degree），是相对于学术型学位（academic degree）而言的学位类型，其目的是培养具有扎实理论基础，适应特定行业或职业实际工作需要的应用型高层次专门人才。它以专业实践为导向，重视实践和应用，培养在专业和专门技术上受到正规的、高水平训练的高层次人才。专业学位教育的突出特点是学术型与职业性紧密结合，“以职业需求为导向，以实践能力培养为重点”（教育部 2013）。具体到翻译专业学位研究生（MTI），其培养目标是"培养德、智、体全面发展，能适应全球经济一体化及提高国家国际竞争力的需要，适应国家社会、经济、文化建设需要的高层次、应用型、专业性口笔译人才"（全国翻译专业学位研究生教育指导委员会 2011）。这类人才的核心专业竞争力就是翻译能力，也就是就业力中基础性的专业知识和技能。

翻译能力的培养是翻译教学的核心任务，也是近年来翻译研究领域的一大热点，产出了系列研究成果（参见王树槐、王若维 2008：80-84；仝亚辉 2010：88）。然而，学者们对"翻译能力"所包括的具体内容认识并不统一，也没有一个公认的、经由实证检验有效的翻译能力模式。其中，PACTE 模型（PACTE group 2003：60）在笔译研究领域是一个比较具有代表性、影响较大的理论模型（王树槐、王若维 2008：81；仝亚辉 2010：88）。

PACTE 模型经过多个发展阶段，在实证研究的基础上对翻译能力的界定逐渐清晰，同时对翻译能力各个子能力模块的划分和重要性做出解释。

PACTE 1998 年首次提出翻译能力假设模式，该模式包括六种翻译子能力：双语交际能力、语言外能力、工具 / 专业操作能力、心理生理能力、转换能力和策略能力。在这个早期的翻译能力模式中，研究人员认为，两种语言之间进行转换的能力是核心，它把其他子能力整合为一体，策略能力在其中起到关键作用，所有子能力相互作用构成翻译能力（PACTE group 2003：48）。

Hurtado Albir *et al.*（2002：57-58）通过实验调查，对早期 PACTE 假设模式进行了修正。主要内容包括：（1）策略能力在翻译能力中起着关键性作用；它对整个翻译项目做出计划，激发、监控其他翻译能力，并对它们的缺陷进行补偿；它发现翻译问题，运用翻译策略并做出决策，对翻译过程以及与之相关的结果进行评价和监控。（2）之前被看作核心能力的转换能力上升到翻译能力的全部，也就是说，翻译能力所有子能力的总和构成转换能力。（3）语言能力被修正为"双语能力"，包括语用、社会—语言、语篇、词汇和语法能力。（4）语言外能力被修正为翻译知识能力，包括统辖文本翻译原则的陈述性和操作性知识，如翻译单位、翻译过程、翻译方法和步骤、问题类型等，也包括不同类型的翻译职业知识，如翻译市场和翻译任务等。（5）心理—生理能力被修正为心理—生理要素，它确保译者处于一种合适的状态，从而所有专家知识能够整合成最终的翻译能力（具体可参见下页图 3）。

包括 PACTE 模型的翻译能力研究基本上都是关于笔译能力的研究，"口译能力"研究尚少。目前的主要观点是"口译技能"或"口译能力"的构成主要包含三个模块：双语能力、言外知识和口译技巧（王斌华 2012：75）。这种划分方式与传统翻译研究中关于翻译能力构成的观点是基本一致的，如 Cao（1996：328）

就明确地把翻译能力划分为语言能力、知识结构和策略能力三个模块。作为译者，其心理生理要素是不可或缺的，工具能力至少在译前准备阶段需要用到，所以 PACTE 模型也可用于 MTI 毕业生口译能力的分析。

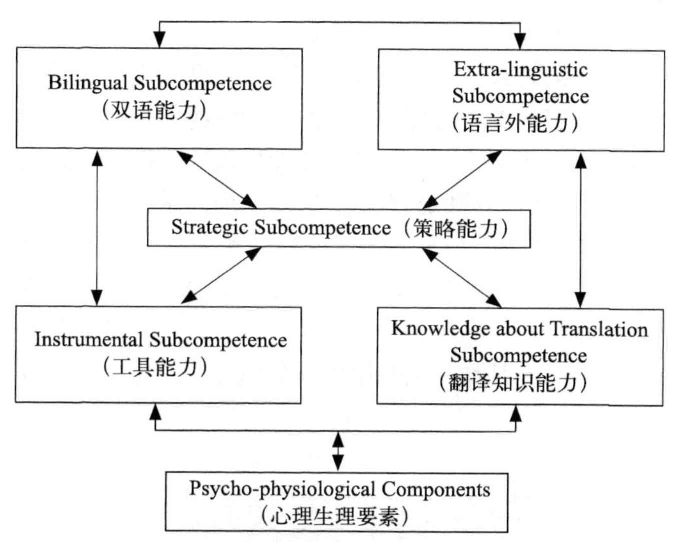

图 3 PACTE 翻译能力模式（仝亚辉 2010：91）

5．我国 MTI 就业力量表的理论框架

目前，大多数就业力的研究主要围绕企业员工和大学生展开，较少关注研究生群体。研究生接受了较长时间的专业训练，专业知识和技能水平较高，人们普遍认为研究生有较高的就业力。然而施莉（2009：129）指出，研究生群体拥有较高的专业知识储备和运用水平，但是就业人格和社会适应能力不足，只获得了单一维度的就业力。许多教学培养单位也往往只关注专业能力的训练而忽视研究生群体就业力的培养（屈晓婷 2012：1-2）。

伴随着 MTI 教学培养单位不断增加，MTI 教育蓬勃发展，学者们对 MTI 教育的研究逐渐增加，主要分为宏观发展、教学环节和技术工具三大类（钱多秀、唐璐 2013：107）。宏观发展类研究主要分析翻译教育，尤其是语言服务高端人才培养的必要性、培养方案以及学科建设的问题，并探讨解决办法（如穆雷等 2013：90-91）。教学环节类的研究是重点，主要涵盖教学理念、课程建设、教材选择、论文写作、师资培养以及产学研结合满足社会需求等方面。技术工具类的研究主要针对 CAT 教学工具、方法和课程设置。综合现有的研究，学者们主要关注 MTI 教育的培养过程，而较少关注培养结果。因此，基于就业力和翻译能力理论构建就业力结构框架，设计调查问卷分析 MTI 毕业生就业情况，可以为 MTI 教育提供反馈信息。

综观 Yorke & Knight（2006：5）的 USEM 模型和 Pool & Sewell（2007：281）的钥匙模型的两个就业力理论体系可以看出，学科知识、技能与理解力是就业力的基本组成元素，另外需要结合一般能力和职业发展学习能力，最后是自我效能感、元认知能力和情绪智力等个人特质。具体到 MTI 毕业生，学科知识、技能与理解力实质上是翻译能力的主要部分。当然，翻译能力中的策略能力和心理生理要素属于个人特质的一部分。因此，MTI 毕业生就业力框架可简化为四个维度，即 MTI 就业力思维模型，分别是翻译能力、一般能力、个人特质和职业发展能力（参见图 4）。从我国现有经济发展情况和劳动力市场要求来看，专业技能作为毕业生的竞争优势应该是必需的。对 MTI 学生来说，这种专业技能主要是翻译技能，很大程度上依赖于翻译能力。除了翻译能力以外，在社会和人际交往中至关重要的一般能力和个人特质，以及顺应社会环境的职业发展能力，都是至关重要的。

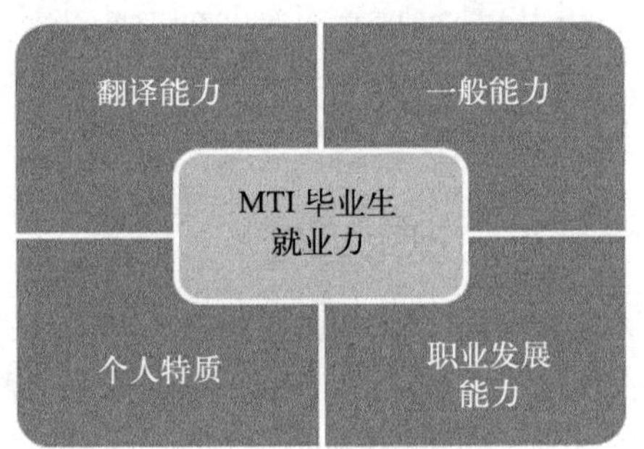

图 4 MTI 就业力四维模型

MTI 就业力四维模型的每一个维度都包含不同的就业力要素。为了厘清这些要素，我们参照了德国卡塞尔国际高等教育研究中心的调研（Schomburg & Teichler 2006）。该调研包含了毕业生一般能力、个人特质和职业发展能力的多项要素。为了凸显翻译能力要素，我们分析了招聘翻译学相关毕业生的招聘广告，提炼出 38 项 MTI 毕业生就业力要素。当然，这些要素不仅包括翻译能力维度，也包括其他三个维度。两相结合，最终确定 50 项就业力要素。通过分析 50 项要素的内涵和属性，并参照前人的研究，将 50 项要素按照 MTI 就业力思维模型进行分类。分类结果如下：

表 1 MTI 毕业生就业力理论框架

就业力维度	就业力要素	就业力维度	就业力要素
翻译能力	百科知识	一般能力	在压力中工作的能力
	英语使用能力		时间管理能力
	汉语使用能力		协商谈判的能力
	中外文化知识		动手实践能力
	了解多个学科专业知识		独立完成工作的能力
	精通某个专业领域知识		团队合作的能力
	翻译专业知识技能		批判思维能力
	解决翻译问题的能力		口头表达能力
	了解翻译市场现状		书面表达能力
	翻译职业道德		领导力
	身体健康	个人特质	规则和制度意识
	心理承受能力		准确细致
	翻译项目管理能力		积极主动
	使用工具检索资源的能力		适应能力
	使用翻译辅助工具的能力		自信、果断、坚持不懈
	审校能力		专注力
	排版能力		融入参与
一般能力	了解社会、组织、技术的复杂性		诚信、正直
	计划、组织、协调能力		包容接纳不同意见
	计算经济成本和效益		责任心
	随时记录想法和关键信息	职业发展能力	清楚自身竞争优势
	解决工作中实际问题的能力		善于把握机会
	学习新技术和新知识的能力		直接有效地表现自己
	批判性反思评价自己		职业规划能力
	创新能力		实习实践经验

以上框架是 MTI 毕业生就业力测量和评价的理论基础。要将理论框架转换成可操作的调查量表，还有很多工作要做。首先，需要设计初步量表，在一定范围内试测；然后，根据试测结果调整量表，再试测。如此多次循环，直至量表达到一定的信效度，才可在较大规模的样本上进行测量，同时还需要适度调整量表。实际上，量表随着调查的进行和范围的不断扩大而需要不断完善。

参考文献

Cao, D. 1996. Towards a model of translation proficiency. *Target* 8(2): 325-340.

Forrier, A. & L. Sels. 2003. The concept employability: A complex mosaic. *Human Resources Development and Management* 3 (2): 102-124.

Harvey, L. 2001. Defining and measuring employability. *Quality in Higher Education* 7 (2): 97-109.

Harvey, L., W. Locke & A. Morey. 2002. *Enhancing Employability, Recognising Diversity*. London: Universities UK.

Hillage, J. & E. Pollard.1998. *Employability: Developing a Framework for Policy Analysis*. London: Department for Education and Employment Research Brief.

Hurtado Albir, A., A. Beeby, M. Fernandez Rodriguez, O. Fox, W. Neunzig, M. Orozco, M. Presas, P. Rodriguez Ines & L. Romero. 2002. Exploratory tests in a study of translation competence. *Conference Interpretation and Translation* 4 (2): 41-69.

Knight, P. & M.Yorke. 2003. *Assessment, Learning and Employability*. Glasgow: Society for Research into Higher Education & Open University Press.

Knight, P. & M.Yorke. 2004. *Learning, Curriculum and Employability in Higher Education*. London and New York: Taylor & Francis Group.

McQuaid, R. W. & C. Lindsay. 2005. The concept of employability. *Urban Studies* 42 (2): 197-219.

PACTE group. 2003. Building a translation competence model. In F. Alves (ed.). *Triangulating Translation: Perspectives in process oriented research*. Amsterdam/ Philadelphia: John Benjamins Publishing Company. 43-66.

Pool, L. D. & P. Sewell. 2007. The key to employability: Developing a practical model of graduate employability. *Education + Training* 49 (4): 277-289.

Schomburg, H. & U. Teichler. 2006. *Higher Education and Graduate Employment in Europe: Results from Graduate Surveys from Twelve Countries*. Netherlands: Springer.

Yorke, M. & P. Knight. 2006. *Embedding Employability into the Curriculum: Learning and Employability* Series 1. York: The Higher Education Academy.

崔玉娈，2011，大学生就业能力的国内外研究综述与问题解析，《黑龙江高教研究》（7）：21-24。

郭志文、宋俊虹，2007，就业能力研究：回顾与展望，《湖北大学学报（哲学社会科学版）》（6）：86-91。

教育部，2013，人力资源社会保障部关于深入推进专业学位研究生培养模式改革的意见，http://www.moe.gov.cn/srcsite/A22/moe_826/201311/t20131113_159870.html

（2017 年 3 月 11 日读取）。

穆雷、仲伟合、王巍巍，2013，从职业化角度看专业翻译人才培养机制的完善，《中国外语》（1）：89-95。

钱多秀、唐璐，2013，国内翻译硕士专业学位教育研究十年分析，《北京科技大学学报（社会科学版）》（5）：106-111。

屈晓婷，2012，《研究生就业能力研究——社会认知与教育政策》。北京：北京交通大学出版社。

全国翻译专业学位研究生教育指导委员会，2013，翻译硕士专业学位研究生教育指导性培养方案，http://cnmti.gdufs.edu.cn/info/1015/1003.htm（2017 年 3 月 11 日读取）。

施莉，2009，从就业能力的视角看研究生就业难的问题，《教育探索》（1）：129-130。

仝亚辉，2010，PACTE 翻译能力模式研究，《解放军外国语学院学报》（5）：88-93。

王斌华，2012，从口译能力到译员能力：专业口译教学理念的拓展，《外语与外语界教学》（6）：75-78。

王树槐、王若维，2008，翻译能力的构成因素和发展层次研究，《外语研究》（5）：80-88。

文秋芳、王建卿、赵彩然、刘艳萍、王海妹，2009，构建我国外语类大学生思辨能力量具的理论框架，《外语界》（1）：37-43。

文少保，2006，基于人才强国战略的我国大学生就业能力开发策略研究，《现代大学教育》（1）：101-108。

曾红权，2010，就业力研究概述，《现代教育科学》（3）：1-5。

全球视野下我国新建本科院校英语教师发展现状及需求分析 *

李 亮
北京师范大学／北华航天工业学院

摘要：在考察国内外语言教师发展需求的基础上，结合我国新建本科院校转型发展的特点，以英语教师发展需求为突破口，采用问卷调查和访谈方法收集数据，调查英语教师在教学实践、科学研究、情感因素及专业发展等方面的实际需求，厘清目前教师发展存在的主要矛盾和关键问题，并针对性地提出对策和建议。研究发现，新建本科院校：(1) 由于学生英语基础相对较差、学习动机低、教材不理想、考试导向负面作用、教师自身水平等因素，教师的教学理念和教学实践不一致；(2) 教师教学负担重、科研遭遇瓶颈、生活压力大、缺少职业规划等因素影响到教师教学与科研的提升；(3) 教师自我认同积极乐观，对教育情境满意度偏低；(4) 教师发展需求包括教学改进、个人发展、专业提升和外部支持四个维度。调查新建本科院校英语教师发展需求的情况，对我国高校英语教师发展具有一定的启示意义。

关键词：全球视野；新建本科院校；教师发展；需求

1. 引言

随着社会经济的发展和文化交流的频繁，当今外语教师面临诸多挑战，教育改革不断推进，学生特点日益变化，教育技术飞速发展，教学评价方式逐渐转变。提供一流课程和教学，促进教师持续发展，成为满足外语教育新需求的不二选择（Peyton 1997）。各国政府花费大量时间、人力和财力开发教师培训和教师发展项目。然而研究显示，外界提供的教师培训或发展项目并不能满足教师发展的实际需求（Zeichner 2003；Sparks 2004）。我国尽管从上到下都非常重视外语教育，不断加大教师培训的力度，但包括教师需求、培训资源与机会以及教师发展评价等在内的整体规划没有得到应有的重视（仲伟合、许勉君 2016），英语教师的发展及需求问题没有得到社会各方的广泛关注。而全国新建本科院校（含独立学院）截至 2015 年底已达 678 所，占普通本科院校的 55.6%（四川在线 2016），是我国高等教育的重要组成部分，其教师的质量关系到高等教育的整体水平。当前新建本科院校正向应用型转变，其教师发展建设凸显出行业背景、实践经验和

* 本研究为外教社全国高校外语教学科研项目“全球化视野下我国新建本科院校英语教师专业发展需求调查”（项目编号：2015IB0016B）及北华航天工业学院同名课题（项目编号：WY201601H）的阶段性成果。

国际视野的“双师型”特征。为此，本文拟调查新建本科院校英语教师发展状况及需求，旨在为教师发展规划提供一定的实证数据支持，推动新建本科院校英语教师发展转型。

2．教师专业发展需求的界定

需求指“人的主观状态”，是“个体在生存过程中既缺乏又渴望得到的一种心理反应活动”(傅道春 2001)。发展需求是一种主观需要，包括提高能力、娴熟技艺、增强力量、扩大优势、增长智慧、加深认识，或使性质发生积极变化(Jackson 1992)。教师发展需求是教师为了完善专业结构，提升专业素养，而渴望提高专业知识和能力、获得外界的帮助和支持的需求(孙鹏2007)。综上可见，教师发展的内涵是多层面、多领域的，不仅包括教师知识积累、技能提高、情感发展、态度改进，还涉及学校组织文化和结构等外部环境的支持。教师不同、教学经历各异、学校情境千差万别，教师发展需求也不一样。由此，教师的发展需求可以界定为在一定时期内，教师为适应外部环境变化，乐意并有能力提高自身发展水平，实现专业成长和成熟的一种欲望。

3．全球教师发展需求研究综述

放眼世界，各国教师发展需求与供给情况不容乐观。调查显示，美国出台了诸如《高等教育法》第六款（Title VI of Higher Education Act）、《外语援助项目》(Foreign Language Assistance Program）等法案来保证教师发展的顺利实施，外语教师从中获益匪浅，但也面临诸多问题。比如，培训资助需要教师自己申请，很多教师没有信息渠道。加之经费有限，申请很难。大多外语教师没有足够的时间和精力参加培训。培训内容宽泛，针对性不强，不能满足外语教师的实际需求（Lucke 1998）。英国（苏格兰）有关部门对国家、地方和学校的发展规划进行评估，在此前提下了解教师的需求。教育评估提升了教师的自我发展意识，但没有主动地考虑教师的实际需求（Scheerens 2010）。另据经济合作与发展组织（OECD）于 2007 年策划并实施的“教师教学国际调查项目”（Teaching and Learning International Survey Program，简称 TALIS）显示，在参与调查的 24 个国家中有超过 12 个国家的教师声称在过去一年半的时间内自身的发展需求没有得到很好的满足，墨西哥、马来西亚、巴西、葡萄牙等国尤其如此。发展中国家的情况更不容乐观。拉美国家由于教师与项目开发者之间缺少系统的沟通，教师发展项目 / 活动内容并没有体现教师的实际需求（Davini 1995）。埃塞俄比亚的教师抱怨在职培训项目“不负责任”，辜负了他们的殷切期望（Tekleselassie 2005）。

加纳则由于国家政治动荡，培训资金缩减，师资培训人员匮乏，各种资源短缺，班级容量大，教师工资低等负面因素，教育受到了严重影响（Osei 2006）。纳米比亚的教师根本就不知道如何评价自身的发展需求，因为他们的这项权利早已被剥夺（O'Sullivan 2001）。巴基斯坦的女性教师由于当地文化、生活方式、宗教信仰、地缘政治等因素的影响，不能参与教师培训项目（Ruba & Ayesha 2012）。

全球教师发展供需矛盾突出，教师发展项目没有依据教师的实际水平和现实需求进行设计开发，大多强调理论讲解，忽视教学实践，效果不佳（Guskey 2000；Hollins & Guzman 2005；Darling-Hammond 2007）。主要原因在于：（1）教师专业水平不高，教学负担重，缺少专业引导，没有时间和精力进行自身职业发展规划；（2）学生基础较差且缺少学习动机；（3）班级容量较大，课程设置不合理，教材陈旧，评价手段不科学，教学设施配备不良，外教数量不足，教育投资匮乏，家长、校长及利益相关方支持不力。诸多内外要素叠加，造成泰国和马来西亚英语教育不佳，部分教师对职业和教育情境认同不高，满意度低，甚至陷入职业倦怠的窘境（Mukundan & Khandehroo 2009；Noomura 2013）。

除教师发展需求的影响因素及后果外，教师发展需求内容是研究的另一个重要议题。教师发展需求宏观上包括知识、实践、信念、意识和情境等因素（Chaves 2016），具体则涉及教师培训、研讨会、学术会议、国内外访学以及教师自身理论与实践的提高等内容。当然，各国教育情境不同，教师发展需求也存在国别差异。比如美国教师比较关注如何给具有特殊需求的学生授课，如何协作学习和怎样使用教育技术，马拉西亚英语教师更为关注如何提高语言技能、有效评价学生、使用合作学习策略等（Khandehroo *et al.* 2011）。

明确了需求内容，如何满足教师的发展需求便成了新的研究问题。西方发达国家基于社会经济发展需求，不断改进教育制度，在课改背景下，以立法形式建立相对完善的教师培训机制，体现政策化、一体化、标准化、专业化和终身化的特点（陈莉 2013），为满足外语教师的发展需求提供良好的外部保障。针对教师具体的需求，Daloglu（2004）对土耳其小学英语教师的调查发现，从某一特定领域出发，设计开发培训方案，理论与实践并重，目标和内容符合实际需求，才是最有效的。王枫林（2011）也对我国"国培计划"提出建议："培训项目应体现以人为本、按需施教的设计原则，注重参与、观摩交流、在实践的基础上不断反思，增强培训对教师发展的效果"。O'Sullivan（2001）提出，外语教师培训必须注重教师的需求分析，除了直接向教师发问外，还应该通过课堂观察、访谈等方式，协助教师深入挖掘教学现状以及他们对培训与发展的真实需求。相对而言，我国教师培训和发展需求研究，大多通过问卷调查的方式展开（刘芳、夏纪梅 2011；郝瑜、孙二军 2013；夏纪梅 2002；周燕 2008），对外语教师发展的现状及培训意愿进行调查，但是单纯量化研究结果对于不同情境中教师发展的实际需求并不完全适用，还需要结合质化研究方法相互补充。

综上所述，由于政治、经济、文化等因素的影响，全球对教师发展需求的关注不够，教师发展供需矛盾突出。发展中国家当务之急要提升教师待遇，改善教师发展外部环境，而发达国家则需深入关注语言教师的发展需求，开发设计更为科学合理的教师培训和发展项目。已有研究集中在教师发展需求供给不足导致的后果及影响、教师发展需求的内容、有效满足教师发展需求的措施等方面。但各国实际情况不同，不同发展阶段的教师发展需求各异。针对某一特定情境中教师发展需求的研究还有待深入探索。为此，本研究以英语教师为研究对象，在考察国内外英语教师发展的基础上，结合我国新建本科院校转型发展的特点，调查其在教学实践、科学研究、情感因素及专业发展等方面的实际需求，厘清高校教师发展存在的主要矛盾和关键问题，并针对性地提出对策和建议。研究问题包括：（1）新建本科院校英语教师的发展状况及其影响因素是什么？（2）新建本科院校英语教师的发展需求是什么？

4．研究设计

4.1 研究对象

本研究以新建本科院校英语教师为研究对象。新建本科院校与传统意义上的高校不同，通常位于地级城市，办学基础相对薄弱，大多是在 1999 年以后由师范、农林、技工等专科院校升格而来。2014 年后随着《国务院关于加快发展现代职业教育的决定》颁布实施，它们逐渐向应用技术院校转型。这些学校立足地方，多定位为教学型高校，具有服务区域经济社会发展需求的独特内涵。课程上主张校企合作、产教融合。鼓励教师向“双师”（这里指有在企事业单位工作经验或挂职锻炼半年以上的经历）转变。

4.2 研究方法

本研究采用问卷为主、访谈为辅的混合研究方法，围绕新建本科院校英语教师在工作生活、教学实践和科研环境等方面的需求问题展开。问卷方面，本调查在全球教师发展需求相关调查的基础上，借鉴周燕（2005）《中国高校英语教师发展需求调查问卷》中的信息，结合研究目的，对问卷进行了改编。问卷主要分为两部分，共设计了 24 个题项，含单项选择、多项选择和五级量表题。除教师的人口学信息外，还包括教师工作、教学实践、科研问题、教师职业认同等信息，以从中洞察教师的实际需求。访谈方面，主要围绕教师发展现实需求收集信息。

出于便利原则，笔者采访了所在单位（新建本科院校）3 名教师，包括 1 名大学英语教师（男，讲师），2 名英语专业教师（女，讲师）。

4.3 数据收集与分析

问卷通过问卷网平台发布，为获取真实可靠数据，设定为每台电脑或手机、每个 IP 只能答一次。同时为确保抽样对象真实可靠，依据目的性抽样原则（purposeful sampling），笔者在外语教育技术群、中国外语微课大赛群中只向实名认证的新建本科院校教师通过 QQ 逐一推送。另外，笔者所在单位为新建本科院校，符合调查条件，也是数据的主要来源之一。问卷共发放 150 份，回收 121 份，有效问卷 105 份。通过统计软件 SPSS20.0 对问卷进行检测，Cronbach Alpha 值为 0.802，反映出问卷内部一致性较好，信度较高。访谈按照质化研究的扎根理论（grounded theory）开展，采用类属分析法，对原始数据进行转录、编码和归类（Strauss & Corbin 1998）。

问卷数据包括教师基本信息、教学与科研信息及其影响因素、自我职业认同和对教育情境的认同等方面，下文将逐一具体分析。

4.3.1 教师基本信息

本部分主要是人口统计学信息（详见表 1）。

表 1 参与调查的教师信息

学历	人数	%	年龄	人数	%	职称	人数	%	教龄	人数	%
本科	21	20	20-29	4	3.8	讲师	63	60	≤ 5	8	7.6
硕士	78	74.3	30-39	71	67.6	副教授	37	35.2	5-10	24	22.9
博士	6	5.7	40-49	22	21	教授	0	0	11-15	38	36.2
其他	0	0	≥ 50	8	7.6	助教	5	4.8	≥ 16	35	33.3
合计	105	100	合计	105	100	合计	105	100	合计	105	100

注释：调查对象分布在河北、新疆、北京、河南等 10 余个省和直辖市。其中，男 25 名，占 23.8%，女 80 名，占 76.2%；大学英语教师 60 人，占 57.1%，英语专业教师 40 人，占 38.1%；具有双师资格 21 人，占 20%，无双师资格 84 人，占 80%。

表 1 数据解读可以分为三个层面：（1）新建本科院校在 2010 年前经历了快速发展阶段，引进了大量的青年外语教师。目前这些教师大多数（59.1%）教龄在 5 年以上 15 年以下，职称为讲师（60%）或副教授（35.2%），年龄以 30-39 岁为主；（2）近几年随着办学层次的提升，师资队伍的整体水平也在不断提高，有些学校已经成功引进了博士，但数量不多，仅占总人数的 5.7%。可能是新建本科院校之

前为高职高专层次，对师资学历要求不高；（3）新建本科院校主动适应我国经济发展新常态，主动参与校企合作、产教融合，以培养应用型技能型人才，服务区域经济社会发展。我们可以从具有双师资格的教师占比 20% 推出这一结论。

4.3.2 教师教学科研状况及其影响因素

近年对教师发展和教学的研究（Pajares 1992；Freeman & Richards 1996）显示，教师的理念对教师的教学行为和教学决策具有重要的作用。教师的理念包括课程理念和教学理念，体现在教师对课程目标的认识、教学活动的实施、课后作业的布置等方面（周燕2005）。针对上述几个维度本研究编制了问卷，实施了调查。

作为制定英语教学大纲、建设英语课程、实施英语评价的依据，无论是新修订的《英语专业本科教学质量国家标准》还是《大学英语教学指南》，都是指导我国当前和今后一段时期内高校英语教学的重要文件，对推进教育创新、推动高校英语教学改革、提高教学质量将产生重要影响（王守仁2016）。然而调查显示，教师对它们的了解并不透彻，仅有 4.76% 的人认为自己“很了解”，36.19%“有些了解”，而“不大了解”“很不了解”的人数分别占 33.33% 和 25.71%。可能文件是近期修订的，宣传力度不够。再加上新建本科院校办学经费有限，派遣教师外出参加学术会议的机会相对较少，造成教师对最新的文件了解不够。

课堂教学层面，教师的理论和信念会通过一系列的课堂活动和决策表现出来（Shavelson & Stern 1981）。本调查从教师课堂使用语言、课堂活动以及课后作业布置三个层面开展调查。结果显示：（1）教师授课语言以“英语为主”“英汉互用”的人数分别占 33.33% 和 56.19%，“全英授课”仅占 5.71%，这与教师和学生的水平都存在一定的关联；（2）课堂活动频率从低到高依次是“翻译课文”“做课本或教辅上的练习”“进行小组讨论”“做问答”“讲解课文”，这反映出大部分教师认可互动式的教学方式，反对传统的语法翻译法，但还有教师在课堂上花大量时间用于讲解课文，这不免让人联想到以教师为中心的填鸭式教学；（3）35% 的教师布置“完成课本上的练习”和“预习新的课文”作业，17% 的教师会安排“读英语读物”或“找人练习对话”（12%），反映出多数教师没有充分考虑如何利用学生的业余时间来弥补课堂英语学习时间不足的局限，虽然希望学生阅读英语读物来拓展课堂或练习会话来提高听说能力，但是如何实施、如何评价的措施和标准缺失，无法真正有效地督促学生。上述课堂任务和课外作业侧重知识的积累和技能的操练，和教师教书育人的教学理念相矛盾，尽管教师声称自己在教英语的同时也在教“英语学习方法”“认识不同的文化”“如何做人做事”和“批判性思维”。

教师的教学理念和教学实践不一致，原因何在？本部分结合访谈显示：（1）“学生缺少兴趣和学习动机”且“学生英语基础差”。新建本科院校的生源质量无法同重点院校相比，但如果将问题的矛头全部指向学生，这也是一种自我防御或自我辩解（Argyris 1985）；（2）“教师自身水平亟待提高”，这反映出部分教师渴望提升自身水平的现实诉求；（3）“师资严重缺编”造成教学负担重；（4）“英语课时少”，可能与新建本科院校培养应用型、技术型人才，教学过程侧重实习实训有关；（5）“教材不理想”。“我们不否定国内的英语教材，但希望出版社能更关注新建本科院校学生和教师的实际需求，积极和这些学校合作探索，开发出更具针对性和应用型的教材”；（6）“考试导向的教学”，尤其是“英语等级证书与学生学位证书挂钩”的错误做法，扰乱了正常的教学秩序，起到了负面的反拨效应（backwash effect）。教育部早就出台了“拨乱反正”的措施，但现实中“学校把英语过级率和考研英语成绩作为英语教学质量的量化考核标准”。为此，我们要深化教师教学评价改革，推动课堂评价、表现性评价（performance-based assessment）等促进学习的评价（assessment for learning）的探索和应用。

科研方面，新建本科院校大多定位为教学型院校，科研实力薄弱。本研究对影响英语教师教研和科研的因素做了探究，结果显示：（1）教学负担重。教师每周授课时数“8-12 节”的为 39.05%，“13-18 节”的占 42.86%，“18 节以上”的占 8.57%，“8 节以下”仅占 9.52%。每周科研时间“1 小时以下”“1-4 小时”“5-8 小时”“8 小时以上”分别占比 45.71%、37.14%、7.62% 和 9.52%。而校外兼职时间“0 小时”“1-4 小时”“5-8 小时”“8 小时以上”的人分别占 74.29%、14.29%、7.62% 和 3.81%。由此推断出大部分教师的教学任务繁重，无力去校外兼职，以获取额外收入来减轻经济压力；（2）教研或科研瓶颈，凭一己之力无法解决；（3）青年教师（占总人数 70%）多已成家立业，需要买房还贷、养育孩子（或二孩）、照顾父母，生活压力重重；（4）高级职称遥不可及，很多教师不知道如何提高自己，没有明确的职业规划，缺少动力，陷入了职业倦怠的怪圈。

5．教师职业认同和对情境的认同

Weisman（2001）指出教师的内在自我（inner self）对教师如何理解教学及其在课堂上的教学行为有至关重要的影响。而认同是自我的一部分，教师的自我认同影响到职业效能、职业发展和从业意愿（Beijaard, Verloop & Vermunt 2000）。本研究就此开展调查，结果显示，新建本科院校英语教师自我认同呈积极乐观的态势。虽有 67% 的受访教师认为压力很大，但 71% 的人认为在工作中很快乐，70% 的人认为高校教师职业能带来幸福感，72% 的人认同高校教师的职业可以完全实现自身的人生价值，70% 的人认为能充分发挥自身才能，77% 的人认定高校教师职业是人生的兴趣所在，80% 的人自认为是一名优秀的高校教师。坚定的信念对教师的职业发展会有积极的促进作用（Borg 2003）。本研究中有 76% 的教师认为自己的教学水平优秀，72% 认为自身素质优秀。尽管如此，75% 的教师希望在科研上能不断获得新成果，98% 的人表示要进一步提高教学水平，92% 的人愿意为实现目标而积极努力工作。

同时，认同是文化、社会和机构制度的混合体，随着角色和环境的变化而变化，随着人与社会情境之间的积极互动而变化（刘熠 2012）。本研究为此从教师发展情境满意度（非常满意 + 满意）及不满意度（非常不满意 + 不满意）开展调查（具体结果见表 2）。

表 2 教师对教育情境的满意度状况

项目	同事间的交流合作	学校的自然环境	校本教师培训活动	领导的作风	学校管理机构设置	学校教学和学术氛围	教师考核评价制度	薪酬分配与福利制度	教师激励制度
满意度	55.24%	54.29%	36.19%	35.24%	23.81%	21.9%	18.1%	14.29%	12.38%
不满意度	20.95%	31.42%	43.81%	39.05%	49.52%	51.43%	56.19%	64.76%	62.86%

表 2 数据显示，教师对教育情境的满意度偏低。其中，对薪酬分配和福利制度最为不满，对激励制度有很大意见，对考核评价制度颇有微词。这反映出新建本科院校教师激励制度不完善，薪酬分配不合理，考核评价体系不科学。简言之，千方百计提高教师的薪酬待遇是各学校的当务之急。在此基础上，改革现有教师考核评价制度，营造积极的学术氛围，优化管理机构，强化机关部门服务意识，查摆领导工作作风，也是各学校的重要任务。各新建本科院校还要成立教师发展机构或提升已有机构的服务水平，针对教师的实际需求，合理使用教育经费，设计开发科学的培训项目，切实提高校本培训活动的效率。最后，加强学校的自然环境建设，创造职工交流和合作的机会。

6. 教师发展需求

本部分采用访谈法探究新建本科院校英语教师发展的需求信息，与三名教师的访谈数据经过整理和开放式编码（opening coding），归纳为教学改进、个人发展、专业提升和外部支持四个维度（详见表 3）。

表 3 教师发展需求信息

维度	主题名单						
教学改进	学习外语教学理论	提高教学实践能力	使用教学技巧策略	使用微课、慕课等教育技术	教学讨论与反思	参与教学研究	完善教学评价体系
个人发展	职业生涯规划的指导	身心健康方面的指导	社会交往能力的提高				
专业提升	学历提升	科研能力提升	参加学术会议	加入学术团体	资深专家引领指导		
外部支持	宣传相关政策制度	公开透明工作信息	良好的工作环境和组织氛围	提升管理者理念和领导力	构建教师发展机构	出台有效的激励措施	

上表访谈信息表明，新建本科院校英语教师的发展需求是全方面、多角度的，涉及教学理论与实践、职业规划与发展、专业引导与提升以及组织环境的创建与支持。除了个人在职场中积极学习、不断实践、学会反思，努力与同事交流合作探讨外，更需要学校、社会、国家给予支持和引导。比如针对学历提升这个问题，一名男教师在访谈中提到，“国内高校英语学科博士招生数量很少，竞争十分激烈，自己学习积累远远不够，没有专家引导，备考非常茫然。即使考上，还要平衡工作、家庭、学习、生活等各种利弊关系，心理压力很大……”

了解了教师发展的需求后，如何满足教师的需求成为我们需要考虑的问题，为此，本研究在参照国内外相关经验教训的基础上，结合访谈结果，归纳为以下几点：（1）国内外留学或访学，参与知名院校教学实践和科学研究，全面提升专业水平；（2）提升工资待遇，解决发展的后顾之忧；（3）完善激励机制，出台相应的政策措施，保障发展的长效机制；（4）参与多种形式的学习实践共同体和教师培训活动，通过在“做”中学、在实践中反思来提升教学和专业技能；（5）待条件允许，时机成熟，准备充分后攻读博士学位；（6）密切关注社会经济发展动态，争取校企合作和顶岗实习的机会，增强理论联系实践的能力。

7. 结论

全球教师发展都存在供需矛盾，各国情境不同，教师发展的需求内涵也存在差异。本研究调查了我国新建本科院校英语教师发展的状况及需求，深入分析了影响教师教学、科研和发展的因素。文章指出，英语教师发展需求是全方面、多角度的，涉及教师教学理论与实践、职业规划与发展、专业引导与提升以及组织环境的创建与支持。只有国家、社会、学校和教师协同努力，更多关注新建本科院校，才能实现英语教师的发展，才能全面提高我国高等教育的综合实力，才能培养更多满足社会需求的人才。

参考文献

Argyris, C., R. Putnam & D. M. Smith. 1985. *Action Science: Concepts, Methods, and Skills for Research and Intervention*. San Francisco: Jossey-Bass.

Beijaard, D., N. Verloop & J. D. Vermunt. 2000. Teachers' perceptions of professional identity: An exploratory study from a personal knowledge perspective. *Teaching & Teacher Education* 16 (7): 749-764.

Borg, S. 2003. Teacher cognition in language teaching: A review of research on what language teachers think, know, believe, and do. *Language Teaching* 36 (2): 81-109.

Chaves, O. 2016. An eclectic professional development proposal for English language teachers. *Profile Issues in Teachers Professional Development* 18 (1):71-96.

Daloglu, A. 2004. A professional development program for primary school English language teachers in Turkey: Designing a materials bank. *International Journal of Educational Development* 24 (6): 677-690.

Darling-Hammond, L. 2007. Powerful teacher education: Lessons from exemplary programs. *Hammond* 7 (12): 167-169.

Davini, M. C. 1995. Educación permanente en salud. *Washington, D. C: ops. Programas De Salud*, 29 (3).

Guskey, T. R. 2000. Evaluating professional development. *Educational Quality* 49: 198-201.

Hollins, E. & M. T. Guzman. 2005. Research on preparing teachers for diverse populations. In M. Cochran-Smith and K. Zeichner (eds.). *Studying Teacher Education: The Report of the AERA Panel on Research and Teacher Education*. NJ: Lawrence Erlbaum Publishers. 477-548.

Jackson, P. W. Helping teachers develop. In A. Hargreaves & M. Fullan (eds.). *Understanding Teacher Development.* New York: Teachers College Press.

Khandehroo, K., J. Mukundan & Z. K. Alavi. 2011. Professional development needs of English language teachers in Malaysia. *Journal of International Education Research* 7 (1): 45-52.

Lucke, M. R. 1998. *Professional Development for Language Teachers: Preparing Educators for the 21st Century.* ERIC D. gest. Washington, DC: National Council for languages and International Studies, 7.

Mukundan, J. & K. Khandehroo. 2009. Burnout in relation to gender, educational attainment, and experience among Malaysian ELT practioners. *The Journal of Human Resource and Adult Learning* 5 (2): 93-98.

Noomura, S. 2013. English teaching problems in Thailand and Thai teachers' professional development needs. *English Language Teaching* 6 (11): 139-147.

Osei, G. M. 2006. Teachers in Ghana: Issues of training, remuneration and Effectiveness. *International Journal of Educational Development* 26 (1): 38-51.

O'Sullivan, M. C. 2001. The inset strategies model: An effective inset model for unqualified and underqualified primary teachers in Namibia. *International Journal of Educational Development* 21 (2): 93-117.

Pajares, M. F. 1992. Teachers' beliefs and educational research: Cleaning up a messy construct. *Review of Educational Research* 62 (3): 307-322.

Peyton, J. K. 1997. *Professional Development of Foreign Language Teachers.* Washington, DC: ERIC Publications.

Ruba, D. & B. Agesha. 2012. Exploring English-language teachers' professional development in developing countries. Cases from Syria and Pakistan. *Professional Development in Education* 38 (4): 589-611.

Scheerens, J. 2010. *Teachers' Professional Development: Europe in International Comparison.* Luxembourg: Office for Official Publications of the European Union.

Shavelson, R. J. & P. Stern, 1981. Research on teachers' pedagogical thoughts, judgments, decisions, and behavior. *Review of Educational Research* 51 (4): 455-498.

Sparks, D. 2004. The looming danger of a two-tiered professional development system. *Phi Delta Kappan* 86 (4):304-306.

Strauss, A. & J. Corbin. 1998. *Basics of Qualitative Research: Techniques and Procedures for Developing Grounded Theory*. London: Sage.

Tekleselassie, A. A. 2005. Teachers' career ladder policy in Ethiopia: An opportunity for professional growth or "a stick disguised as a carrot?" *International Journal of Educational Development* 25 (6): 618-636.

Weisman, E. M. 2001. Bicultural identity and language attitudes: Perspectives of four Latina Teachers. *Urban Education* 36 (2): 203-225.

Zeichner, K. M. 2003. The adequacies and inadequacies of three current strategies to recruit, prepare, and retain the best teachers for all students. *Teachers College Record* 105 (3): 490-519.

陈莉，2013，美国外语教师教育：标准、模式和特点，《外国教育研究》(12)：115-122。

傅道春，2001，《教师的成长与发展》。北京：教育科学出版社。

郝瑜、孙二军，2013，中小学英语教师培训现状探析：问题与对策，《外语教学》34（2）：48-51。

刘芳、夏纪梅，2011，高校英语教师反思性培训实证研究——基于一项全国高校骨干教师培训现场的调查，《外语界》4：55-60。

刘熠，2012，叙事视角下的外语教师职业认同研究综述，《外语与外语教学》(1)：11-15。

四川在线，2016，220余所新建本科院校负责人聚蓉城讨论应用型大学怎么建，http://sichuan.scol.com.cn/ggxw/201610/55703189.html（2017年7月22日读取）。

孙朋，2007，教师专业发展需求研究——对不同专业发展阶段教师的调查与思考。硕士学位论文。上海：华东师范大学。

王枫林，2011，在“国培计划”实践中探索中学英语教师培训新模式，《中小学教师培训》(11)：3-5。

王守仁，2016，《大学英语教学指南》要点解读，《外语界》(3)：2-10。

周燕，2005，高校英语教师发展需求调查与研究，《外语教学与研究》37（3）：206-210。

周燕，2008，中国高校英语教师发展模式研究，《外语教学理论与实践》(3)：40-47。

仲伟合、许勉君，2016，国内语言服务研究的现状、问题和未来，《上海翻译》(6)：1-6。

“一带一路”倡议视域下民族地区高校外语教育转型和发展研究
——以湖北民族地区为例

姚育红
湖北民族学院

摘要：本文基于“一带一路”倡议顺利实施的外语人才需求，探讨了湖北民族地区高校外语教育转型的必要性和趋势以及外语教育转型的途径和方式。并指出当前高校外语专业建设趋同现象严重，湖北民族地区外语人才的培养应在“一带一路”政策指引下，立足本土进行相关国别与区域研究，改变外语教育结构，加强外语相关交叉学科建设，进行校际校企合作，推广合作式“外语+”人才培养方案，形成有区域特色的复合新型专业和方向，以适应“一带一路”倡议的人才需求，带动当地社会经济发展。

关键词：“一带一路”；湖北民族地区；外语教育转型；复合新型外语人才

1. 背景

“丝绸之路经济带”和“21世纪海上丝绸之路”合称为“一带一路”。2013年9月，习近平主席在访问哈萨克斯坦期间首次提出共同建设“丝绸之路经济带”的倡议，“以点带面，从线到片，逐步形成区域大合作”受到沿线国家热烈响应。同年10月，习近平主席出访东盟，提出中国愿同东盟国家加强海上合作，共同建设“21世纪海上丝绸之路”。湖北民族地区即鄂西位于“一带一路”14个省市规划区的辐射区内，向西能够对接重庆、成都“一带一路”的规划区，向东可以依附长江经济带，借用成昆渝西菱形经济圈、长江经济带的辐射力参与“一带一路”发展（中共恩施州委党校 2015）。在新常态下，“一带一路”释放的活力，对湖北西部民族地区融入“一带一路”将取得不可估量的价值。“一带一路”的构想蕴藏着巨大的区域发展契机，对湖北西部民族地区顺应经济发展趋势，融入全球化进程具有重要意义。

《愿景与行动》（2015）提到“一带一路”以政策沟通、设施联通、贸易畅通、资金融通、民心相通为主要内容及合作重点[1]。和教育相关的民心相通是“一

1. 国家发展改革委、外交部、商务部，2015，推动共建丝绸之路经济带和21世纪海上丝绸之路的愿景与行动，http://world.people.com.cn/n/2015/0328/c1002-26764633.html（2017年8月22日读取）。

带一路"的社会基础（侯巧红、祖静、刘俊娟 2016）。人文交流，言语先行。常言道，"言语不通则不能人心相通"。沟通最重要的纽带就是语言（胡建华 2014）。语言相通是实现这"五通"必不可少的要件。外语已成为一种重要的战略资源。湖北西部民族地区，要想融入到"一带一路"的宏伟蓝图，必须立足本土，转变外语教育理念，培养复合型外语人才，满足"一带一路"倡议中的语言五大需求。

2. 外语教育转型的必要性

2.1 湖北西部民族地区经济发展的需要

"一带一路"横贯欧亚大陆，东边连接亚太经济圈，西边进入欧洲经济圈。许多沿线国家和区域都有着提升经济、改善民生、缓解危机、加快发展的共同利益。湖北民族地区主要位于鄂西，鄂西地处中国内陆腹地，位于"一带一路"辐射圈内，向西融入成渝昆圈，把提升出口速度作为重心，优化该区域内既有高速公路、又有动车铁路沿线铺设布局，从而可以顺利融入成渝交通经济圈。从长远看，可适当策划沿线快速货运铁路建设，与"渝新欧"列车完美对接，可彻底打开湖北西部外贸出口通道，使鄂西地区顺利借道"一带一路"促发展成为可能。

湖北西部民族地区主要是指在湖北省内实行民族区域自治的恩施土家族苗族自治州所辖的八个县市以及宜昌市的长阳土家族自治县、五峰土家族自治县等三个少数民族聚居区域。该区域具有丰富多彩的土家、侗族、苗族等少数民族文化，拥有无与伦比的峡谷和山地自然风光，坐拥丰富的硒资源产品，凡此种种使得鄂西民族地区在"一带一路"的发展中拥有了得天独厚的潜在优势。但长期以来，受到地理位置和改革开放区位政策的影响，其经济发展远远落后于东部沿海开放城市甚至是本省其他地市。"一带一路"的蓝图实施将为湖北西部民族地区带来了新的发展动力，给该地区经济的迅猛发展带来绝好的良机。但要把潜在的优势开发为对外开放的实际商机，把优势资源带出去，先进的理念引进来，除了加强硬件建设外，还必须加强软件建设，促进物流运输畅通，信息交流畅通。要想"走出去"，就必须发挥好语言的沟通和桥梁作用。要想和"一带一路"沿线国家人民"民心相通"，就要熟练使用该国语言，了解当地的风土人情和社会状况。培养熟练使用外语并精通目的语所在地风土人情的合适人才，是目前湖北西部民族地区外语教育非常紧迫的任务。

2.2 湖北西部民族地区外语教育现状

目前设在湖北西部民族区域内的高等院校有湖北民族学院、湖北民族学院科技学院和恩施职业技术学院，其中湖北民族学院外国语学院开设有英语、日语、翻译以及商务英语等四个本科外语专业，其他学院非外语专业均开设有为期两年的大学英语课程。外语院系开设语种数量不多，第二外语种类较少，主要是日语和法语。对于非外语专业学生而言，开设外语语种类型更加单一，只有英语。而且，非外语专业公共英语只作为一门课程来教学，集中在第一、二学年，专科类则更少。外语专业第二外语的学习周期一般也是 2—3 个学期，周期较短，基础薄弱，不能成为优势。就外语专业而言，开设的课程主要是英语语言文化、翻译理论，没有涵盖技能性知识及其他行业文化知识，学生知识面狭窄，而且普遍外语口语不强，在商务场合很少能流利地进行交流；非通用语种人才更是紧缺。就非外语专业毕业生而言，由于大学英语开设周期较短，开设的课程还主要是以听、说、读、写、译的基本技能为主，和高中阶段的英语学习并没有实质上的差异。加之缺乏相应的语言环境，在学校学的东西与市场融合度不高，无用武之地。学生通过相应课程考试或者等级考试后，英语学习基本上就告一段落，由于遗忘规律和记忆特征，毕业时英语语言知识和交流技能，与刚进高校时已无异，甚至水平更低，更谈不上运用外语进行交流或工作，特别是在专业性较强的领域，外语能力欠缺。

2.3 “一带一路”外语人才的需求分析

《愿景与行动》指出，“一带一路”的“互联互通”波及交通运输、建筑、装备制造、石油管道、电站建设、商贸、旅游等行业。这些领域频繁的商务性活动和向外型经济的发展，势必导致对相应行业的外语能力的极大需求，即语言文化融通、语言人才、语言产品、语言服务、“一带一路”语言文化历史资源的发掘与利用需求。精通沿线国家的主体语言和相关地区语言，并且熟悉当地文化、制度、风土人情和地理且具有国际视野和跨文化交际能力的专门语言人才，具备更高综合素质的“外语 + 知识系统”和“互联网 + 知识系统”的复合型外语人才，具有创新能力的研究型外语人才，以及高层次的管理型外语人才需求越来越多。“一带一路”沿线国家和地区官方语言超过 50 种，对非通用语种外语人才的需求也与日俱增。虽然经济提升的空间很大，但是湖北西部地理位置偏僻，人才流入相当困难。为了满足“一带一路”人才需求，就必须立足本土，打破传统重语言轻运用的教学方式，实施教育转型和改革，外语教育模式（公外 + 专业）与市场和企业接轨，培养出能在“质”上胜任本土融入“一带一路”倡议具体工作的优秀“外语 +”人才。

3. 外语教育转型的趋势

“一带一路”的构想和宏伟蓝图开启了一个新的时代转型的契机，深刻影响着外语教育的教学目标、教育结构和教学策略（沈骑 2015）。湖北西部民族地区高校外语教育专业也应顺应语言教育多元化的大趋势，在融入“一带一路”的发展进程中，从地域出发，从需要出发，逐步形成与“一带一路”布局耦合的全球化发展趋势。外语教育实践中既强调外语语言技能的培养，又注重了解学习外语所在国的政治经济、社会文化、历史传统、宗教等，而这些知识和研究又称为“国别研究”的趋势。同时，又呈现出既注重语言技能，又注重某一领域专业知识和技能以及本国区域内的特色产品和资源。彭龙（2015）认为，“今天的外语教育迫切需要扩大人文内涵，注重文化导入，特别是要根据国别、区域以及国际关系来重新规划外语学科的设置，这既是外语教育服务国家战略的使命所在，也是人文素质教育的本质要求。”湖北西部民族地区高校外语教育结构有望进行必要的调整，设立科研所或与当地合作办学，充分发挥小语种国家基地的优势，根据国家战略和市场实际需求，重新审视和规划“一带一路”区域非通用语种，有的放矢地进行教学建设，培养非通用语种人才（中国新闻网 2015）。

4. 民族地区外语教育转型和发展的途径

4.1 与“一带一路”沿线国家加强协同合作

加大同海外高校宽领域、深层次合作，在顶层设计层面全面规划“外语 +”人才培养的国际合作。加大同“一带一路”沿线文化教育交流和合作，加大各类“外语 +”应用型专业人才的合作培养力度，有目的地开展英汉双语课程建设，促进学科融合，逐步为“一带一路”所需要的产业领域培养各类应用型“外语 +”人才（环球网 2016）。

4.2 加强外语教育中的分类培养

目前，全国几乎绝大多数高校开设有英语专业，非英语专业开设有大学英语课程，在教育教学和课程设置上大同小异。湖北西部民族地区高校毕业生与中东部地区高校相比，不具有学科优势。在就业上，与中东部地区高校毕业生相比也不具有优势。只有立足本土，利用“一带一路”带来的契机，挖掘本土区域优势，才是出路所在。人才培养方案要注重让学生掌握技术知识与操作能力，提高学生的动手能力和实际操作能力，并且根据各类学生的专业特点，加强专门用途语言的学习，注重口语实训，使其成为“一带一路”中可以“独当一面”的“专业 + 外语”的“蓝领型”和“灰领型”人才。

4.3 高校“外语 +”和“互联网 +”实务课程的服务外包

湖北西部民族地区，地理位置偏僻，为学生就业寻找出路一直是院校的重中之重。教育部教学［2014］15号通知要求，“结合国家新推出的‘一带一路’、‘互联互通’和亚太自由贸易区等重大战略，探索毕业生就业创业的新渠道、新形态。”这对于民族地区高校而言也是学生创业、就业的一个新的思路。应该借鉴企业服务外包的做法，将“外语+”和“互联网+”的一些实操课程，以多种形式外包给一些专业机构、行业精英，利用其教学内容和方法更灵活、更具体、更实效、更接地气的特征，培养能胜任“一带一路”建设的实用性人才。继而推广“合同订单式”的“外语+”人才培养方案，使大学培养供给和用人单位需求能对等起来，减少人才和资源的浪费。

4.4 立足本土，进行交叉学科建设

首先，民族地区要立足本土，发挥区域优势，打出特色产品（如鄂西硒资源及旅游品牌）和文化服务。外语教育专业应通过增加本土特色文化课程，掌握本土优势，着力培养能把本土特色产品带出去的专门人才，培养国际视野与本土情怀并重的“外语+”人才。其次，经济贸易和政策的往来必然需要更多懂得经济和贸易的外语人才融入其中（庄玉兰2012）。“一带一路”带来的国际形势的变化也需要能更加敏锐地把握国际形势的外语专业的学生，需要通晓国际法律以及当地法律的卓越的涉外法律人才。外语教育采取“外语+国情研究（法律或者金融）”的课程体系，旨在使学生熟知该国家的文化、政治、经济、历史、传统、法律制度等。由此可见，湖北西部民族高校要加强外语交叉学科建设，如涉外金融、涉外法律、商务英语等等。充分利用泛在学习环境和信息化网络，促进学科交叉和交互融合，通过“互联网+”教学，充分利用慕课、微课等新型教学方式拓展教学科目，提高学生学习效率。

4.5 调整外语教育结构，为“一带一路”培养非通用语种人才

目前和我国建立外交往来的国家中，官方语言有一百多种之多，但是其中90%以上为非通用语种，而我国仅开设了50余种非通用语种课程。我国外语教育长期以来存在结构问题，专业建设趋同性现象严重，而且非通用语种开设不足，因而非通用语种人才缺乏。应该尽快调整我国高校外语教育结构、加快“一带一路”非通用语种人培养。据悉，中国能源建设集团在非洲获批了一批工程项目，主要集中在以葡萄牙语为官方语言的安哥拉。由于国内翻译人才短缺，高薪聘请的当地翻译又很难深入项目施工一线，导致中方基层管理人员与当地员工交流不畅。自“一带一路”倡议实施以来，非通用语人才的需求被屡次提及。湖北西部民族地区应该立足本土，独辟蹊径，加强非通用语种人才的培养，充分考虑普通本科院校公共英语教学的优势与不足，合理采取综合性的外语教育理念，采取“非通用语种+

国别研究"的模式，培养熟悉当地民风社情且具有国际视野的"全面的应用型的外语人才"。

5. 结语

"一带一路"倡议使区域发展的重心由原有东部沿海转变为东部沿海与西部陆路均衡发展。经济与文化交流是"一带一路"的重要内容之一。湖北西部民族地区处于"一带一路"建设 14 个省市规划区的辐射区内，"一带一路"规划既为该地区逐步提高对外开放水平提供了难得的机遇，又是对该地区基础设施建设、物资、外交，尤其是外语人才的挑战。外语人才作为重要战略资本，直接影响"一带一路"倡议在沿线国家促发展的实施效果。湖北西部民族地区院校外语教育人才培养模式应依托"一带一路"倡议经济方针的指引，结合民族地区经济发展特点，以专业知识为主导，以职业技能、实用能力培养为主线，提高外语学习者学习语言的有效性和实用性，培养既懂得语言又懂得"一带一路"沿线的风土人情，既能把当地民族地区特色文化和产品带出去又能把先进的理念和产品引进来，既具有语言技能又具备金融、法律等知识的复合新型外语人才。由此，我们当地外语院系必须制定科学合理的人才培养目标，优化外语人才课程体系设置，提升外语教师的能力和素质，改革教育教学方法，提高外语教学的质量，培养更多能独当一面的高素质的复合型外语人才，从而提升本地区经济文化交流软实力，为长远可持续发展奠定基础。

参考文献

环球网，2016，培养"外语+"人才　融入"一带一路"战略，http://finance.huanqiu.com/br/focus/2016-01/8455299.html（2017 年 8 月 22 日读取）。

侯巧红、祖静、刘俊娟，2016，"一带一路"背景下河南高校外语教育新思考，《河南工程学院学报（社会科学版）》31（1）：93-96。

胡建华，2014，广西参与"一带一路"建设对策探究，《开放导报》176（5）：48-51。

教育部，2014，教育部关于做好 2015 年全国普通高等学校毕业生就业创业工作的通知（教 学 [2014] 15 号），http://www.moe.cn/publicfiles/business/htmLfiles/moe/s3265/201412/xxgk_180810.html（2017 年 8 月 22 日读取）。

彭龙，2015，外语教育需要的战略思考，《光明日报》，2015-3-31。

沈骑，2015，"一带一路"倡议下国家外语能力建设的战略转型，《云南师范大学学报（哲学社会科学版）》47（5）：9-13。

中国新闻网，2015，"一带一路"大战略带动中国内地小语种热，http://www.Chinanews.

com/gn/2015/05-07/7260050.html（2017 年 8 月 22 日读取）。
中共恩施州委党校，2015，恩施州参与国家“一带一路”建设的路径选择，《清江论坛》（4）：14-17。
庄玉兰，2012，论外语复合型人才的培养，《教育理论与实践 · 学科版》425（6）：18-20。

外语教育师资与测评

试论中学英语课程标准与本科英语专业教学质量标准的关系 *

潘鸣威　冯光武
广东外语外贸大学

摘要：我国不同的教育阶段都有关于英语课程以及人才培养方面的规范性文件。中学英语课程标准是中学教育阶段英语教学理念与实践的具体体现，指导着中学的英语教学与教育各个方面。本科英语专业教学质量标准则是英语专业准入、建设和评价的重要纲领性文件。本文拟从两者的性质与内涵入手，分析并厘清两者之间的关系，并在此基础上解读了即将颁布的《高中英语课程标准》（修订版）以及《本科英语专业教学质量国家标准》两部文件，并从静态、内核和动态的角度凸显了两者的关系。文章最后提出一些思考，以冀帮助不同阶段的教育工作者更为有效地利用好这两部指导性文件，进一步提升人才培养的规格。

关键词：中学英语课程标准；本科英语专业教学质量标准；人才培养

1. 引言

2017年的全国教育工作会议工作报告明确提出将于年内发布并实施92个本科专业类教学质量国家标准，作为设置本科专业、指导专业建设、评价专业教学质量的基本依据。英语专业教学质量国家标准（以下简称“国标”）作为其中的组成部分，规范着英语专业的准入、建设和评价等。同样，作为衔接下端的中学英语课程标准（以下简称“课标”），理应是中学阶段英语教学的纲领性指南。由于这两个文件分别由不同口径的政府司局颁布，如何妥善处理这两者间的关系，为可持续发展的英语教育生态和英语人才培养服务，是摆在英语教育工作者面前的一大课题，而对“国标”和“课标”理念认识方面的问题是关键所在（程晓堂、但巍 2012）。本文拟从两者的性质和内涵出发，阐述两者之间应有的几对关系，进而就即将颁布的文件内容本身提出一些思考。

2.“国标”与“课标”的性质和内涵

首先，“国标”和“课标”的性质。字面上，“国标”虽是“国家标准”，似

* 本文已由《外语学刊》全文录用，并于2018年第一期发表。

乎被冠以“标准化”或“定量化”的标签，但实际上其与服务和产品类的国家标准有所不同。“国标”是以人为本、在全国高校范围内施行的英语专业人才培养标准，以定性描述与定量指标相互结合的方式得以呈现，并且标准的描述具有动态化和底线值相结合的特征。因此，“国标”糅合了传统意义上课程标准和教学大纲的双重功能。同样，“课标”一方面反映了我国中学英语教育教学的理念和政策，另一方面也包含了中学不同阶段和不同层面的总体及分级目标、教学内容以及实施建议等，所以“课标”不仅仅是“课程标准”，也集中地反映了“教学大纲”或“教学要求”的内容，为指导英语教学实践提出了明确的做法。

再者，“国标”和“课标”的内涵。“国标”的内容一般包括：前言、适用专业、培养目标、培养规格（包括素质要求、能力要求、知识要求等）、课程体系、教学评价、师资队伍、教学条件、质量保障体系等部分（详见蒋洪新 2014；仲伟合、潘鸣威 2015 等）。“课标”的内容则一般包括：前言（包括课程性质、基本理念、课程设计思路等）、课程目标、内容标准（包括语言知识、语言技能、情感态度、学习策略、文化意识等）、实施建议（包括教学建议、评价建议、教材编写建议、课程资源的利用与开发等）。因此，从“国标”和“课标”的内容组成来看，两者都规定了英语人才培养最终的成品规格，如何打造这种成品以及评价这种成品的手段和方式等等。特别是“国标”，还提出了达到人才培养成品所应具备的保障措施和质量监控措施，集中体现了人才培养不同方面的集合（孙有中 2014）。因而，从内涵建设来说，“国标”虽没有“课标”在内容上面面俱到，但却表现为浓缩版的“课标”，且其覆盖面更广。

3.“国标”与“课标”的关系

由以上的分析不难发现，“国标”和“课标”的性质和内涵在本质上一脉相承。那么这两者之间有何种联系呢？

3.1 静态的角度而言，“国标”与“课标”在人才培养上相互衔接，紧密共存

静态来看，“国标”与“课标”之间相互衔接是两者最显著的关系。表面上“课标”和“国标”所面向的客体是不同学段的英语学习者，但从动态的角度来考虑，这一客体是具有流动性的，即今日“课标”所培养的学生明日则有可能成为“国标”继续培养的对象。那么两者的衔接主要体现在哪些方面呢？

第一，“国标”和“课标”都是教育改革背景下不同学段的行动指南。两者的颁布并非历史的偶然，而是教育改革发展到一定阶段后对人才培养要求发生变化的产物，新的时代需要有新的标准。在我国英语专业建设的历史上，曾经有过数版教学大纲（如《高等学校英语专业英语教学大纲》，高等学校外语专业教学

指导委员会英语组 2000），但是“国家标准”的概念是近几年方才提出的（仲伟合 2015）。“课标”的颁布和修订频率更高。究其原因，很重要的一点是教育改革的大背景发生了变化。2010 年以来我国先后颁布了《国家教育中长期发展规划纲要（2010—2020）》、《关于全面提高高等教育质量的若干意见》以及《高等学校本科教学质量与教学改革工程》等文件，并在党的十八大和十八大三中全会上将“立德树人”确立为我国教育教学的中心环节。这就呼唤着中学和高校英语人才培养的规格应有所调整，以此来顺应时代的节奏和社会的需要。所谓源清则流清，“国标”和“课标”两者的指导思想应是以共核为引领的衔接。

第二，“国标”和“课标”的衔接的是复杂的粗口径与细口径的交叠式对接。既然是指导人才培养的前后阶段，其衔接方式应如何呈现呢？一种简单的做法是嫁接式，即首尾相连，将前段的最高培养规格设置为后段的最低培养规格；另一种是交叠式，即前段的最高培养规格已经完全或者部分超出了后段的最低培养规格。常理上，英语的水平可以等级化，但是很显然交叠式的衔接方式更加符合中学英语与本科英语专业之间的衔接。这是因为英语学习虽是一个渐进的过程，但并非一个线性叠加的过程，需要在螺旋式的前进和退步中取得最终的渐进。这种衔接也可以得到语言习得理论和研究成果的支撑。如果这种衔接方式是可取的，那么作为培养语言知识、发展语言技能的载体——英语课程的衔接也应该在“课标”和“国标”的衔接中有所体现，这样高中英语课程的质量和课程结构可以进一步得到提高，深化教育改革的意义（鲁子问 2006；王蔷 2013）。高中英语课程中也可开设与英语国家社会与文化、英语诗歌等有关的入门级课程，等到学生进入到英语专业的学习后，这种照应则可以反映在基础和高级阶段的大学课程之中。英语专业入门课程在高中阶段的下放并非是不负责任地在办“预科”，相反，这种螺旋式的交叉性衔接不仅进一步增强了中学生对英语学习的兴趣，也初步培养了他们的文化意识和跨文化能力。

第三，“国标”与“课标”的衔接是英语学科工具性及其人文性不断平衡、但又不断打破平衡的对接，实为静态中的动态平衡。“课标”中对英语学科的定位是工具性与人文性的统一（程晓堂、龚亚夫 2005），而英语专业作为人文专业之一，“国标”其定位不仅是工具性和人文性的统一，留给英语专业高年级的更多是人文性的升华（胡文仲、孙有中 2006；蒋洪新 2010 ）。就工具性而言，英语课程承担着培养学生基本英语素养的任务。学生需掌握基本的英语语言知识，发展基本的英语语言技能，形成用英语与他人交流的能力，为今后继续学习英语和用英语学习其他相关科学文化知识奠定基础。就人文性而言，学生通过英语学习能够开阔视野，丰富生活经历，发展跨文化意识，促进创新思维，形成良好品格和正确价值观，为终身学习奠定基础。“课标”和“国标”的培养目标和培养规格都渗透了有关工具性和人文性的内容，并且彼此照应，凸显出不同学段中对英语学科工具性和人文性的要求及其侧重。

3.2 内部核心而言，“国标”与“课标”在人才培养上相互呼应，此唱彼和

“国标”与“课标”之间虽存在独立性，但是两者不仅衔接，其内部也相互呼应，做到“国标”中有“课标”，“课标”中有“国标”，具体体现在以下两个方面。

第一，“国标”和“课标”应在核心素养的共核上前后呼应。由于处于不同的教育学段，其地位在相应学段中有所不同。中学的英语教学仍属于科目教育。英语的地位与语文、数学等“主科”并驾齐驱，学生要兼顾到几个课标的“管辖”。在中学教育中，由于没有不同科目的共核素养，比较常见的情况是不同科目仅服务本科目学科核心素养。比较极端的做法更是将不同科目彼此割裂，各自为阵。然而，以芬兰为例，课程开发者通过主题式学习推动了各科之间的融合教学，真正推动了跨学科教学。该教学模式推进课程整合性与多样性，加强跨学科教学，将相近的学科知识重新编排，形成不同学科知识相互融合的主题式课程模块。让学生只需要由一个大的课标来管辖。然而，大学本科阶段的英语专业学习已经进入到专业教学的范畴，学生直接面对的是一个标准的约束。这也就呼唤着中学不同科目的课程标准需要有共核的素养，以与今后大学不同专业学生所应具备的共核素养相互衔接。比如，无论是何专业的大学生，所应具备的能力包括学习能力、创新能力和思辨能力等。那么，这些能力如何体现在中学各科目的共核素养之中，做到核心素养方面的“你中有我、我中有你”，是值得“国标”和“课标”制定者注意的重点问题。

第二，“国标”与“课标”都强调多元化的人才培养模式，“课标”的多元人才推动着“国标”多元人才的进一步提升。一般而言，“课标”会设置一个高中毕业所应达到的要求，也有高考的要求和更卓越的要求等。这就是将人才按照多元化的思路来培养，对英语不是特别感兴趣的学生可只将英语科目作为升学的一部分来看待，结束英语在中学阶段所扮演的大众教育的角色。而对英语学习有浓厚兴趣和潜力的学生，则可继续向更卓越的要求迈进。与此相呼应的是，“国标”强调英语专业人才的培养应做到“分层卓越”（仲伟合 2015），学生结合自身的兴趣和高校的特色以及办学定位等，在基本要求的基础上向不同的领域进步，在不同的英语专业内容分支中探索，达到精英教育的目的。因此，“课标”所分流出的卓越学生进入到“国标”的培养阶段，进一步成长为多元型人才，是大众教育不断走向精英教育的产物。

3.3 动态角度而言，“国标”与“课标”在人才培养上互相促进，共同前瞻

如前文所述，“国标”和“课标”在静态在是衔接的，但从动态角度而言，

两者在不断的对视过程中相互促进，并朝着共同的方向前进。具体体现在以下两个方面。

第一，“国标”与“课标”的出台和修订不仅受到教育改革背景的影响，也是相互之间促进的结果。我国自进入 21 世纪以来，与高中英语课程标准有关的文件大致有以下几部。2001 年版的《英语课程标准（实验稿）》涵盖了小学、初中和高中三个阶段的内容，之后 2003 年版《普通高中英语课程标准（实验）》取代 2001 年实验稿中的高中部分。近期，《高中英语课程标准（征求意见稿）》即将颁布，成为高中阶段英语科目的新指南。与英语专业有关的是 2000 年版的《高等学校英语专业英语教学大纲》（高等学校外语教学指导委员会英语组，2000）以及即将要出台的《英语专业本科教学质量国家标准》。那我们不禁要思考，为何要修订这些标准？除了教育改革大背景外，其中很重要的一个原因是教育学理论、语言习得理论以及语言测试理论等已经有了新的发展，“国标”和“课标”受到语言学理论的积极影响而进行修订（程晓堂 2012）。“国标”（或其前身“教学大纲”）与“课标”的修订都应相互对视，继而相互促进。比如，以前的“课标”虽有提及学习中国文化与外国文化之间的关系，但是却停留在文化意识层面，未从母语与英语教学的同等重要性入手来加深跨文化意义的培养（如赵恕敏 2013；金虹 2015 等）。在“国标”的制定中凸显了母语在英语和其他外语学习中的重要性，直接对新的“课标”修订产生了促进作用。又如，语言越来越被认为起到促进人的心智发展的作用（程晓堂、岳颖 2011），并且“课标”的修订中有意地增加了看（viewing）的语言技能，这很大程度上受到多模态文本发展的影响，也是多元识读能力培养的方向。同样，新的“国标”中对多元识读等也有所涉及，在“课标”的进步中共享进步的成果。

第二，“国标”与“课标”的相互促进不仅局限在眼前，也着眼于将来。任何的“国标”和“课标”都有其生命的周期，在制定和修订时均会远眺将来的发展。国家所需要的人才培养目标，随着世界格局以及社会的发展也相应有所变化。两者标准的制定必须以现状为依据，以略高于现有水平为着眼点，为今后的人才培养服务，也为中学和高校的英语教师队伍建设不断对接服务（夏侯富生 2005；王雪梅 2006）。从这点而言，两者的进步必定是具有前瞻性的进步。以评价为例，中国香港地区的“课标”中明确指出校本评估作为一部分纳入到高考的成绩。今后，如果某些省市条件成熟，则也可修订“课标”，提出鼓励有条件的省市借鉴性地效仿这种评价方式，将形成性评价的校本评价内容作为衡量学生总体表现的参照之一。这种“向前看”的做法有效地保障了某一版“课标”或“国标”的时效性，使其不仅顺应国际上最新评价方式的发展，也回到了相互促进的原点。

4. 对现状的一些思考

以上从静态、动态和"国标"与"课标"两者内部的角度分析，厘清了两者的关系。限于篇幅，以下我们结合即将要颁布的《英语专业本科教学质量国家标准》(2015 年送审稿)（以下简称《国家标准》）以及《高中英语课程标准》(2016 年征求意见稿)（以下简称《课程标准》）这两部重要文件，从人才培养目标和评价要求两个方面来阐述对现状的一些思考。

4.1 人才培养目标

《课程标准》和《国家标准》对人才培养的总目标是如下表述的。

> 《课程标准》：高中英语课程的总目标是贯彻党和国家关于全面发展的教育方针，落实立德树人根本任务，践行社会主义核心价值观教育，体现英语学习的基本规律和英语教育的国际发展趋势，在义务教育的基础上，进一步促进学生英语学科核心素养的形成和发展，培养具有中国情怀、国际视野和跨文化沟通能力的社会主义建设者和接班人。

> 《国家标准》：英语专业旨在培养具有良好的综合素质、扎实的英语语言基本功、厚实的英语语言文学知识和必要的相关专业知识，符合国家经济建设和社会发展需要的英语专业人才。

可见，《课程标准》对人才培养目标的表述可分为五个层次。第一层次是课程的总体指导思想，第二层次是课程所遵循的基本规律，第三层次是课程的前段基础，第四层次是课程的培养内容，第五层次是人才培养的成品特征。《国家标准》对人才培养目标的表述则比较简明，主要突出了英语专业的培养内容和英语专业人才的成品特征，与《课程标准》的最后两个层次相对应。

就两者的衔接关系而言，我们需要分别看《课程标准》与《国家标准》的人才培养成品特征。《课程标准》的落脚点是"具有中国情怀、国际视野和跨文化沟通能力的社会主义建设者和接班人"，《国家标准》的落脚点是"符合经济建设和社会发展需要的英语专业人才"。前者口径宽，后者焦点聚，这种衔接正彰显了大众教育与精英教育的交叠式对接。前者所培养出的人才具备良好的基本功和可塑性，在后者的培养磨炼下，从大众教育背景下的"建设者和接班人"塑造为"英语专业人才"。

在照应关系上，我们从人才培养的内容切入。《课程标准》主要以英语学科核心素养为培养内容，包括语言能力、文化品格、思维品质和学习能力。《国家标准》突出了英语专业人才培养在语言基本功和语言文学知识方面的重要地位，与《课程标准》中的“语言能力”相呼应。英语专业人才应具备的人文素养在“综合素质”以及“相关专业知识”等方面得以体现。其中“综合素质”是《课程标准》中“文化品格”的延伸和扩展，“思维品质”是《国家标准》中所强调的“思辨能力”和“创新能力”的集合体（孙有中 2011），一般可理解为“思辨能力”和“创新能力”的萌芽期。而“学习能力”则与《国家标准》中的“学习能力”基本一致。由此，《课程标准》与《国家标准》在人才培养的维度方面是相互映衬，此唱彼和的。

在前瞻性方面，《国家标准》和《课程标准》作为具有指引性的文件，必须在将来很长一段时间内，为我国英语专业以及中学英语教育的健康成长提供有利的保障（冯光武 2016）。因此，两者的有关人才培养成品特征的表述具有明显的动态发展的意义，杜绝了人才培养目标的静态描述，指明了高中英语课程以及英语专业所培养的人才最终是为国家的经济建设服务，国家需要何种建设者、接班人或者专业人才，我们则应度身定做（仲伟合、潘鸣威 2015）。因此这种动态表述也给学校在制定校标上留足空间，可随社会经济发展和校本实际的深化而调整。此外，《国家标准》的前瞻性更为明显，表述上与长久以来提出建立英语专业人才需求分析和人才供求预警平台的思路极为契合（仲伟合 2014）。

4.2 评价要求

同样，《国家标准》和《课程标准》对有关评价要求的表述如下。

> 《国家标准》：评价应以促进学习为目的，根据培养方案确定评价的内容和标准，选择科学的评价方式和方法，合理使用评价结果，及时为教学提供反馈信息。注重形成性评价与终结性评价相结合。

> 《课程标准》：基于核心素养的教学评价应以形成性评价为主并辅以终结性评价，定量评价与定性评价相结合，注重评价主体的多元化、评价形式的多样化、评价内容的全面性、评价目标的多维化。

《国家标准》和《课程标准》中的评价要求都明确了评价的目的、方式、做法、反拨效用以及用途等，前者的表述较为概括集约，后者的表述更为具体实在。并且两者特别强调了形成性评价与终结性评价之间的关系。《课程标准》则更为细化，明确了形成性评价的主导地位。

从前后的衔接关系来看，《课程标准》和《国家标准》在此是精细化的交叠式对接。《课程标准》的评价要求十分细致，为进入到《国家标准》的评价要求做到了几乎是无缝衔接。在前后的照应性方面，形成性评价和终结性评价的权重，说明了不同学段应考虑的问题。高中英语课程所关注的过程在一定意义上应该高于最终的教学结果，而英语专业的人才培养由于受到课程性质和年级高低等因素的影响，在形成性评价和终结性评价的权重比例上需要不断动态调整。这也是“课标”研制不断受到国际上语言测试研究进步影响的结果（郑旺全、陆锡钦 2009）。《国家标准》和《课程标准》在形成性评价地位上相互照应，在仍以终结性评价一统天下的今天，对高中英语课程和英语专业本科教学质量的意义极为重大（潘鸣威、冯光武 2015）。此外，《国家标准》和《课程标准》相互之间是促进的，这里主要体现在《课程标准》可促进《国家标准》。《课程标准》中提到“定量评价与定性评价相结合”的方式和评价主体的问题，这对《国家标准》的借鉴意义很大。英语专业的人才培养应有更多的描述性评价，这些诊断性的信息针对性更强。同样，英语专业的评价主体基本上仍是教师评学生，如何进一步有效地做到同伴互评、学生自评、跨专业评价等，仍是英语专业人才评价模式需要向中学英语教学评价学习借鉴的。当然，互促互进仍是《国家标准》和《课程标准》制定者相互协同努力的结果。由于我国负责这两部文件的政府部门分属不同司局，制定者也分属两套班子，及时和有效的沟通是互促互进的有力保障。

5. 结语

本文从“国标”和“课标”的性质和内涵入手，阐述了“国标”与“课标”的三对关系。静态上两者在人才培养上相互衔接，紧密共存；就内部核心而言，两者在人才培养上相互呼应，此唱彼和；动态上两者在人才培养上互相促进，共同前瞻。这三对关系联合指导着“国标”和“课标”，引导了英语专业和中学英语教育的各个方面。本文最后结合所提出的三对关系，对即将颁布的《国家标准》以及《课程标准》有关人才培养目标和评价要求这两个方面进行了分析，认为两者的互进互促是新一轮教育改革背景下培养高端英语人才的重要保障前提。

参考文献

程晓堂，2012，语言学理论对制定我国外语教育政策的启示，《外语教学与研究》（2）：298-307。

程晓堂、但巍，2012，基础教育阶段英语课程的核心理念解读，《课程 · 教材 · 教法》（3）：57-63。

程晓堂、龚亚夫，2005，《英语课程标准》的理论基础，《课程 · 教材 · 教法》（3）：66-72。

程晓堂、岳颖，2011，语言作为心智发展的工具——兼论外语学习的意义，《中国外语》（1）：51-57。

冯光武，2016，新一轮英语类专业教育改革：回顾与展望，《外语界》（1）：12-17。

胡文仲、孙有中，2006，突出学科特点，加强人文教育：试论当前英语专业教学改革，《外语教学与研究》（5）：5-9。

高等学校外语专业教学指导委员会英语组，2000，《高等学校英语专业英语教学大纲》。上海：上海外语教育出版社。

蒋洪新，2010，人文教育与高校英语专业建设，《中国外语》（3）：10-13。

蒋洪新，2014，关于《英语专业本科教学质量国家标准》制订的几点思考，《外语教学与研究》（3）：456-462。

金虹，2015，英语教学中跨文化交际能力培养研究，《课程·教材·教法》（11）：80-85。

鲁子问，2006，英语课程标准结构的社会发展适应性比较研究，《课程·教材·教法》（5）：87-91。

潘鸣威、冯光武，2015，质量是核心，评价是关键——论《英语专业本科教学质量国家标准》中的评价要求，《中国外语》（5）：11-16。

孙有中，2011，突出思辨能力培养，把英语专业教学改革引向深入，《中国外语》（3）：49-58。

孙有中，2014，英语教育十大关系——英语专业教学质量国家标准的基本原则初探，《中国外语教育》（1）：3-10。

王蔷，2013，深化改革理念　提升课程质量——解读《义务教育英语课程标准（2011 年版）》的主要变化，《课程·教材·教法》（1）：34-40。

王雪梅，2006，新课程改革背景下高校与中学英语教师教育的契合，《外语界》（5）：57-67。

夏侯富生，2005，新英语课程标准与我国高等师范院校英语专业教学改革，《课程·教材·教法》（2）：73-78。

赵恕敏，2013，基于《2011 年版课标》的中学英语文化教学的走向与路径，《教育理论与实践》（26）：49-51。

郑旺全、陆锡钦，2009，从测试的发展看能力目标在英语评价中的作用，《课程·教材·教法》（11）：56-60。

仲伟合，2014，英语类专业创新发展探索，《外语教学与研究》（1）：127-133。

仲伟合，2015，《英语类专业本科教育质量国家标准》指导下的英语类专业创新发展，《外语界》（3）：1-8。

仲伟合、潘鸣威，2015，论《英语专业本科教学质量国家标准》的制定——创新与思考，《现代外语》（1）：112-120。

论培养创新型外语人才的理念与实践 *

卢 植
广东外语外贸大学

摘要：培养创新型外语人才是我国外语教育服务国家战略和经济社会发展的重要任务。创新型外语人才的培养是一个涉及诸多方面和环节的复杂动态系统过程，是一种引导和引领人才培养实践的大学治学理念。创新型外语人才培养的理念引导着多种外语教育实践：调查外语教育现状，关注市场需求，回应社会期待；创新人才培养模式，激活创新动力，培育创新意识；更新课程体系，设置多元课程和灵活的选课体系；更新教学模式，以创新能力为主线组织课堂教学；革新教学手段，信息技术为手段"智慧教学"促进了多元化、个性化外语教学，为学生提供学习、成长和创造的平台。

关键词：创新；外语教育；外语人才；理念；实践

1. 引言

培养创新型外语人才是我国外语教育主动承接国家战略，服务经济社会发展的应有之义和重要任务。2017 年 1 月 10 日国务院印发的"国家教育事业发展'十三五'规划"提出了改革创新驱动教育发展、协调推进教育结构调整、协同营造良好育人生态、统筹推进教育开放、全面提升教育发展共享水平等六大战略任务（人民日报 2017）。2017 年 4 月的"第二届全国高等学校外语教育改革与发展高端论坛"旨在落实和服务于"提高我国参与全球治理能力"的国家战略，提出高等外语教育应着力培养"熟悉党和国家方针政策、了解我国国情、具有全球视野、熟练运用外语、通晓国际规则、精通国际谈判"的"国际人才"。我国的外语教育改革与发展应关注各层次国际人才须具备的核心素养与能力，包括国际沟通与协同合作的能力、分析与解决问题的能力、跨文化理解与表达的能力等。培养外语语言基本功扎实、知识广博、知识结构完善、具备创新思维、具有国际视野、分析与解决问题能力强、了解并熟悉国际事务运作规则、能参与国际交流和竞争、具备较强跨文化沟通和交际能力的国际化创新型外语人才，是我国外语教育必须承担的重要的任务（胡文仲、孙有中 2014；庄智象等 2012；曹德明 2007；

* 本文系教育部哲学社会科学重大攻关项目"我国外语教育改革和发展研究"（项目编号：15JZD048）的阶段性成果。本文已发表于《外语教学》2018（1）：50-54，有细节修改。

王路江 2007）。创新型外语人才的培养涉及诸多方面，是一个复杂的动态系统过程，应该从复杂系统的角度来看外语教育和教学（桂诗春 2015）。创新型外语人才的培养过程是践行创新型外语人才培养理念、收获创新型外语人才培养果实的运行载体，探索人才培养过程所涉及的理念、途径和模式，在实践中探索，在实践中提高，走出一条创新外语教育、服务国家战略之新型路径，是研讨我国外语教育改革与发展问题的题中之义。本文旨在探索和分析创新型外语人才培养理念与实践的相关问题。

2. 创新型外语人才培养的理念

要解决创新型外语人才培养的一系列问题，需要首先在理念和概念上厘清相关问题，外语教育理念决定着外语教育改革的发展方向（张绍杰 2010）。

对创新型外语人才的界定是一个决定外语教育及教学过程的理念问题。何其莘等（1999，2008）认为，外语人才所具备的能力应该包括获取知识的能力、运用知识的能力、分析问题的能力、独立提出见解的能力和创新的能力，而培养学生的创新能力是外语教学的重中之重；外语专业学生在工作中的运用能力主要指能够从事不同文化间交流与合作的能力、交际能力、协作能力、适应工作的能力、独立提出建议和讨论问题的能力、组织能力、知人知事的能力、灵活应变的能力等等。文秋芳（2002）认为，创新型外语人才是具有创新素质的复合型语言人才，创新型外语人才首先应具备过硬的外语语言技能、扎实的语言基本功和深厚的文化基础，外语专业学生的创新必然以听、说、读、写、译的语言活动为依托，以知识积累为基础，以应用能力为保证，否则创新就是空中楼阁。其次，创新型外语人才还必须具备进行创新活动和实践所必需的创新素质，"创新型英语人才应该是具有创新素质的复合型英语人才。也就是说，创新型英语人才首先是合格的英语人才，然后必须具有复合型的知识结构。在此基础上，还要融入创新素质"（文秋芳 2002）。陈新仁、许均（2003）通过调查发现，就外语创新人才的内涵而言，创新型外语人才本质上由创新知识、创新能力、创新个性和创新品质构成，其中，创新知识包含专业外语知识、第二外语知识、文化知识、专业知识和百科知识等，而专业知识在创新知识中的比重高达 74%；创新能力包括社交能力、实践能力、研究能力和综合能力等，而社交能力又居于创新能力的首位（占比为 34%）；创新个性由质疑精神、求知欲和思维方式构成；创新品质由心理素质、意志品质、道德品质以及政治素质构成，而又以心理素质和道德素质更受关注。创新型英语人才的素质结构应为：扎实的英语语言文化知识与技能、程度较高的综合化的知识结构、较高发展水平的智能、较鲜明的人格个性和较强的创新能力（唐燕玲 2008）。创新型人才应该能够充分发挥主观能动性，主动获取知识、独立思考、创新思维，主动扩展知识面、培养学术意识、熟练使用目的语进行交际，具备独立思考能力和独立发展的能力，要有思想、有观点，有创造能力，对社会的多元需求具有极强的适应性，能够对所学知识融会贯通、灵活运用，追求全面发展。综上所述，创新性外语人才决定着人才培养的规格和取向，如果把外语人才比喻为外语教育的产品，那么，对人才的界定和规定直接引领着外语教育的实践取向和实践路径，外语教育希望培养出什么样的人，就会在教育教学实践中采取什么样的措施。对创新性外语人才的界定是外语人才培养的基础性理念，决定着外语人才培养的目标及其实现途径。理念的导向和指引作用在外语教育界已成共识、得到普遍认可。外语教育要适应人才需求市场对外语人才的需要，外语人才培养理念因之发生变化。加强外语专业与其他专业之间的协同创新，搭建高端外语人才培养平台，改革陈旧的人才培养方案，探索高端人才培养模式，成为目前的主要理念。

随着外语人才的理念发生变化，外语人才培养的理念也发生了根本转变并有所突破。外语教育界从不同的角度提出应培养“创新型”英语人才，适应于外语人才培养的多样性要求，在外语教育目的、培养规格、教学方法的不同层面都提出了不同的教育教学理念（文秋芳 2002；陈新仁、许均 2003；王洁、汪刚、聂振雄 2008；柴改英 2010；张绍杰 2015；戴曼纯 2016）。而与理念相应的人才培养的实践也在外语教育界展开。外语创新人才培养是一种大学治学理念，引导和引领人才培养模式和实践，目标是培养“完整的人”，也就是将外语教育教学的重点从培养学生的语言基本素质转变为“以人为本”的全人教育。

3. 创新型外语人才培养的实践

我国外语教育界对于培养创新型外语人才培养做出了有益的探索和可贵的实践。培养创新型外语人才要以需求为导向，以创新为驱动，以实践为抓手（仲伟合 2014）。我国外语教育实践着对创新性外语人才的培养。

1）调查外语教育现状。以需求为导向的外语人才培养理念决定了外语教育必须关注市场需求、回应社会期待。为了更好地服务国家战略和顺应社会关切，外语教育界首先对外语教育及外语人才培养问题进行调查研究，探索和研究外语专业培养出来的人才是否能满足社会的新要求、新需要，调查和了解外语人才的基本素质、专业素养、创新能力和创新素质等，这些调查的目的是为了弄清我国用人单位对外语人才的需求，分析人才培养政策及措施的得失利弊，为改革外语教育政策和创新外语教学方案提供基础性数据和指导性意见。改革开放以来，我国外语界进行了多次涉及外语教育现状的调查，全面展示了我国外语教育的成绩和现状，反映了我国外语教育所存在的问题和症结，分析和揭示了外语人才培养中存在的问题和短板，为全国外语专业的教学提供了指导性意见和建设性建议。教育部高教司外语处于 1998 年委托何其莘等根据“面向 21 世纪外语专业教学内容和课程体系改革”北方和南方两个分课题报告进行研究，提出了“关于外语专业本科教育改革的若干意见”（何其莘等 1999），这次调研发现了新世纪对外语专业提出的挑战和外语专业人才培养规格的转变，指出了我国外语专业本科教育面对 21 世纪的挑战所存在的问题，该调研报告当时作为对全国英语专业教学内容和课程体系进行改革的指导型纲领，为我国的外语教育教学提供了很多指向性意见，并提出了外语专业本科教育改革的基本思路，为后来一段时期内的中国外语教学指明了方向。2008 年，正值我国实施改革开放 30 周年，何其莘等（2008）在对改革开放三十年间我国高校的英语专业教学进行的回顾和展望中认为，我国高校英语专业已建立起一套比较完整的、适合中国国情的教学体系，英语专业的教学进一步规范，教学质量相应地进一步提高；但同时在师资队伍建设、课程设置和学生语言基本功等方面也存在着严重问题，其中创新能力的培养是我国外语教育教学工作中高校多年来的薄弱环节，对学生分析问题和独立提出见解能力的培养是长期困扰外语专业的难题。他们针对英语学科发展等相关问题提出了建议，即外语专业必须从单科的“经院式”人才培养模式转向宽口径、应用性、复合型人才的培养模式，为学生提供其他学科的基础知识（如国际贸易、国际金融、国际新闻、国际政治等），才能使外语专业的毕业生更好地适应经济社会发展的需要。从改革开放的 1978 年到 2008 年的三十年探索，使得一套比较完整的、适合中国国情的英语教学体系得以建立，是中国外语教育所取得的巨大成就，但中国高等教育大众化所伴生的人才培养质量堪忧的现实引起了外语教育界的忧虑和担心。随着国家语言能力概念的提出和推广，我国对外语人才的总体情况的调查和研究进入了更高的水平。“国家外语人才资源动态数据库建设”将外语人才资源看作是重要的国家战略资源（文秋芳 2013），国家外语人才资源动态数据库作为重要的基础工程，有助于了解国家各类外语人才的状况和分布，改进和提升我国的国家外语能力。戴曼纯（2016）调研发现，精通外语、兼备其他专业知识技能的高端外语人才远未能满足社会需求，外语人才培养还存在着诸多问题，如复合型人才培养方案、模式，制度以及机制层面的创新性外语人才培养实践模式和操作过程尚未普遍建立，培养单位为复合型、创新性外语人才培养投入人力、财力的意愿不强，师资单一、力量单薄，教材单一、不配套，未成体系，后续培养机制不健全，学时限制和制约等等。调研还发现，专业型外语类院校在主动适应社会需求、创新人才培养模式方面的尝试和努力是积极的，综合性及专科类大学的外语学科则多处于边缘状态，而实际上后者在培养复合型、创新性外语人才方面有着独特的学科优势和便利的资源条件，在“专业 + 外语”的培养模式上极易操作，单科性外语类院校难以开出的课程在这些学校中却很容易开出，只要在顶层设计和制度安排上开动脑筋、拓宽思路，则会收事半功倍之效。

所谓“思路决定出路”，要培养创新型外语人才，先要通过科学周密的调查研究摸清家底，继而进行新一轮外语教育改革背景下创新性外语人才培养的重要实践。调查研究是实践的基础也是实践本身，外语教育界所进行的调查为我国外语教育提供的基础性数据，充满真知灼见的研判分析和高瞻远瞩的指导建议，为我国外语教育的健康有序发展作出了积极贡献。

2）创新人才培养模式。外语教育界在创新型外语人才的培养模式上进行了可贵的探索和大胆的实践。经过多年的探索，国内外语专业的创新教育已经形成多种模式。第一种是“1+3”模式，即“1 年通识教育 + 3 年专业教育”（复旦大学）。第二种是“通识课程选修学分制”模式（清华大学），要求英语专业学生的知识结构比例为 80∶30∶30，即在课程设置上，英语专业知识 80 学分，人文社科与艺术知识 30 学分，自然科学与技术知识 30 学分。第三种是“精英型”模式（北京外国语大学），即以文学、语言学、翻译和英语国家研究为主体，以学科教育为导向，致力于实施人文教育，提高学习能力、思辨能力和研究能力，培养创新能力；实施分级教学和学分制，培养优秀素质和精英品格（钟美荪 2006）。第四种是“三个深度融合”模式（广东外语外贸大学），即专业教学与外语教学深度融合、理论教学与实践教学深度融合、本土教育与境外教育深度融合的人才培养教学新模式（仲伟合 2013）。第五种是“六级联动模式”（浙江工商大学），以省级重点专业、课程组和专业指导教师、团委学生会、学生会学术部 + 英语协会、学生课题组、人才库及翻译志愿者服务队等共六个层级的联动，促进课堂教学与课外活动的联动，强化创新实践（柴改英 2010）。为了鼓励创新人才培养，浙江工商大学出台政策，将创新学分制度化，专门制定“学生创新学分实施办法”，设立创新学分，该学分由创新课程学分和自主创新学分构成两部分，其中创新课程学分 1 学分 16 学时，每位学生必须修够至少 1 学分的创新学分，多于 1 学分的创新学分可替代相关课程的学分。

上述各种模式的基本宗旨都是要改变外语专业学生知识结构单一、缺乏思辨能力、创新意识不强、适应能力低下的弊病和缺陷，促使学生向复合型、创新性人才转变和发展。在教学活动中，各种模式都加强培养学生探索的兴趣和吸纳知识的能力，形成完善的学习策略和基本的研究方法。既重视第一课堂教学，也重视第二课堂的实战，形成学生自主创新的原动力，推动学生的创新意识培育，为创新型人才培养提供更大的空间。

3）建构新型课程体系。课程设置的价值取向在培养创新型外语人才的过程中决定着学生的知识结构、能力发展和个性成长。我国外语教育处在不断的改革创新过程中，创新本质上是一个扬弃的过程，在培养创新型外语人才的实践中，重基础强技能始终是外语教学的优秀传统而得以坚持。科学设置语言知识与语言技能课是培养外语人才的基础，意在为学生传授全面的语言知识并打下扎实的技能基本功。外语学生的基本功训练类似于运动员的体能训练，优良体能是发展任何体育竞技技能的基础，同理，全面的语言知识和扎实的外语技能基本功也是创新型外语人才的基础。语言知识课旨在教会学生了解和把握目标语的整个语言体系，做到知其然并知其所以然。语言技能训练重在培养学生的听、说、读、写、译等实践能力，这些技能课在不同的学习阶段虽有不同侧重，但基本功的训练是持之以恒贯穿始终的，尤其是扎实的写作功底和超强的写作能力以及扎实的翻译基本功的培养一直是我国外语教育教学的重要实践。当前，随着中国国际地位的大幅度提升和我国全球治理能力的持续增强，“中华文化走出去”已成为国家战略，国家对汉译外人才的需求空前旺盛，外语教育为国家培养大量汉译外人才日益重要。外语教育界普遍认识到，翻译水平除了受目标语修养的影响，更与汉语的造诣与修养密切相关，因此，很多学校设置了汉语知识和技能课程来提高学生的汉语写作能力，进而提升其汉译外能力。其次，建立系统的课程选修制度，增加选修课数量和比重，适应学生主体的多样性，培养学生的复合型知识结构，促进学生创新个性的发展。选修课种类和领域的扩增，不仅是新型外语人才培养模式灵活多样化的体现，更对学生潜力的发挥、个性的发展，特别是文化素质、科学素养以及创新素养的培养起推动作用。创新型外语人才的课程设置模块观提出了通识教育模块、专业技能模块、文化素养模块、相关专业智性素质模块、智性与表达素质模块（王洁、汪刚、聂振雄 2008）。在课程更新和创新方面，广东外语外贸大学的做法无疑具有领先型和典型性，引进国际名校课程，学生可在全校范围同学科内选修 6-8 学分，效果良好（仲伟合 2013）。

课程是实现创新型外语人才培养理念的载体，是联通外语教育理念和创新性外语人才的中介媒体，学生质量的高低优劣主要通过课程的设置和传授来实现。课程体系体现着外语教育的材料安排和训练程序，过去那种课程结构单一、课程内容陈旧的状况已经被多元化课程和灵活的选课体系所取代，更新课程内容，构建新型课程体系是我国外语教育教学的重要实践和措施。

4）更新教学模式。以创新型外语人才培养为目标的新时期外语教育改革积极更新教学模式，把过去面向语言的教学模式转为当前面向创新的教学模式，以创新能力为主线组织课堂教学，开阔学生的视野，培养学生的抽象与综合思考能力，塑造其内省外顾、高瞻远瞩的综合素养（柴改英 2010）。很多学校尝试从过去外语课堂教学围绕课文进行“背景介绍、课文详解、课文欣赏”的教学环节和活动转变为培养创新人才的创新型教学活动，促使学生在参与教学的过程中发展和锻炼提出及解决问题的能力、批判性思维能力、准确流利的表达能力以及研究型学习等创新实践能力。课堂教学从以课文为中心的讲解和练习转变为以活动为中心的思想互动，以讨论式、探究式的生—生、师—生互动激发学生求知、求新、求异的兴趣，开发他们发现问题、解决问题的实践能力。改变过去“满堂灌”“填鸭式”的教学模式，更多地采用启发式和探究式的协作教学新模式，把学生变为教学活动的主体。

树立学生是教学活动的主体在于重视学生的独立学习能力和创新精神和思想的培养，让学生通过自主参与获得知识，加深对知识的认识和体验，并掌握研究所必需的探究能力，培养学生的研究能力就是在发挥和发展人的这一能力（王洁、汪刚、聂振雄 2008）。在更新教学模式的实践中，研究型学习成为主要的教学形式，教学不再以教师为中心按部就班地讲授分析和解释语言难点，而是把学生组建为研究小组，把基础知识理解与掌握作为小组活动的环节之一，把提出问题、解决问题的小组讨论作为完成学习任务的重要步骤。老师引导和指点学生学会文献检索、提出问题、编撰提纲等具体实用的研究方法，培养其合作学习、沟通交流、有效表达的能力，将专业基础知识学习和语言技能训练渗透于思想交流过程之中，加深对专业基础知识的认识并能熟练运用。在研究过程中，学生学会学习、学会探索，掌握研究能力、具备研究能力就等于具备了终身学习能力，(郑艳 2006)，而培养学生的终身学习能力正是现代教育的根本目标（何其莘等 1999；束定芳 2006）。研究性学习的主要特征是变学生的“被动接受型”学习为“主动探究型”学习（王守仁等 2008)，真正实践“以教师为主导，以学生为中心”的创新型教学模式。北京外国语大学英语学院鼓励学生进行研究性学习，提倡学生有目的、有计划、有组织地开展学术科研活动（钟美荪 2006)；广东外语外贸大学采用国际化教学方法，促进学生普遍开展自主学习与研究性学习（仲伟合 2006)。

5）革新教学手段。随着国家对高等教育投入的逐年增加，高校大多装备了数字语言实验室、多媒体教室、同声传译室、卫星接收系统、虚拟仿真实验室等，高科技手段已经普遍用于高校外语专业的教学，视频点播阅览室、学生多媒体自主学习中心等为学生自主学习创造了条件。广播、录音、投影、电影、电视、录像、计算机、多媒体和网络技术的利用和开发，为外语专业教学手段的改革提供了广阔前景。教学管理和课程安排都在运用现代信息技术和科技手段如 QQ，微博、微信等方便快捷的通讯手段，建立起信息渠道畅通、信息发布及时、信息交换快速、信息采集便捷的管理平台。外语教育不断创新教学方法与手段，为改进人才培养模式，提升人才培养质量提供了条件。同时，拥有娴熟的计算机技能以及迅速掌握并科学运用各领域最权威、最前瞻资讯信息的能力，已成为新一代外语类大学生的必备素质。互联网突破了课堂边界和限制，“万维空间”挑战着“三尺讲台”。基于信息技术与协同理念的“智慧教学”使多元化、个性化外语教学成为可能，为更多学生和教师提供学习、成长和创造的空间。移动互联网的普及促进了移动课堂和移动学习模式的普及，翻转课堂等手段广泛应用于外语教学和学习，以纸和笔为媒介的外语学习正在被电子化视听型外语学习所取代，外语学生的信息获取渠道发生了革命性的变化，他们能随时随地获得最新的信息和外语视听阅读资料。

创新性外语人才的培养还涉及师资、考评、管理制度的创新等问题，限于篇幅，本文不做讨论。

4. 结语

培养创新型人才是一个系统工程，受社会政治、文化、经济以及教育本身等因素的影响，必须在社会这个大系统中加以考虑。外语教育工作者应探索拔尖创新型外语人才培养问题，为国家培养具有国际视野和创新意识，能够胜任新形势下需要的新型外语人才。要在学生综合素质培养的大平台上强调社会需求导向，引导学生因应时代需要、敢担时代重任。外语界积极谋划、充分准备，以更加积极的姿态致力于创新型外语人才培养实践，将创新人才研究与创新型人才培养紧密结合，为建设创新型国家作出应有贡献。

参考文献

曹德明，2007，以科学发展观为指导　培养创新型国际化外语人才，《外国语》(4)：1-5。

柴改英，2010，以外语创新人才培养为目标的通识教育，《外语电话教学》(5)：14-19。

陈新仁、许均，2003，创新型外语人才的理念与内涵——调查与分析，《外语界》(4)：2-7。

戴曼纯，2016，我国外语人才需求抽样调查，《外语教学与研究》(4)：614-624。

凤凰网，1月8日上午，国家社科基金重大项目“国家外语人才资源动态数据库建设”开题论证会在我校行政楼507会议室举行，http://edi.ifeng.com/gaoxiao/detail_2013_01/15/21220986_0.shtml（2017年11月10日读取）。

桂诗春，2015，我国英语教育的再思考——实践篇，《现代外语》(5)：687-704。

何其莘、殷桐生、黄源深、刘海平，1999，关于外语专业本科教育改革的若干意见，《外语教学与研究》(1)：24-28。

何其莘、黄源深、秦秀白、陈建平，2008，近三十年来我国高校英语专业教学回顾与展望，《外语教学与研究》(6)：427-432。

胡文仲、孙有中，2006，突出学科特点，加强人文教育：试论当前英语专业教学改革，

《外语教学与研究》(5)：243-247。
新华社，2017，国务院印发《国家教育事业发展“十三五”规划》，《人民日报》2017-1-20。
束定芳，2006，外语课堂教学新模式刍议，《外语界》(4)：21-29。
孙有中、刘建达、韩宝成、查明建、张文霞、彭青龙、李莉文、孙旻，2013，创新英语专业测评体系，引领学生思辨能力发展——“英语测评与思辨能力培养”笔谈，《中国外语》(1)：1-5。
唐燕玲，2008，论创新型英语人才培养与综合英语教学改革，《外语与外语教学》(8)：30-33。
王洁、汪刚、聂振雄，2008，关于培养具有创新素质的复合型外语专业人才的思考，《外语界》(3)：8-14。
王路江，2007，走人才培养的国际化之路，《中国高等教育》(8)：26-27。
王守仁、陈新仁，2008，加强英语专业学生研究能力的培养，《外语界》(3)：2-7。
文秋芳，2002，英语专业创新人才培养体系的研究与实践，《国外外语教学》(4)：12-17。
张绍杰，2010，面向多元社会需求和多元目标取向培养，“厚基础、强能力、高素质”的外语人才，《中国外语》(3)：4-9。
郑艳，2006，认识外语专业内涵，建立研究性教学理念，培养创新型人才，《外语界》(3)：2-6，13。
钟美荪，2006，以精英教育理念深化外语教育改革：北京外国语大学本科教学改革，《外语教学与研究》(5)：254-256。
庄智象、刘华初、谢宇、严凯、韩天霖、孙玉，2012，试论国际化创新型外语人才的培养，《外语界》(2)：41-48。

《国标》视域下"做学用合一"的平台型课程创设理念 *

张文忠　邵　艳
南开大学

摘要：《高等学校英语专业本科教学质量国家标准》提出了较为新颖、切实可行且有一定灵活度的课程体系，为英语专业人才培养提供指导和重要参考意见。笔者受"全人教育"理念的指引，主张课程体系和教学实践中还应包括对学生综合能力和素质进行集成训练的课程和实践，以突破一直以来学用分离和学做分离的低效学习困境，体现个性化发展的人才培养取向。基于这些考虑，笔者提炼课程改革经验，创设"做学用合一"的平台型课程，以课程形态为学生构建一个和谐、自主、互助、共生的学习平台，集成训练学生的综合能力和素质，盘活其所学知识和技能。本文试析创设平台型课程的理据，阐述其教学目标、教学内容、教学原则及评价策略。创设平台型课程也为各校英语专业人才培养的"校标"灵活设置特色课程体系拓展空间。

关键词：英语专业教育；《国标》；平台型课程；"做学用合一"

1. 引言

新时代新形势下，英语专业教育教学改革要在"全人教育"理念指导下，走以提高人才培养质量为核心的内涵式发展道路，促进英语专业多元人才的全面发展和个性化发展，推进英语专业教育教学可持续良性发展。英语专业教学指导分委员会在教育部领导下顺应新一轮英语专业教育教学改革要求，着眼于英语专业学科内涵和创新发展需要，历时三年研制《高等学校英语专业本科教学质量国家标准》(以下简称《国标》)，定位新时期英语专业人才培养目标和培养规格，提出较为新颖、切实可行且有一定灵活度的课程体系，为英语专业人才培养提供指导和重要参考意见。高等学校则依据办学定位、资源条件、区域优势和发展需求，基于《国标》，制定英语专业本科教学质量学校标准（以下简称"校标"），开发更具前瞻性的特色课程体系，完善特色课程建设，培养综合素质高、特色鲜

* 本文得到 2015 年度教育部哲学社会科学研究重大课题攻关项目"中国外语教育改革与发展研究"的资助（项目批准号：15JZD048），系其子课题"我国外语教学质量国家标准研究"的阶段性研究成果。本文已发表于《外语教学》2017 年第 6 期，有细节修改。

明的英语专业多元化人才。近年来，一批英语专业教育研究学者从多个视角分析了英语专业教育现状，提出了对《国标》的期待与展望，并进行了多个维度的应用解读（如戴炜栋 2013；蒋洪新 2014；王俊菊 2015；王立非、葛海玲 2015；钟美荪 2015；仲伟合 2015；冯光武 2016；彭青龙 2016）。毫无疑问，这些真知灼见将在未来一段时间的全国英语专业教育和人才培养过程中不同程度地付诸实施。

在英语专业教育教学改革的大背景下，笔者受“全人教育”理念的指引，在开展前瞻性教学试验，总结课程改革经验的基础上，提炼教学理念，创新开设并完善了两门英语专业“做学用合一”的平台型课程，即“个性化英语学习”和“英语研究式学习”。笔者及团队撰写并发表的相关实验报告和研究文献（如张文忠、夏赛辉 2010，2011；张文忠 2011，2015；张文忠、冯光武 2015）表明，平台型课程获得了积极的多重教学效果，带给选修该类课程的学生诸多益处，受到学生的欢迎和好评，成为南开大学英语专业课程体系改革和特色课程建设的重要组成部分。本文以《国标》的出台为契机，尝试梳理“做学用合一”的平台型课程的创设理念。

2. 平台型课程及其根本特色

本文所提“平台型课程”[1]指的是“课程即平台”的一类课程。在此类课程中，学生在教师引导下，在和谐、自主、互助、共生的学习平台上，基于兴趣自主选择个性化内容，按照一定的程序，实施一系列学习任务和课堂角色，在“做学用合一”的实践过程中自主学习、深度学习，并盘活所学（的包含语言在内的）知识和技能。课程的平台性质和“做学用合一”是该类课程的根本特色。

2.1 和谐、自主、互助、共生的学习平台

平台型课程以课程形态为学生构建一个和谐、自主、互助、共生的学习平台，搭建学生展示、表现和扬长的舞台，以集成训练学生的综合能力和素质。这样的学习平台包容且合理运用差异和个性，营造和谐的氛围，维系课堂内外的“做学用合一”，维持课程“学习共同体”[2]（learning community）（仲伟合 2014：131）的良性运

1. 笔者曾在多篇文章（如张文忠 2011，2015；张文忠、夏赛辉 2011）中提及“平台课程”和特点。本文拟采用“平台型课程”的说法，进一步凝练该概念并予集中探讨。“平台型课程”的说法可避免误解和语义模糊，尤其是避免同“课程平台”的说法相混淆。需要指出的是，如果说一门课程提供了平台（即“课程平台”），指的是该课程提供了一种所需条件，而使用“平台型课程”的提法则意味着该课程本身的平台性质，这是从课程的目标和功用来说的。

2. 本文借鉴国内外有关“学习共同体”的研究文献（如 Watkins 2005；赵迎 2013；Jessup-Anger 2015；陈美华、陈祥雨 2015），强调在学习共同体中，学习者拥有共同的身份认同感和共同的愿景，共同学习，互助协作，分享知识、情感和体验，共同承担责任，朝着共同的目标而共同努力。

作。在这样的学习平台上，学生在教师的启发和引导下，以学习兴趣为出发点，根据个性发展需求，自主选择学习内容，制定行之有效的课程学习方案，自觉摄入大量的英语可理解输入亦大量产出，主动投入时间和精力完成高强度的集成任务，盘活他们所学的知识和技能。同时，由于利用了学生之间的差异和各自的长处，这一学习平台对师生而言也是互助的和共生的。教师与学生、学生与学生之间彼此尊重，互动协作，结为学习共同体，独立发展又相互依存，互为学习资源。每个人既要跟别人分享"做学用合一"的过程和成果，又须关注他人"做学用合一"的过程和成果，学会表述和倾听，学习观察、提问和挑战，发表评论，提出建议，在追求全面发展和培养个人特长的同时，寻求共同进步，并为他人进步提供给养。

2.2 "做学用合一"

笔者受 Dewey"做中学"和陶行知"教学做合一"[1]（侯怀银、李艳莉 2013：17）教育思想的启发，提出"做学用合一"的教学思路，创设平台型课程，鼓励学生边做边学边用。"做"指的是"做事"，是实践，包括用语言做事；"学"指的是"个性化的主动学习"，语言与内容融合；"用"指的是"产出"，盘活所学知识和技能，包括英语语言知识和技能。三者合一意味着所做即所学，所学即所用，即学即用。学生实施多项课程任务，在"做学用合一"的实践过程中，用语言做事，体验知识的生产、传播和应用，执行与"做学用"任务相关的动态角色。他们不仅"做事"，更要"成事"，批判性地反思"做学用合一"的过程和结果，及时发现学习和实践中存在的问题，有效探究和解决问题。这样，学生既可以深度学习，享受学习和实践过程的愉悦，又能体会学有所用、学有所成的成就感，增强自信心和自豪感。这将为学生后续的学习和实践奠定良好的基础，有利于突破学用分离和学做分离的低效学习困境，有助于形成高效的英语学习和运用的良性循环。

3. 平台型课程理据

为什么需要开设既重视学生个性化发展又集成训练学生综合能力和素质的平台型课程呢？平台型课程的提出可归结为如下四个主要方面的理据。

3.1 贯彻"全人教育"理念的要求

《国标》指出英语专业教育教学既要回归人文学科的本位，又要注重实践和应

1. 20 世纪 20 年代初期，陶行知将"做"引入其主张的"教学合一"的思想，但未明确使用这个名称。1925 年，陶行知在南开大学演讲时，仍然使用"教学合一"的说法。时任南开大学校长张伯苓先生听后，建议将其改为"学做合一"。陶行知随后采用"教学做合一"的名称。

用，实施“全人教育”，培养英语专业学生的健全人格（文旭 2016：119），提升其综合能力和知识、情感（桑元峰 2015：72-74）、意识等综合素质，促进其全面发展。笔者秉承《国标》“全人教育”的精神，认为英语专业课程体系和教学实践中应包括对学生综合能力和素质进行集成训练的课程及实践。否则，综合能力和素质的培养就处于看似人人负责、实则无人负责的边缘地带。“做学用合一”的平台型课程是课程设置的创新，是对《国标》提出的课程体系的补充。它贯彻“全人教育”理念，比一般课程距离学生的生活更近一些。将工作和生活所需知识、技能、情感和意识等部分融入课堂内外的“做学用合一”的教学活动，集成训练学生的综合能力和素质。学生的能力经过从无到有、从少到多、由弱至强的长期全面提升，素质最终得到了提高，具有可持续性，可以迁移到今后的学习、工作和生活之中，使学生终生受益。这在一定意义上也是实施公民教育，培养适应时代发展、知行统一、思辨创新、具有较高综合能力和良好综合素质的英语专业人才。

3.2 贯彻“以学生为中心”理念的要求

20 世纪 70 年代末，国外应用语言学界提倡“以学生为中心”的课堂教学。20 世纪 90 年代末，国内英语界引进并广泛宣传该先进教学理念，进行课堂教学改革。然而，谭慧玉、乔晓妹（2016：8）的调查表明，虽然英语课堂上学生发言的时间和参与课堂教学的机会增多了，“98% 的被访教师的课堂教学仍然‘以教师为中心’”。“学生的教学中心地位未能最终确定”（胡开宝、王琴 2017：2）。平台型课程强调在教学实践中逐渐转变师生观念和角色，有助于实现从“以教师为中心”到“以学生为中心”的真正转向。在和谐、自主、互助、共生的学习平台上，教师和学生处于平等的地位，彼此尊重、欣赏、赞扬和鼓励。一方面，教师不再代表绝对的权威，既是终身学习者，又是学生学习的引导者和教育教学活动的促进者和参与者。教师与学生通过线下面对面、线上微信和邮件等方式进行有效沟通，既重视学生的个性化学习需求和发展需求，又关注学生的学习体验、生活经验和未来发展，及时提供有针对性和建设性的反馈信息。另一方面，学生是学习的主体，知识的主动建构者、团队协作者、任务实施者、动态角色执行者，享有角色权利，担当相应的责任，成为课堂教学的中心。

3.3 开展“扬长教育”的教学选择

“传统补短教育以找学生的短处、缺陷为基本出发点，以期达到整齐划一的标准。而扬长教育是要发现和张扬学生的优势，避开学生的劣势，充分发挥学生学习的主体性，让学生根据自己发展的优势资源自主选择，优化个体发展策略，提高其发展水平和创新能力”（龙喜平、刘代锋 2005：5）。平台型课程倡导扬长教育，真正以学生为本，侧重于发挥学生的自身优势，是体现个性解放的因材施教和因才施教，鼓励和促进不同层次、不同特长、不同个体潜能的学生获得最大限度的发展，享受成就感。教师相信学生的潜能，鼓励学生发掘和发展兴趣，引导学生积极参与"做学用合一"的教学活动，激发学生的实践意识、思辨意识和创新意识，激励学生充分扬长进行有效创新。学生的兴趣随着相关知识和技能的积累和沉淀，经过"滚雪球"式的深度学习和长期培养，发展为个体的特色和特长，为未来实现自身价值打下重要基础。

3.4 实施"个性化学习"的创新选择

《国标》鼓励"个性化学习"，以期促进学生的个性化发展。然而，一般英语语言技能课程和专业知识课程的课堂教学千人一面，"教"的份额过大，教学目标单一模糊，教学内容"同质化"（常俊跃 2015：8），教学进度和教学评价统一化。这种"大一统"的教学忽视了学生的个体差异，无法满足学生不同的学习需求和发展需求，不少情形下挫伤学生学习的积极性和主动性。平台型课程减少教师"教"的比重，大幅度增加学生"做学用"的份额，是推动个性化的主动学习的创新选择。它尊重并合理运用学生的个体差异，关注学生的个性化需求，倡导学生对学习的自主决策权，培养具有学习匠精神[1]的个性化的主动学习者，体现个性化发展的人才培养取向。学生在教师的启发和引导下，基于自身兴趣，结合自身需求，充分发挥主观能动性，制定切实可行的学习目标、学习进度安排和学习评价标准，自主选择学习内容和学习方式，签订学习契约，主动探究、搜索、开发、利用和管理学习资源，提升兴趣，发展特长。从"要我学"转向"我要学"和"要学我"，激发学生的参与意识，唤起学生的责任感，促进学生的主动学习。学生在自主探索和互助协作的"做学用合一"的实践过程中，真正理解和运用知识和技能，展示个性，创造有意义的个性化学习体验。

4．平台型课程理念

如上所述，平台型课程既体现人文内涵，又注重实践性的综合训练。它具有如下有益于学生全面发展和个性化发展的教学目标、教学内容、教学原则和评价策略。

4.1 平台型课程的教学目标

笔者依据《国标》阐明的能力要求（仲伟合、潘鸣威 2015：117），设计了"校

1. 本文仿"工匠精神"提出"学习匠精神"，指学习者对如何学习和如何高效学习等不断钻研的精神。建议使用"studentship"的英文表述。

标”的“能力结构”[1]。学生的能力呈现进阶式发展，就像茁壮成长的小树苗，立足于树根，支撑于树干，外显出主枝，成长出多层次的树冠。学生的能力从基础的母语表达和沟通能力发展到高效而精确的英语理解和表达能力，从个体偏好、个人兴趣、个体特色提升到个人特长等等。基于《国标》的能力要求和“校标”的“能力结构”，结合平台课程的性质，笔者将平台型课程的教学目标确定为三类，即语言知识和技能的学用目标、深度知识目标和非语言能力目标[2]（包括学习能力、实践能力、沟通能力、思辨能力、创新能力、决策能力、问题意识、效率意识、策略意识、执行能力、多任务处理、团队精神、自我评价等“可迁移的能力”（孙有中 2014：8））。英语语言知识和技能无疑是学习的内容之一，同时也是用于学习多元知识的媒介，我们认为宜将语言的学习和运用结合起来，称之为“学用目标”。平台型课程以学科内容为依托，在真实有意义的实践情境下，实现内容与语言在课程层面的有机融合，激发学生完成深度知识学习目标所要求的多种任务。同时，学生灵活地、综合地运用所学知识和技能承担学习生活中的各种角色和责任，在做学用的过程中，提高各种可迁移的、语言技能之外的意识和能力，尤其是思辨能力。

4.2 平台型课程的教学内容

平台型课程的教学内容具有一定的综合性和较好的针对性，体现为两个方面：一是由教师传授和指导的共性内容和任务，二是学生主动学习、实施和展示的个性化内容和任务。

1）共性内容和任务

共性内容和任务包括宣讲平台型课程的教学理念和教学评价方法，使学生对全新的教学方式产生亲近感和信任感；介绍学生扮演的动态角色系统、享有的权利和承担的责任；灵活开展显性的学习策略和角色执行策略的训练，唤起学生的策略意识；以富有挑战性的问题启发学生如何进行思辨，培养学生的问题意识；引导学生系统学习做事和实施多项课程任务的规范、程序和方法等。共性内容不仅“授学生以‘鱼’”，更是“授学生以‘渔’”，要能启发学生悟其“渔”道。教师在帮助学生增强自我效能感，提升自主学习能力的同时，也让学生为主动学习个性化内容和实施课堂任务做好认知、心理和情感准备。

2）个性化内容和任务

个性化内容和任务体现学生需求和学生特点的个体差异性。这里涉及内容赋

1. 引自张文忠、韩子钰和冯光武撰写的“论英语类专业人才培养质量‘校标’的能力结构”文稿。

2. 我们主张将各种“意识”包含于这类目标中。按照笔者理解，“意识”与“知识”和“技能”具有同等地位。一方面，“意识”的获得在很多情况下要先于“知识”和“技能”的获得；另一方面，“意识”的提高将有助于“知识”和“技能”的获得。

权。学生对于个性化内容的学习具有自主决策权。学生以兴趣为引领，根据自身需求，自主选择英语专业范围内的一个具体主题或专题，比如选择以英语口译、英语国家的社会文化等领域中较为具体的兴趣点为主题，或者涉及其他人文社科（包括与英语相关的交叉学科）甚至自然科学的兴趣点，如中国传统文化的某个方面（如书法专题）、心理学某个方面（如面部表情专题）等作为个性化内容，自主学习和提升，个性化做事和实施课程任务。而在小组协作学习时，同一小组的学生需要经过民主协商和对话，决定小组共同学习的内容，协作实施任务。一些学生所实施和掌握的个性化内容可能是教师所不了解的，也不一定是其他学生必须要掌握的。这一点迥异于一般课程中教师的“全知”形象和对学生做出的统一知识要求。

4.3 平台型课程的教学原则

1）课内外学习和实践连通原则

《国标》指出英语专业教学包含课外实践活动、社会实践活动等实践环节，旨在培养学生的实践能力和创新能力，促进学生的全面发展。平台型课程同样重视学生的课外做学用的投入，鼓励学生迈出学校的围墙，向社会学习，在具体真实的社会生活情境中，积极主动开展实践，借助已有的知识结构，在解决问题中探索和理解新的知识，进行有意义、有深度的主动学习，构建相关联的知识体系，批判性地存储和更新知识库，并将获取的新知识选择性地迁移到类似的情境实践之中。平台型课程不仅激励学生进行课外实践，更注重连通课内外学习和实践。学生在课外进行个性化内容的主动学习，实施“做学用合一”的多项任务；课堂上定期汇报学习和实践的进展，高频度展示“做学用合一”的阶段性成果和最终成果，用其所学“秀”其所知和所做。学生的汇报和展示本身即为“做学用合一”的活动，是连通课堂教学和课外实践的有效途径。

2）课堂学习共同体原则

与一般课程里只有教师才承担“教”的角色和责任不同，在平台型课程里，学生在汇报和展示的过程中，也承担了部分“教”的角色和责任，而在课程运行过程中还能担当组织者角色。而教师成为学习者和众多课程角色中的一员，把握课堂教学规律，调动有利于课堂教学的积极情感因素，提供个性化的课程指导及反馈，促进学生发展和自身发展。这里涉及教学过程对学生的角色赋权。师生互教互学，课程进程协作实施，师生结成“学习共同体”[1]。这样的课堂学习共同体能“有效促进学习者英语运用能力、自主学习能力、合作交往技能的全面发展与

1. 在我们所倡导和实践的“做学用”合一的平台型课程中，整个班级（包括教师和学生）结成的不仅仅是学习共同体，更是“实践共同体”（community of practice）（Wenger 1998）。

提高”(赵迎 2013：66)。教师和学生、学生和学生在和谐、自主、互助、共生的学习平台上，在开展“做学用合一”的互动式教学活动时，平等参与，协商和协作，主动履行角色职责，自我反思和相互反馈，分享和关注彼此“做学用合一”的过程和成果，维持具有共同身份认同感和共同愿景的课堂学习共同体的良性互动、循环和发展，实现共同目标。

4.4 平台型课程的评价策略

《国标》明确了英语专业本科教学的评价要求（仲伟合、潘鸣威 2015：118)。评价的目的是以评促学（潘鸣威、冯光武 2015：12-14)，以评思教，教学评相长。“评价强调的是及时有针对性地给学生各种有益的反馈，从而促进学生的学习”(刘建达 2015：418)。笔者基于《国标》提出的评价要求，尝试探索与平台型课程的教学目标、教学内容和教学原则相适切的，具有一定灵活度的评价策略。既突出形成性评价，又融合终结性评价，同时注重评价主体的多元性、评价和反馈的阶段性、评价指标的多维度以及评价方式的多样性。首先，平台型课程的评价包括学生自评、同学互评、教师对学生表现和产出的评价以及对学生评价能力的评价、社会人士对学生的评价等。学生自评和同学互评锻炼学生的评价能力，促进学生的自我管理、自我反思和自我调节。社会人士对学生的评价有利于学生了解“做学用合一”的社会价值，从而激发学生做事的积极性。其次，平台型课程看重“做学用合一”的过程表现，提倡分阶段、及时有针对性地对学生的表现进行形成性评价，及时提供教与学的反馈信息，发挥评价的积极反拨效应。再次，评价指标与平台型课程的三合一的教学目标相关联，分为三个维度，即语言知识和技能的学用维度、深度知识维度和非语言能力维度。这三个维度又可以根据个性化的教学目标和教学内容灵活细化为更加明确的子维度，评估综合效益。最后，平台型课程兼顾“做学用合一”的过程和成果，重视学生的学习投入量，适合采用多种多样的评价方式，因材施评和因才施评。比如，师生签订学习协议、学生撰写反思日志、阶段访谈等。

5. 结语

“平台型课程”的创设符合《国标》全人教育的精神，既具体落实《国标》制定的教学要求和评价要求，也以严肃而高效的课程实践来履行《国标》就英语专业人才培养目标和培养规格做出的庄严承诺。本文提出“平台型课程”这一概念也为“校标”灵活设置特色课程体系拓展空间。笔者建议将平台型课程定位为专业选修课，将它与专业基础课程和专业核心课程灵活匹配，构建可操作的课程组合模式。在英语专业基础阶段，平台型课程与语言技能课程组合成课程模块，以相关专业知识（包括交叉学科知识）为内容依托，集成训练学生的英语语言综合运用能力，培养具有学科间知识交叉、渗透和融合的英语人才（张绍杰 2015：134）。在高年级阶段，平台型课程可以支撑英语专业知识课程，盘活学生所学的英语语言文学知识和语言技能，着重培养学生的研究能力、思辨能力和创新能力。它又可以跨越年级和班级的界限[1]。它还可以自身构建具有阶梯区分的课程模块。比如，我们曾提出创新能力培养课程模块，包括"个性化学习与研讨""研究方法初步""英语专业专题研习"和"项目写作"（张文忠、冯光武 2015：29）四门平台型课程。我们希望看到不同类型的高校尝试在基础阶段或者高年级阶段开展不同组合模式的平台型课程的教学实践，发展、丰富和完善平台型课程，以期更加高效地培养全面发展、个性发展、特色鲜明的英语专业人才。

参考文献

Jessup-Anger, J. E. 2015. Theoretical foundations of learning communities. *New Directions for Student Services* (149): 17-27.

Watkins, C. 2005. Classrooms as learning communities: A review of research. *London Review of Education* 3 (1): 47-64.

Wenger, E. 1998. *Communities of Practice: Learning, Meaning, and Identity*. New York: Cambridge University Press.

常俊跃，2015，对我国高校英语专业课程学科内容组织模式多元化的思考，《中国外语》12（2）：8-14。

陈美华、陈祥雨，2015，浅谈大学英语教育中的学习共同体，《中国大学教学》（2）：70-73。

戴炜栋，2013，我国外语专业教育的定位、布局与发展，《当代外语研究》（7）：1-5，12，77。

冯光武，2016，新一轮英语类专业教育改革：回顾与展望，《外语界》（1）：12-17。

胡开宝、王琴，2017，国际化视域下的外语学科发展：问题与路径——以上海交通大学外语学科建设为例，《外语教学》38（2）：1-6。

侯怀银、李艳莉，2013，"教学做合一"述评，《课程 · 教材 · 教法》33（8）：16-23。

蒋洪新，2014，关于《英语专业本科教学质量国家标准》制订的几点思考，《外语教学与研究》46（3）：456-462。

刘建达，2015，基于标准的外语评价探索，《外语教学与研究》47（3）：417-425。

1. 英语专业跨年级、跨班级的教学方式并非少见，比如，文秋芳教授和同事创设的"综合素质实践课"。"该课程是一门集多种功能为一体，跨年级、跨班级的模拟实践活动"（文秋芳、宋文伟 1999：11）。

龙喜平、刘代锋，2005，扬长教育教学思想初探，《教学与管理》（30）：5-6。

潘鸣威、冯光武，2015，质量是核心，评价是关键——论《高等学校英语专业本科教学质量国家标准》中的评价要求，《中国外语》12（5）：11-16。

彭青龙，2016，论《英语类专业本科教学质量国家标准》的特点及其与学校标准的关系，《外语教学与研究》48（1）：109-117。

桑元峰，2015，有效外语教学的范式研究，《外语教学》36（6）：71-74。

孙有中，2014，英语教育十大关系——英语专业教学质量国家标准的基本原则初探，《中国外语教育》7（1）：3-10，96。

谭慧玉、乔晓妹，2016，"以学习者为中心"——理想抑或现实？《第二语言学习研究》2（1）：1-9，91。

王俊菊，2015，英语专业本科国家标准课程体系构想——历史沿革与现实思考，《现代外语》38（1）：121-130。

王立非、葛海玲，2015，我国英语类专业的素质、知识、能力共核及差异：国家标准解读，《外语界》（5）：2-9。

文秋芳、宋文伟，1999，综合素质实践课——从理论到实践，《外语界》（3）：11-15，38。

文旭，2016，全人教育与英语专业人才培养，《东北师大学报（哲学社会科学版）》（3）：118-120。

张绍杰，2015，践行开放性、融合型、多元观的外语人才培养理念，《现代外语》38（1）：131-136。

张文忠，2011，"英语研究式学习"课程的理据与理念，《英语教师》（2）：2-6。

张文忠，2015，iPBL——本土化的依托项目英语教学模式，《中国外语》12（2）：15-23。

张文忠、冯光武，2015，关于英语专业设置创新能力培养课程模块之思考，《外语与外语教学》（3）：29-34。

张文忠、夏赛辉，2010，"English Through Projects"：两个"三合一"教学思路的课程探索，《英语教师》（11）：13-16。

张文忠、夏赛辉，2011，兴趣驱动的课外学习调查：以"个性化英语学习"课程为例，《中国外语教育》4（1）：3-11，66。

赵迎，2013，课堂学习共同体——一种值得大学英语教学借鉴的理论策略，《山东外语教学》（4）：66-73。

钟美荪，2015，实施本科教学质量国家标准，推进外语类专业教学改革与发展，《外语界》（2）：2-6。

仲伟合，2014，英语类专业创新发展探索，《外语教学与研究》46（1）：127-133，160。

仲伟合，2015，《英语类专业本科教学质量国家标准》指导下的英语类专业创新发展，《外语界》（3）：2-8。

仲伟合、潘鸣威，2015，论《英语专业本科教学质量国家标准》的制定——创新与思考，《现代外语》38（1）：112-120。

社会学视域下民族地区大学外语教师专业发展研究 *

田忠山　崇　斌
内蒙古工业大学

摘要：本文遵循教师专业发展和民族教育思路，在了解民族地区大学外语教师专业发展现状基础上，从外语教师教学行为、个体心理和认知研究等方面拓展至教师专业发展的社会性研究，并从社会学视域探究基于民族地区学校和课堂“场域”情境下外语教师教学生活“场域”中复杂的关系，发掘影响民族地区外语教师专业发展的影响因素，寻求外语教师师资规划研究的突破路径，为民族地区高校外语教师专业发展的新模式提供理论依据和实践积累。

关键词：“场域”；民族地区；大学外语教师；专业发展路径

1. 引言

我国是一个多民族、多元文化共存与交融的国家，因而教育的发展也必须考量各个地区教育的不同民族文化背景，这也是教育领域较为关注的研究热点。从不同的角度审视民族教育，会有着不一样的解释。许多专家和学者从教育学、心理学、哲学、社会学等学科视角去理解教育，但是将其具体融合在民族文化的视角之中的研究还比较少。因此，从社会学视域来研究民族地区的高等教育具有重要价值。民族地区的高校不仅是一个先进知识传播的地方，更是一个文化传播与文化传承的重要“场域”，皮埃乐・布迪厄（1998）认为场域是关于人类行为的一种概念模式，指人的每一个动作和行为均被其所发生的场域所影响，也包括他人的行为以及与此相连的许多因素。这也是民族地区高校存在的重要意义之一。因而孙若穷（1990）认为，民族地区高校发展不仅要注意其所在的社会文化大背景，也要着重关注狭义上的民族教育，即针对某一特定民族的教育。所以说，民族地区的教育不仅仅是一种知识的传递，我们不仅要站在教育学、心理学的角度，还应该站在社会学、民族学的角度来思考高等教育，而这是由其存在“场域”的特殊性所决定的。民族地区高校也必须将其发展与民族地区的特殊“场域”

* 本文已发表于《内蒙古农业大学学报（社会科学版）》2017（2）：90-94，有细节修改。本文系内蒙古自治区高等学校科学研究项目“我区大学生英语学习负动机研究”（项目编号：NJSY081），内蒙古社会科学院课题“基于课堂教学的内蒙古高校外语教师专业发展研究”（项目编号：WYZX2015-09）和内蒙古工业大学科研项目“元认知视阈下高校英语教师职业发展的制约因素和对策研究”（项目编号：SK201414）的阶段性成果。

结合起来，民族地区高校外语教学与高校外语教师专业发展自然也不例外。

2. 社会学视域下的民族教育及教师素质与教学生活“场域”的关系

从社会学视域来探讨民族教育，则必须要明确民族教育的概念，以及教师素质与教学生活“场域”的关系，只有这样才能更好地促进民族地区高校外语教师的专业发展。

2.1 社会学视域下的民族教育

教育的目的在于人的培养与文化的传承，它涉及政治、经济、文化等多个方面的因素，也涉及各个民族成员的可持续发展。20 世纪 60 至 70 年代，伴随着西方民族复兴运动，世界各国开始广泛关注多元文化教育。我国著名学者费孝通先生在前人研究的基础上，提出了自己的观点——“多元一体化教育理论”和“中华民族多元一体格局理论”。他认为每个民族都有区别于其他民族的传统文化。在漫长的人类历史中，各个民族在相互交流的过程中彼此相互学习、接纳和吸收，从而逐渐形成“你中有我，我中有你”的文化特点。主体民族文化的形成过程中，吸收了许多少数民族文化的优点，而少数民族文化的特点又体现在主体民族文化之中。民族文化的传承和民族人才的培养即为民族教育的目的之一。民族教育，因其特殊的“场域”，与传统教育有一定的不同之处，主要体现在以下几个方面：

第一，学校教育是传统教育与民族教育的重要组成部分。学校教育中的民族文化传播，在一定程度上，会得到家庭教育与社会教育的影响与补充，从宏观角度上来讲，形成了“三位一体”的教育格局，三者之间相互促进。因此，学校教育也是民族教育的基本形式之一，但是又因为其存在的特殊“场域”，从而又区别于传统教育，呈现出民族地区学校教育的独特魅力。

第二，必须从宏观、整体、动态与发展的视角来审视民族教育。社会本身是一个动态发展变化的过程，因而民族教育也会在社会动态变化之中不断进步与发展。正是因为如此，民族教育在发展的过程中，需要寻求民族性、传统性与本土化之间的和谐与统一。民族教育在顺应全球化的发展趋势的同时，又必须保留“本土化”的特点，即注重其特殊的“场域”。

第三，民族教育的发展是一项利国利民的社会事业。它不仅是一种文化任务，而且也是一项政治任务。民族教育必须符合国家的政治方略，以尊重、包容、理解等积极态度来接纳、吸收自身民族和其他民族的优秀文化传统。在民族教育的过程中，不仅关注“场域”的特殊性，而且要跳出这个特殊的“场域”，创建费孝通（1989）所瞻望的“各美其美，美人之美，美美与共，天下大同”的民族和谐景象。

2.2 教师素质与教学生活的“场域”关系

教师素质与教师的生活有着密切的关系。教师的专业发展，与其生活的“场域”有着千丝万缕的联系，不能跳脱出这个特殊的场域来谈教师专业发展。

2.2.1 教师素质与生活环境的关系

教师的业务素质与专业素质，与教师的生活环境有着极大的关系，这不仅表现于家庭环境之中，而且还表现在社会环境之中，它受到了家庭环境与社会环境的双重影响。家庭环境能够深刻地影响到教师的为人处世方式与心理素质；同时，民族地区的高校教师也受到了民族地区文化与历史的极大影响，尤其是其知识结构层次。教师素质在生活“场域”中生成，极大地影响到了教师专业素质与业务素质的发展。

2.2.2 教师素质与学习环境的关系

教师的素质还与教师的学习环境有着极大的关系，学习环境能够影响教师的知识层次结构，能够更加深层次地影响教师素质的形成。教师专业素质，尤其是知识层次结构，深受学习环境“场域”的影响，民族地区的大学外语教师外语听、说、读、写、译能力、科学研究能力和教育教学能力等都是在学习环境的影响下形成的。

3．民族地区高校外语教师专业发展现状

语言教学涉及教育学、心理学和语言学等多门学科知识，而且还涉及文化的传播与传承。民族地区高校外语教师的自身素质，深受生活环境与学习环境“场域”的影响，同时也深受这些因素的限制，主要表现在以下几个方面。

3.1 民族地区“场域”影响教师的教学与反思

我国民族地区的外语教学中，绝大多数没有专门进行师资力量建设，而是在全国统一的课程建设与引导之下开展工作的，其教学理念、教学方法，与其他地区没有本质的区别，没有考虑到教育教学与“场域”之间的关系。外语教师工作的使命决定教师的角色不仅为知识的传授者，同样也承担着学生文化和理念形成的促进者与指导者，但是在真正地实践教学活动中，却又跌进了传统教育教学理念之中，从而忘记了民族教学的理念与语言学习的规律和最终目的。

同样，民族地区教师的教育过程以及对教学过程的反思，也受到民族地区“场域”的影响。民族地区的高校外语教师是整个教师队伍中的特殊群体。民族地区的外语教师发展，深受民族地区“场域”的影响，教师唯有通过自己在日常教学中反复的摸索与研究，根据学生的提问与反馈，探究改进教学的策略，才能达

到对教学的反思。调查显示，目前能做到这一点的民族地区教师只有 20% 左右，他们能够有意识地及时反思自己的教学，而其他教师普遍还没有找到教学反思行之有效的方法。这说明民族地区外语教师反思意识与反思能力都还比较欠缺，需要进一步提升。

3.2 教学评价过程与科研能力深受“场域”影响

民族地区的外语教育教学没有形成自己的特点，没有依据其“场域”的特殊性，形成一个属于本地区特定的、固有的教学和科研模式。目前，民族地区对外语的评价仍然依从国家制定的统一标准，沿用传统的评价方法，而对具体的民族地区针对性不强，这就使得民族地区外语教师没有形成一个良好的、完善的、有针对性的民族地区外语教师评价体系。《大学英语课程教学要求》（以下简称《要求》）明确指出，外语教学评价需要依据学生对于语言综合应用的情况，采用形成性与终结性评估相结合的办法来对教师进行评价，这就使得教师的评估由以往以单一语言知识为内容的标准化测试，转变为兼顾学生学习过程与结果的多元化评价体系。这一转变充分体现了“以人为本”，从学生角度出发来进行教师教学评价，同时这也保证了学生的个性化学习与自主学习能力的提升。但是，该《要求》并未考虑到民族地区的特殊性，因而广大民族地区外语教师教学手段与教育方法的采用，依旧不能突破传统教学手段与方式的拘囿。

教师的角色不仅为教育实践者，同时也是教育研究者。因而，民族地区的高校外语教师一定要从自身、学生、教学过程、方法和策略等来不断地提高和完善自己的科研能力。从当今民族地区教师调查结果来看，不管是“工具性专业发展”倾向（为了评职称、单位科研指标、提升知名度、证明个人能力等），还是“主体性专业发展”倾向（提高业务水平、感兴趣），绝大多数民族地区外语教师虽然已经认识到了科研的重要性，但是他们大部分还不知道该如何下手来提升自己的科研能力，这也应该成为民族地区外语教育界和有关部门研究和关注的重点。

3.3 教师培训与评价没有考虑到“场域”的特殊性

尽管广大外语教师对优秀的外语教师的素质有着较大认同，但是理想与现实之间的确有着太大的差距，尤其是对于民族地区的外语教师来说，他们没有针对性的培训体系与内容，也没有与自己民族相关的外语教育师资培训系统。当今的外语师资培训内容与课程都是适合于大多数非少数民族地区的，因而对民族地区外语教师教学技能的提高，对其民族教育文化的传承起不到显著的作用。事实上，众多的民族地区高校外语教师教学技能等相关培训机会并不多，即使是参加过教师培训的教师，在他们看来，有些培训也只是形式化的教师研修班或者是学历教育培训，参加后效果不佳，究其原因主要是因为培训内容与课程没能考虑到民族地区高校大学外语教师“场域”的特殊性。

同样，对教师的评价应该不仅是奖惩与排序，也应该是对教师发展方向的肯定，是对教师过去工作的总结。因此，民族地区的外语教师评价制度应该在现有外语教师评价制度的基础上增加民族地区的相关内容，从而使得其对民族教育职能有一定的体现。当然，评价的主体不应该仅局限于传统教师评价制度中的领导，学生和教学督导组等“场域”也应该加入到相应的评价机制之中，自我评价也应该有一定的权重。当前，民族地区外语教师的工作情况与工作能力并没有得到实际上明显的改善。因而，外语教师评价制度的完善势在必行，关键在于建立起一套与民族地区特殊的“场域”密切相关的完善的评价机制。

4. 民族地区高校外语教师专业化发展策略

目前，民族地区高校外语教师的专业发展极为薄弱，尤其是其民族教育职能更是常常被忽略。这已然成为民族教育的重中之重，也是民族地区教育“场域”特殊性的精髓所在。有鉴于此，本研究认为，应该采取如下有效措施：

4.1 营造有利于教师专业发展的氛围，提升教育专业发展的民族意识

随着国家软实力提升的要求与建立文化大国的影响，民族教育将会成为衡量民族地区教育教学的一个重要指标，也将会成为民族地区外语教师的一个重要评价指标。但是，我国目前民族地区的外语教师，其专业发展依旧囿于传统的教育教学理念之中，以传统的教育理念为蓝本，而民族文化与民族意识的教育内容没有深入到具体的实践教学之中。这就要求民族地区高校教师必须注重特殊的“场域”性，形成一个自我约束与完善的心理。现在教学管理逐渐人性化，尊重教师的主导地位，教师应该时刻提醒自己在教学中对于民族意识的培养，自觉提升自己的教学素养。

4.2 采取行之有效的方法提高民族地区大学外语教师专业发展能力

民族地区高校外语教师是执行外语教育教学的主导，首先应该将自己置身于具体的教育之中，进而置身于民族地区的特殊“场域”之中，在民族文化的牵引下发展自身的专业能力，反思自己的教学，评价自己的教学，从而使得自身能够持续发展、终身发展。其具体的有效途径如下：

4.2.1 新教学理念地域化，能更好地提高教师信息素养

当代社会大学生所应具备的能力要求民族地区外语教师转变教学理念，教师理念和课堂设计比技术更重要。教师需要做到从传统教学环境向信息化教学环境

转变，从教授学科教学知识（PCK）向信息技术支持下的教学内容知识（T-Pack）转变。在具体实践环节，做到基于课程性质，结合学生情况，选择性地实施信息化教学，不能固步自封，也不能全盘拿来。从人才培养方案、课程体系、教学方式、考核方式等方面进行全方位的课程改革，将信息技术与教育教学结合，实现“技术、艺术、学术”的有机融合。

4.2.2 立足民族地区特色大学外语课堂实践教学

《国家中长期教育改革和发展规划纲要（2010—2020 年）》将提高质量作为教育改革发展的核心任务。提高教育质量首先要回归课堂，提高课堂教学质量。课堂教学质量的提高要依靠教师专业发展，而教师专业发展要立足于课堂教学。课堂以及教学是学生成长之源，教学是教师专业发展之根本。将教师发展与学生发展能够合二为一的最好结合点就是课堂教学。离开了这个结合点，教师发展的研究就可能变为空中楼阁（文秋芳、任庆梅 2010：80）。

我国民族地区由于学生外语基础较差、教学设备陈旧、教师教学方法滞后和获取新教学技术途径欠缺等原因（陈亚杰、张彧凤2011：115；郭晓英2012：7），更需要探索一条适合本地区高校外语教师专业发展的新途径。教师专业发展的动力来自教师本人，是专业意识自我导向和自我驱动的结果，其原动力来自教师自我课堂教学意识的觉醒。外语教师必须以课堂教学为着力点，通过有效课堂教学提高教学质量，其专业发展应该是理论与实践的有机结合，以课堂为中心、以教师和学生为对象来进行研究，建立正确合理的教师信念体系。

4.2.3 建立“学习共同体”，提升民族教育意识

对于民族地区的高校外语教师的培养，需要因地制宜，建立起“学习共同体”，以一个小的共同体来指导民族地区教师的学习与发展，这其中涵盖了教师的学习、专家的指导和教师的辅导等。在这个学习共同体中，他们因为有着共同的教学对象与教育发展方向，可以有效地促成人与人之间的信息交流与专业能力的发展。

鉴于我国民族地区高校外语教师教育教学水平仍然相对薄弱，其教学理念又深受传统教学理念的拘囿，他们在教育教学中仍然面临许多问题，因而民族地区的高校外语教师一定要接受外语教育理论和民族教育理论的学习，并根据自己对这些教育教学理论的了解和在实际教学过程中遇到的问题，形成自己精准的专业发展目标与学习的主体意识，与共同体成员之间进行经验分享，共同学习，以此来促进教师自身的专业发展。这种学习方式可以有效地将民族教育与外语教育有机结合起来，促进教师形成一定的民族教育意识与批判性思维，在民族地区这一特殊“场域”中，加快高校教师专业化发展。

4.2.4 将内省反思法与集体反思法相结合，形成民族地区特殊“场域”下的反思性教学

美国心理学家波斯纳指出，教师的成长 = 经验 + 反思。自我反思是任何一个职业者专业发展的有效方法，它有助于其专业能力与业务素质的提高。对于民族地区的外语教师来说也是一样，不过只是因为其特殊的“场域”而有所不同，但是就其发展历程而言，却没有太大的区别。自我反思，可以提高教师水平、更新教学观念、提高专业素养，进而达到改善教育教学实践过程，实现教师向研究型教师发展。在反思教学过程中，教师可以通过多种手段和形式来进行自我完善，诸如内省反思法和集体反思法。

本研究在完成的“基于行动研究理念的西部高校大学外语教师职业发展研究”课题中曾尝试使用这两种方法。具体说来，内省反思法是教师可以通过教学录音、录像，也可以通过教学日记的撰写、教学报告的书写，从而实现反思教学过程与教学方法的作用。这种方法有助于教师素养综合性的提高。集体反思法是将教师作为一个集体，形成一个综合有机的反思体系，教师在教育教学实践的过程中进行相互交流，并且在集体反思中扬长避短，共同进步，并通过集体备课等其他的方式来进行实践。这种方法对于民族地区高校外语教师针对特殊“场域”进行教学研究具有重要意义。

4.2.5 开展民族地区大学外语教研课题研究

在向专家型教师的转变过程中，科研能力的提高极为重要。民族地区高校教师专业素质要有所提高，则必须组织相应的研究。民族地区的高校外语教师必须组织民族教育课题研究，将其学科研究与特定的“场域”结合起来。只有这样，才能正确地引导教师专业素质的发展与提升，以改善自身的教育教学实践（文秋芳、任庆梅 2011：89-90），提高教育教学能力，从而实现其专业发展，行使其民族教育职能并传承文化。

除了上述五种途径之外，就内蒙古自治区而言，外语教育相关部门还要加大蒙古族外语教师专业发展的步伐，整合蒙古语讲授外语课程教师资源；蒙古族外语教师在讲授内容方面，应该依托外语基础知识，讲解和分析蒙古族和西方文化的异同。部分教师多年来自费参加一些培训和会议，编写蒙古族学生使用的大学英语教材（蒙语和英语双语），这些都是有益的尝试。

5．结语

高校外语教师专业发展可以提高教师教学能力，进而提高民族地区高校英语教学质量。所以，民族地区外语教学工作一定要结合其特殊“场域”，制订出切

实可行的具有民族地区特色的外语教师培养计划，并通过多种途径与方法，以具体的“场域”为依据，最后回归于具体的“场域”，真正地践行“民族的才是世界的”这一理念，实现民族地区高校外语教师的专业发展，在知识传输的基础之上，承担起民族教育的职能，将民族教育与外语教育结合起来，将现代性与教育职能有机地结合起来，将教师专业发展与具体的“场域”结合起来，只有这样才能真正地实现民族地区高校外语教师专业化的发展。

参考文献

陈亚杰、张彧凤，2011，反思性教学——少数民族地区高校英语教师专业发展的重要途径，《内蒙古工业大学学报（社会科学版）》20（1）：112-116。

费孝通，1989，中华民族的多元一体格局，《北京大学学报（哲学社会科学版）》26（4）：3-21。

郭晓英，2012，西部欠发达地区高校外语教师职业发展研究，《西南交通大学学报（社会科学版）》13（2）：7-11。

皮埃乐·布迪厄，1998，《实践与反思：反思社会学导引》，李猛、李康译。北京：中央编译出版社。

孙若穷，1990，《中国少数民族教育概论》。北京：中国劳动出版社。

文秋芳、任庆梅，2010，大学英语教师专业发展研究的特点、趋势、问题与对策——对我国 1999—2009 相关文献的分析，《中国外语》（4）：77-83。

文秋芳、任庆梅，2011，探究我国高校外语教师互动发展的新模式，《现代外语》34（1）：83-90。

网络环境下的大学英语写作多元评价模式探讨

张　帅[①]　赵海永[②]

①北京师范大学

②北京师范大学／中国农业大学烟台研究院

摘要：传统的成果写作法与终结性写作评价均有其弊端，束缚着大学英语写作教学，忽略了学生的写作学习过程，缺乏对学生思维的创造性和多样性的考虑，不利于学生写作能力的提高。网络环境下的大学英语写作评价重视形成性评估与学习过程，大学英语写作多元评价模式为形成性评估提供有效手段，应包括：学生自我评价、学生互评、小组评价、教师评价、写作档案评价等多种形式。多元化的大学英语写作评价模式将有助于提高学生的写作兴趣，促进学生写作能力的发展。在对传统与新兴的英语写作评价方式进行梳理的基础上，本文尝试性地提出网络环境下大学英语写作多元评价模式的基本框架，以期对大学英语写作教学的多元评价提供借鉴。

关键词：多元评价模式；大学英语写作；网络环境

1. 引言

大学英语教学改革受到诸多因素的影响，如社会需求、经济发展水平和国家政策等。计算机网络技术的发展，使得继续推进和深化大学英语教学改革尤为重要。大学英语教学改革涉及方方面面的内容，大学英语写作教学与评价的改革是其中很重要的一个方面。张艳红（2010）指出大学英语写作研究整体呈上扬趋势，并将国内外的写作研究按照主题归为七大类，包括：写作教学、写作结果、写作过程、语境因素、写作研究回顾、读者反馈和写作评估以及评分与测试；读者反馈涉及教师评改与评阅、同伴评改与互评和自我评阅等；写作评估、评分与测试包括写作评分、写作命题的信度与效度和国内外写作测试评分标准对比。由此，我们可以看出，测试与评价研究在写作研究中有其重要地位。

进入21世纪以来，以计算机为主要载体的信息技术飞速发展，多媒体网络环境下的英语教学与测评也随之展开，如iTEST大学外语测试与训练系统、iWrite英语写作教学与评阅系统、句酷批改网和新视野自主听力平台等已经走进了部分高校的课堂。这对教师的教学理念与方法、学生的学习理念与学习策略和测试与评估的实施均有不同程度的影响，但是它们带来便利的同时，也带来挑战。就英语写作技能而言，传统的英语写作测试与评价方式可能不足以全面、准确和客观地评价网络环境下的大学英语写作。因此，有必要对网络环境下的大学英语写作评价方式进行思考，并建立多元化的动态评价模式，以真正达到评价的促学作用。

2. 英语写作评价方式：传统与革新

评价，一般指根据系统收集的信息与资料来评定质量的高低，可以采用定性的方法（如观察、访谈和学生档案等）；也可以采用定量的方法（如测试等）。从过程上，评价可分为形成性评价（formative assessment）和终结性评价（summative assessment）。

传统的评价方式以终结性评价为主，主要采取笔试的方式。就英语写作而言，计算机技术的发展推动了传统测试评价的变革，计算机辅助测试随之出现。英语写作测试从传统的纸笔考试过渡到基于网络的测试，在考试、评分等方面实现了网络化。例如在大学英语四、六级考试中，测试开发人员利用扫描仪将测试者纸笔测试试题扫描到计算机上，阅卷人员在计算机上进行评分操作；在部分院校的期末测试、期中测试，甚至是各类大学英语竞赛中，学生用句酷批改网和iTEST测试系统等网络平台，直接在计算机上进行写作测试，教师则根据对题库中的写作题目进行编写和提取，作为测试内容。网络环境下的语言测试的革新还体现在从分离式测验（discrete point test）转向综合测试（integrated test）。网络技术提供了传统笔试所不具备的多媒体素材，出现了听后写（listen to write）、读后写（read to write）以及听读后再写（listen and read to write）等考察综合语言运用的测试任务（刘建达 2013）。计算机技术在语言测试中的影响涉及试题命制、测试、评阅和成绩分析等环节（王金铨、陈烨 2015）。

另外，形成性评价因其促学作用引起了学者们的关注。但是，目前对于如何界定形成性评价，学界并未达成共识。本文采用罗少茜等（2014）的定义：形成性评价是一种以评价为导向的课堂活动范式，它以评价者的判断能力为核心，要求评价者（教师和学生）采用、调整、设计各种适当的任务（课堂提问、任务、纸笔测试和档案袋等），系统地收集学生信息（包括学习产品和学习过程），并用适当的评价工具（检查表和评分准则等）对信息进行评价分析和解释，再反馈给评价者（教师和学生）用于调整教和学的过程，促进学生语言能力的发展。该定义较为全面地阐述了形成性评价的性质、构成要素、过程、方法及目的。

就形成性评价而言，我们能够采取的评价方式大致可以分为教师主导的形成性评价和学生主导的形成性评价。具体来讲，教师主导的形成性评价包括单元测验、课堂提问、教师反馈、学生学习档案袋、教师观察、访谈 / 座谈和问卷调查等；学生主导的形成性评价包括自我评价、同伴评价、自我调节、读书笔记和学习报告等。值得注意的是，这些方式只有在起促学作用时，才是真正意义上的形成性评价。例如学生档案袋本身并不是形成性评价（罗少茜等 2014）。只有当档案袋在建立和实施的过程中，提供了改变和提高学生产出质量的积极反馈，才能称之为形成性评价（Llosa 2011）。

除了对传统终结性测试评价的影响，计算机技术的发展也为形成性评价带了新的方式与变革。目前比较常用的网络评价方式包括基于多媒体网络平台的评价（如iTEST大学外语测试与训练系统、iWrite英语写作教学与评阅系统、句酷批改网和新视野自主听力平台等）、基于社交平台的评价（如博客、腾讯QQ、微信和QT语音等）。国内有学者（如郭晓英2011a）专门研究基于博客的英语写作评价模式。本文认为，我们也可以积极探索基于手机APP社交软件（如微信和腾讯QQ）的评价实践，使手机应用软件的评价功能及其互动性特征起到促学的作用。例如，可以以建立微信群，利用群会话功能进行集体讨论；也可以推送学生习作，利用微信的评论功能进行同伴互评。刘晓玲、杨高云（2008）认为，网络环境下的大学英语写作教学不受时间和空间的限制，注重写作过程与结果的结合，使合作学习成为可能，使信息反馈和交流更及时，学生的写作热情和潜能得到激发，进而有效地提高学生的写作能力，由此，提出了基于网络环境的同伴合作式写作评估反馈模式。

3. 网络环境下的大学英语写作多元评价模式

评价模式既包括以测试为主的终结性评价模式，也包括注重过程且具有促学作用的形成性评价模式。就语言测试而言，其理论模式经历了心理测量—结构主义模式、心理语言学—社会语言学模式、交际语言测试模式三个阶段（薛荣2008）。目前受到关注较多的当属Bachman（1990）的交际测试理论。形成性评价方面，学者们基于不同研究范式提出了不同的理论模型，比较经典的有：（1）Black & Wiliam（2009）的模型。该模型基于Ramaprasad（1983）学与教的三个主要过程：学习者去哪儿；学习者在哪儿；如何达到。（2）Heritage（2010）的形成性评价工作模型。该模型包括十大关键因素，即学习进度、学习目标描述、标准分享、引出学习证据、阐释证据、确认差距、反馈、教学调整、搭架子和弥合差距。该模型的优点在于强调要素之间的互动过程，对形成性评价的过程进行了全面细化。但是，该模型存在很多问题，如十大关键因素内容不便记忆，在教学实践中的操作性不强；各步骤存在逻辑上的问题；过分强调教师的作用等。基于前人的研究，国内学者罗少茜等（2014）提出二语课堂形成性评价的总模型，将二语课堂确定为该模型的应用语境，将目标的确定放在了形成性评价的中心位置，并强调了它与形成性评价其他要素的互动关系，强调整个过程中师生共同参与和师生之间的相互促进作用。

具体到写作评价模式，国内学者关注较多的话题有：（1）同伴互评模式（如莫俊华2007；赵金桂2012）、同伴评价与教师评价的对比（如韩宝成、赵鹏

2007)。(2) 也有学者结合语料库、慕课等，对二语写作评价进行研究。曾用强 (2002) 提出了基于语料库的过程化写作评估模式；许涛 (2015) 认为同伴互评能够有效应用于慕课环境，并从教学法和教育技术应用的视角提出了慕课学习环境下五种不同的同伴互评模型，包括同伴评分模型、专家扮演同伴互评模型、社交网络同伴互评模型、跨文化同伴互评模型和批判性同伴互评模型，指出这五种同伴互评模型的设计原则、标准和未来研究方向。(3) 对评价工具的开发。如白丽茹 (2012) 尝试编制大学英语写作中同伴互评反馈模式测量评价表，并进行了信度、效度检验。(4) 也有学者对某种特定情境下的多元写作评价进行模式建构，如郭晓英 (2011a，2011b) 以建构主义理论和过程写作理论为依据，对博客环境下的二语写作多元评价模式进行了设计与实验研究，发现其设计的大学英语写作多元评价模式有助于提高学生的二语写作水平。(5) 对国外相关评价概念、评价理论的引进。如郑红苹、杜尚荣 (2015) 根据 Arter & Jenkins (1979) 提出的"诊断式教学"(diagnostic teaching) 概念，对英语写作诊断式教学的系统设计与实施进行了阐释；郑红苹 (2015) 就大学英语写作诊断式教学的系统设计进行详细的探究，指出教师在课堂教学中不仅是知识的传授者和教学过程的设计者，同时也是一个善于察言观色并进行分析与部署的教学诊断者。然而，目前并没有一个系统的整合性的英语写作评价模式，既包括终结性评价，又包括形成性评价。本文考虑到网络环境对大学英语教学与评价的广泛影响，结合前人的评价理论模式，尝试性地提出网络环境下大学英语写作多元评价模式的基本框架，如图 1 所示。

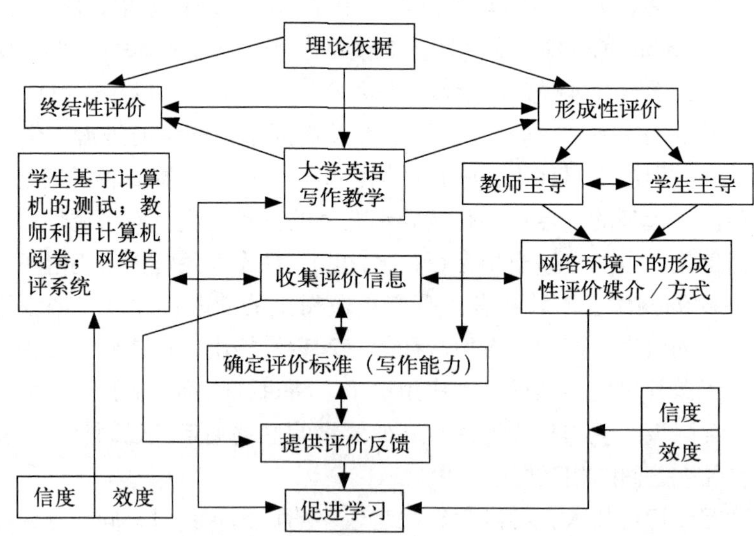

图 1 网络环境下大学英语写作多元评价模式基本框架

该模型有如下特点：(1) 明确应用语境即网络环境，将外部环境（网络环境）与大学英语写作评价结合起来；(2) 突出大学英语教学与评价的理论基础；(3) 将终结性评价与形成性评价一起纳入评价模型，注重整合性的同时，兼顾两者的信度和效度；(4) 将确定评价标准与收集评价信息作为核心，并强调它们与评价的其他要素之间的互动关系；(5) 强调评价方式和参与主体的多元化，参与主体可以是教师、学生、专家或学者，旨在提供真实、有效和全面的评价；(6) 注重评价的质量，关注评价的效度和信度；(7) 强调评价反馈的促学作用，进而促进大学英语写作教学改革与发展。

4. 总结

综上所述，如今的大学英语写作评价既要继承传统评价方式的优点，也要探索网络环境下的有效评价方式。网络环境下的大学英语写作评价不同于传统的评价模式。本文在归纳了传统与网络环境下的不同评价方式的基础上，尝试性地提出了网络环境下的大学英语写作多元评价模式的基本框架，以期对大学英语写作教学的多元评价提供借鉴。

未来的写作评价研究应关注：(1) 验证各种评价框架的合理性，并提供数据支持，尤其是涉及听、说、读、写分项技能和综合语言技能评价时，还应灵活调整评价方式与过程，完善评价体系；(2) 明确“语言能力”的内涵，即确定我们要评价什么，确定评价标准；(3) 加强对教师评价素养的研究。在应用语言学领域，研究语言测试的学者并不多见，对于广大英语教师来说，其专业多数为文学、理论语言学、二语习得，然而对测试学的知识了解得较少，导致评价素养低。所谓的评价，大多基于自身的教学经验，测试学方面的理论素养不足。(4) 在引进国外相关测试理论的同时，考虑到中国情境，国外的模式，如欧洲语言学习共同参考框架（Common European Framework of Reference for Languages），是否适用于对中国 EFL 学习者的评估，有待进一步探究。

参考文献

Arter, J. A. & J. R. Jenkins. 1979. Differential diagnosis-prescriptive teaching: A critical appraisal. *Review of Educational Research*, 49 (4): 517-555.

Bachman, L. F. 1990. *Fundamental Considerations in Language Testing*. Oxford: Oxford University Press.

Black, P. & D. Wiliam. 2009. Developing the theory of formative assessment. *Educational Assessment, Evaluation and Accountability*, 21 (1): 5-31.

Heritage, M. 2010. *Formative Assessment: Making It Happen in the Classroom*. Thousand Oaks, CA: Corwin Press.

Llosa, L. 2011. Standards-based classroom assessments of English proficiency: A review of issues, current developments, and future directions for research. *Language Testing*, 28 (3): 367-382.

Ramaprasad, A. 1983. On the definition of feedback. *Behavioural Science*, 28 (1): 4-13.

白丽茹，2012，大学英语写作中同伴互评反馈模式测量评价表的编制，《现代外语》(2)：184-191。

郭晓英，2011a，基于博客的二语写作多元评价模式，《现代教育技术》(5)：84-90。

郭晓英，2011b，英语写作评价模式的多元化设计，《北京邮电大学学报（社会科学版）》(4)：101-109。

韩宝成、赵鹏，2007，高校学生英语作文自我评估与教师评估对比研究，《外语界》(5)：28-37。

刘建达，2013，现代技术与语言测试——应用、影响及发展方向，《外语电化教学》(4)：46-51。

刘晓玲、杨高云，2008，一种基于网络的同伴写作评改方法，《中国外语》(2)：54-58。

罗少茜等，2014，《促进学习：二语教学中的形成性评价》。北京：外语教学与研究出版社。

莫俊华，2007，同伴互评：提高大学生写作自主性，《解放军外国语学院学报》(3)：35-39。

王金铨、陈烨，2015，计算机辅助语言测试与评价——应用与发展，《中国外语》(6)：76-81。

许涛，2015，慕课同伴互评模型设计研究，《开放教育研究》(2)：70-77。

薛荣，2008，交际语言测试：理论模式与评估标准，《外语教学》(3)：68-71。

曾用强，2002，过程化的写作评估模式，《福建外语》(3)：26-31。

张艳红，2010，大学英语写作教学的动态评价体系建构，《解放军外国语学院学报》(1)：195-204。

赵金桂，2012，大学英语写作教学中同伴互评模式实施的影响因素及策略探讨，《教育理论与实践》(15)：45-47。

郑红苹，2015，大学英语写作诊断式教学研究。博士学位论文。重庆：西南大学。

郑红苹、杜尚荣，2015，英语写作诊断式教学的系统设计与有效实施，《课程·教材·教法》(4)：81-86。

外语教育探索与实践

论英语类专业人才培养质量“校标”的能力结构 *

张文忠[①] 韩子钰[①] 冯光武[②]
①南开大学
②广东外语外贸大学

摘要：《英语类专业本科教学质量国家标准》（以下简称《国标》）对英语类本科专业的教学质量和人才培养提出了要求。为落实好《国标》，就必须在学校人才培养质量标准（以下简称“校标”）的制订上下功夫。本文从《国标》的统一性和“校标”的多样性之间对立统一的关系开展分析，提出“校标”能力项设计的基本原则：基于《国标》、高于《国标》、特色鲜明。基于全人教育理念和实践，并基于现有《高等学校英语专业英语教学大纲》和多年来学界的反思、总结和展望，尝试将英语类专业人才规格的“能力”要求进一步细化和重组，构造出有一定普适性的“校标”能力设计图，这就是包含“树根”“树干”“主枝”和“树冠”四部分的能力结构树。本文认为，“校标”的能力项设计须针对国家、社会和学生的中长期及短期需求，兼顾地域特色、学校优势和生源特点，以“校标”体现特色，在强调“树根”和“树干”基本能力的同时，凸显“主枝”和“树冠”两部分特色能力的培养，走特色发展之路。
关键词：英语类专业教育；《国标》；“校标”；能力结构

我国英语专业教育在过去数十年中经过几代人的努力取得了快速发展，专业目录从过去只有一个英语专业发展到英语、翻译、商务英语三个英语类专业。然而，因缺乏“分层优化”和“各展特色”的理念指导，英语类专业的人才培养特色并不突出，且本科生的培养质量趋于下滑（仲伟合 2015：4）。与此同时，同类专业简单复制，在很大程度上导致同类专业的同质化竞争，培养的人才缺乏特色，高端人才匮乏（钟美荪 2015：2）。《国家中长期教育改革和发展规划纲要（2010—2020 年）》要求狠抓本科教育人才培养存在的主要问题，厘清高等教育人才培养的目标、理念和社会需求，建立本科教学培养模式、质量保障与评估机制，制订教育质量国家标准。2013 年 7 月，教育部高教司启动了本科专业人才培养质量国家标准的研制工作。英语分教指委经过三年的研制，完成了英语、翻

* 本文系 2015 年度教育部哲学社会科学研究重大课题攻关项目“中国外语教育改革与发展研究”（项目批准号：15JZD048）子课题（三）“我国外语教学质量国家标准研究”的阶段性成果。本文曾在广东外语外贸大学举办的“2016 中国外语教育改革与发展高层论坛”上宣读。论坛交流中诸位同仁的提问促进了我们的思考，特此致谢！本文发表于《中国外语》2017 年第 4 期，有细节修改。

译和商务英语三个专业的本科教学质量国家标准，以指导各校英语类专业人才培养，并作为今后专业准入、学科建设和评估的依据。在此背景下，各高校需基于国家、社会和学生的需求，结合地域特色和学校优势，以《英语类专业本科教学质量国家标准》（以下简称《国标》）为依据，制订学校人才培养质量标准（以下简称“校标”），建立富有特色、多层次、多元化、个性化的学校标准体系，准确定位能力规格，找到适合本校英语类专业科学发展、健康发展和创新发展的路径。

1. 英语类专业人才培养的《国标》与“校标”

作为一部规范性、指导性文件，《国标》的制订将规范英语类专业的人才培养和分类建设，保障英语类本科教育质量，推动英语类专业的可持续健康发展；同时依据制定的英语类专业国家标准，接受国家和有关部门委托，进一步完善英语类专业的教学评估体系，开展英语类专业新一轮的教学质量评估工作（仲伟合 2014：133）。《国标》的制订充分考虑了现行 2000 版《高等学校英语专业英语教学大纲》（以下简称《大纲》）的实施现状和全国英语专业学位点的分布与人才培养现状，其定位实为专业建设的基本标准。按照《国标》的要求，设置英语专业的院校需基于《国标》制订高于《国标》要求的“校标”，体现人才培养特色。“校标”，简言之，即各英语类院系的人才培养方案，是各校“因校制宜”的暂行标准。《国标》为各英语院系在制订校标上留有空间，院系则根据自身资源条件、特色和所处环境的特点及变化而进行调整，逐步优化。

正确理解《国标》与“校标”的关系是涉及《国标》能否有效落实的重要一环。《国标》是英语类专业本科人才培养质量的基本依据，其适用范围涵盖全国所有开设英语类专业的高校，具有权威性和统一性。而“校标”是《国标》在具体操作层面的展开和落实，必须保证达标的同时也凸显和发展自身的特色。因此，如果说国家标准回答的是培养什么质量的人才的问题和强调基本质量统一性的话，学校标准则回答怎样培养有质量保证的人才，并注重特色发展的多样性（彭青龙 2016：116）。

国家标准的统一性和学校标准的多样性是对立统一的。在执行过程中，高校不能以多样性之名盲目追求“特色”，忽略《国标》的统一要求；但也不能拘泥于《国标》的统一性，放弃自身特色优势和多样性。一份既符合国家标准又高于国家标准的“校标”，才能指导教学从整体上提高英语类专业人才培养的质量。在正确理解《国标》精神的前提下，为落实好《国标》，必须在学校标准的制订上下功夫，充分考虑国家与区域的社会经济发展对人才的具体需求，考虑学校的办学特点，多元化地设计人才培养方案，避免过去长期存在的英语类专业人才培养“千校一面”的问题。各英语院系需要根据区域社会和经济发展对人才需求的特点，结合本校学科发展的特色和校情，制订独具本校人才培养特色的“英语类专业本科教学质量学校标准”；在考虑能力项设计时遵循“基于《国标》、高于《国标》、特色鲜明”的基本原则。

2.“校标”与能力结构

无论是制订《国标》还是“校标”，能力要求都是其中重要的组成部分。《国标》第四部分“培养规格”分为“素质要求、能力要求和知识要求”三个方面。“素质要求”规定了英语类专业人才在新时代应该具备的道德品质、国际视野以及其他方面的精神素养；“能力要求”分两个层次，第一层次是英语类专业人才独具的能力，第二层次是英语类专业人才在高等教育中应逐步具备的能力，包括学习能力以及思辨、创新和参与科学研究的能力；“知识要求”主要与《国标》“前言”中的专业界定相呼应，指出英语类专业人才在英语语言、英语文学和英语国家社会与文化方面应掌握的专业知识（仲伟合 2015：5）。由于外语专业实践性强，培养规格对能力的要求尤为重要，其界定应既遵循教育规律，又符合专业性质，既准确全面，又具体和可操作（陈法春 2014：64）。

《国标》的能力要求表述为：“学生应具有英语语言综合运用能力、英语文学赏析能力和跨文化交流能力；具备获取和更新专业知识的学习能力以及运用本专业知识进行思辨、创新和参与科学研究的能力”。按照仲伟合和潘鸣威（2015：118）的比喻：“如果培养人才犹如灌溉树苗，那么分号之后的各项能力则如同茁壮成长后大树的树干，而分号之前各项能力则是这棵大树的繁枝茂叶。虽然不同大树的树干形似，但枝叶则应各具形态。”这个比喻形象地展现了英语类专业学生所必须具备的、经过培养可以达到的各种能力之间的结构层次关系。对于能力结构层次的研究，英国心理学家 P. E. Vernon 认为“能力的结构是按不同层次进行排列的，智力的最高层次是一般因素（G）；第二层次分两大因素群，即言语和教育方面的因素，与操作和机械方面的因素，叫大因素群；第三层分为小因素群，包括言语、数量、机械、信息、空间信息、用手操作等；第四层为特殊因素（S），即各种各样的特殊能力”（转引自彭聃龄 2004：412）。这一观点开启了从能力的层次结构的角度进行理论建构的尝试，为后续研究者理解能力结构带来了很大的启示，也启发了本文的能力结构设计。

本文基于全人教育理念和实践，借鉴现有《大纲》、《国标》，并参考多年来学界的反思、总结和展望，尝试将英语类专业人才培养规格的“能力”要求进一步细化和重组，将《国标》培养规格中的能力项立体化和层次化，构建包含有四个层次的“校标”能力结构。我们以包含“树根”“树干”“主枝”和“树冠”四个层次[1]的“校标”能力结构树来呈现（见图1）。简而言之，树根对应基础能力，是英语类专业学生能力结构中最基本的能力项，是所有学生应当具备的能力，作为能力结构树中的根基，这部分能力深植于大学生入校之前所接受的各学段教育并从中吸收养分，具有一定的迁移性和可延展性，为培养学生学业的个体偏好和潜能筑基。这部分能力的强弱直接影响学生入学后进一步的发展。树干部分对应的是核心能力，处于能力结构的第二个层次，为学生获得必要的知识、技能、智力和思想提供养分，将学生的个体偏好发展为个人兴趣，为实现全人教育和个性化发展起到支撑作用。主枝部分对应特色能力，即在主干能力提供的支撑和营养下拓展出的特色能力，这部分能力是主干的扩展和延伸，可以帮助学生取得整体发展和特色发展的和谐统一，使学生不仅掌握相关专业知识和相关技能，具有更强的素养和视野，也具有可持续发展的潜能。树冠部分是在扎实的树根、坚实的树干和主枝上延伸而来的，按照本科培养水平高阶要求来设计的，对应英语类专业学生高阶发展的特色能力项目，构成了高水平本科毕业生所必须具备的高端能力结构。

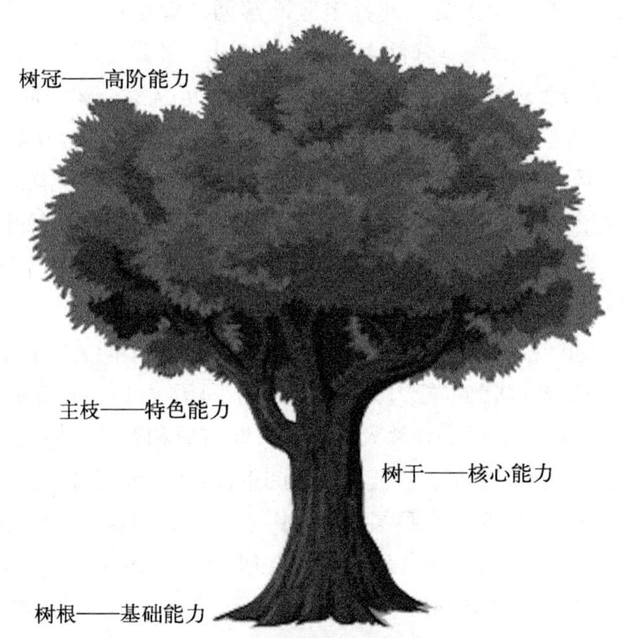

图1 “校标”能力结构树

1. 在生物学的描述中，树体包含树根、树干和树冠三部分。本文为说明英语类专业能力项的层次和关系问题而将树体分为树根、树干、主枝和树冠四个部分，其中主枝和树冠两部分为原“树冠”进一步区分而成。

3．“校标”能力树的构成及能力项

“校标”能力树中“树根”“树干”“主枝”和“树冠”四部分在强调“树根”和“树干”基本能力的同时，突显“主枝”和“树冠”两部分特色能力的培养，这样的能力结构层次可以更好地体现英语类专业培养规格中能力项之间的内在关系和层次结构，有利于分级培养，循序递进地发展英语类专业学生的综合能力，帮助学生获得更强的拓展和竞争能力。校标的能力项设计基于国家、社会和学生的中长期及短期需求，结合地域特色、学校优势和生源特点，为专业走特色发展之路，制订具体的人才培养方案提供参考。

3.1 树根——基础能力

基础能力涵盖母语文化能力、母语表达与沟通能力、观察能力、社会交往与合作能力、信息资源利用能力、分析及思辨能力和个体偏好等。

这六项能力基本涵盖《普通高等学校本科专业目录和专业介绍》(2012 年)(以下简称《专业目录》)中对英语类专业提出的六项“培养要求”：“掌握英语口头表达和书面表达能力，与海内外人士进行跨文化交际的能力，使用计算机和网络技术不断获取知识的能力，掌握运用专业知识发现、分析、解决问题的综合能力，创造性思维能力和科学研究能力。”

具体来说，位于树根部的能力是学生在入校之前初步具备的、入学后需要进一步提高的能力，具有迁移性和可延展性，也是向更高层次的能力迈进的基础。首先，作为语言专业的学生，在开始或进一步学习专业之前，夯实母语表达和母语文化能力是完全必要的。在目的语的学习过程中，目的语与母语的水平相得益彰；目的语文化与母语文化的鉴赏能力相互促进；学习者自身的潜能得以充分的发挥（刘长江 2003：16)。特别是在文化全球化的背景下，外语教学不但要树立“知彼”的文化观（目的语文化)，更要培养“知己”的文化意识（母语文化)。只有这样，我国外语教学才能够真正成为弘扬中国优秀传统文化、沟通中国和世界的桥梁和纽带（袁芳 2006：70)。

此外，实现语言专业教学目标关键在于学生能够将学习的语言知识应用于真实灵活的社会交际之中。张德禄（2015：5）认为，外语学习者应该具备产出和理解适用于语境话语的话语能力，把话语用于社会交际和跨文化交际的交际能力。语言应用能力的掌握始于观察，从语言使用的环境中吸收信息，对语言逐步加深认识。观察的特点是具有目的性和计划性，是一种特殊的意识技能和思维技能。因此，观察、学习并运用语言开展社会交往的能力，是培养学生跨文化交际能力的基础和必要准备。

尽管课堂面授仍是目前教学的主要形式，但基于互联网和数字技术在教学领域的长足发展，微课、慕课和翻转课堂等新兴模态在教学中的作用越来越大，信息资源利用能力已经成为学生必不可少的获取知识和信息的重要学习能力。

《专业目录》中“掌握运用专业知识发现、分析、解决问题的综合能力、创造性思维能力和科学研究能力”实质上都是以思辨能力为基础，其重要性目前在国内英语教育界已经获得了广泛的重视。正如孙有中（2015）所指出的，思辨能力培养乃是高等教育的一个永恒命题，在当下中国高等教育以内涵式发展和质量提升为导向的新一轮教育改革中，其重要性更加凸显。对于中国高等外语教育的深化改革而言，思辨能力培养就更是重中之重的议题。

这六项基础性能力可以归纳为三类：语言类、学习类和思辨类，它们共同成为能力结构树中更高层次能力所赖以形成和发展的根基，学生经过学前、小学至高中各学段的校内外学习，已不同程度具备上述能力，它们将在大学阶段的学习中和专业能力的成长中继续发挥作用，在个人未来的个性化发展中尤为重要。个性化发展还有一个重要前提，即个体偏好，这是每个学生与生俱来的潜势和潜能，且随着人生经历而逐步明晰化，但其自身的发展受多种因素的影响或制约，因而需要在成长为个人能力的过程中得到更多关注，而这需要更多的个性化指导。

3.2 树干——专业核心能力

专业核心能力涵盖英语听说读写译能力、英语文学赏析能力、跨语言跨文化交流能力、利用工具和资源获取专业信息的能力、提出本专业研究问题的能力、课题研究与创新潜力和个人兴趣等。

此层次的能力项对应的是《国标》中对英语类三个专业能力的共核要求。《国标》中三个专业的具体能力要求分别如下：

1）英语专业

学生应具有英语语言综合运用能力、英语文学赏析能力和跨文化交流能力；具备获取和更新专业知识的学习能力以及运用本专业知识进行思辨、创新和参与科学研究的能力（仲伟合、潘鸣威 2015：117）。

2）翻译专业

翻译专业旨在培养德才兼备，具有宽阔的国际视野、深厚的人文素养和良好的职业道德，具备较强的双语能力、跨文化交流能力、口笔译能力、思辨能力和创新能力，能够胜任外事、经贸、教育、文化、科技等领域工作的通用型翻译专业人才（仲伟合、赵军峰 2015：292）。

3）商务英语专业

商务英语本科专业学生应具备英语应用能力、跨文化交际能力、商务实践能力、思辨与创新能力和自主学习能力。（王立非等 2015：299）。

由此可见，人文素养、中国情怀和国际视野是三个专业的共同素质要求，而语言能力、跨文化交际能力和思辨创新能力是三个专业的共同能力要求（冯光武 2016：15）。

首先，英语综合应用能力的重要性体现在三个专业国家标准都将其置于首要的位置。英语专业要求学生应具有英语语言综合运用能力，具体就是指听说读写的能力。翻译专业强调学生具备扎实的双语能力以应对多领域的翻译工作。商务英语专业提出培养学生的英语应用能力，包括英语组织能力、英语运用能力和学习策略能力（王立非 2015：8）。

其次，良好的人文素养和跨文化交流能力是三个专业共同强调的，这充分体现了英语类专业的人文属性。正如钟美荪（2015：6）所指出的，“外语专业学科应以语言、文学为主体，培养具有较高人文素养、熟练外语语言技能、厚实外国语言文学知识和中国语言文学知识的人才。……外语专业教学应该重视文学教育，除语言技能之外培养学生的学科思维、综合思维、创新思维、批判性思维和道德之心。”三个专业都要求将文学和文化学习要求融入专业训练之中，努力把学生培养成具有广博人文通识知识、高尚人文情怀和厚实人文底蕴的外语人才，摆脱机械的外语技能操练，避免把外语单纯当作一门工具对待，防止外语专业性的弱化、异化和蜕变，甚至降格成其他专业的附庸（王立非 2015：4）。张绍杰（2010：12）认为，外语学习者通过大量的读写实践才能真正理解并掌握语言内在的文化内涵，对语言文化内涵的理解和掌握，不但能促进语言学习，而且有助于综合人文素养的提高，所以作为素质教育一部分的外语教育绝不能忽视人文性。

同时，三个专业都明确要求对学生进行思辨和创新能力的培养。作为树干这一层次，思辨能力的要求更加细化，英语专业要求运用本专业知识进行思辨、创新和提出本专业研究问题并开展研究的能力，也为下一步的学术写作能力奠定必要的基础。翻译专业从培养学生翻译能力入手，加强学生思辨能力、创新能力和创业能力培养（仲伟合、赵军峰 2015）。商务英语专业和翻译专业都把思辨创新能力培养明确写入培养目标。商务英语专业从培养学生商务实践能力入手，加强学生思辨创新能力培养（王立非 2015：4）。在《国标》的要求中，思辨和创新始终紧密结合在一起，创新精神体现为求新和求异的精神，求新和求异是创新的动力和源泉；创新能力是创新所需要的创新性思维能力与解决实际问题的实践能力；创新人格是创新所需要的心理素质与思想素质（转引自张文忠 2015：29）。

树干部分的能力由根基能力生长和衍生而来，是英语类专业学生必备的核心能力和特色能力，除了包含重要语言技能项目，还包含人文素养、思维和创新能力。按照全人教育的理论，每一个人不但可以在生理上、情感上和智能上发展自己，而且也可以在人格上发展自己，提升自己。人文素养、思维能力和人格的提升让学生不断尝试新领域和发现规律，为创新做好准备；同时，学生在尝试的过程中增加对自身的认识和了解，在个体偏好的基础上发展为个人学业兴趣。这些重要能力可以确保学生获得必要的知识、技能、智力和思想，是具体而有效地实现全人教育和个性化发展的重要抓手。

3.3 主枝——专业特色能力

专业特色能力涵盖辨音和正音能力、词汇能力、语法能力、语篇能力、修辞能力、英语学术写作能力、非标准英语应接能力、汉英文学比较能力、汉英语言比较能力、中外文化比较能力、多元文化环境适应能力、复合能力和个体特色等。

主枝部分的能力凸显了具有英语类专业鲜明特色的能力。针对英语专业提出辨音和正音能力、词汇能力、语法能力、语篇能力、修辞能力、英语学术写作能力、汉英文学比较能力和中外文化比较能力，特别是文学和文化方面的比较能力，进一步凸显了英语专业的人文属性。这部分的能力项相较“树根”和“树干”部分更为细化，也更具特色和应用优势。

翻译专业除了在主干部分提出的听说读写译基础能力之外，还突出了非标准英语应接能力、汉英语言比较能力和中外文化比较能力。通过语言和文化的比较，翻译专业学生能够将语言的理解上升到更高的层次；非标准英语训练能够让学生完成一般难度的面向非本族语英语使用者的翻译任务，大幅拓展了学生的应变能力和国际视野。商务英语专业中的中外文化比较能力、多元文化环境适应能力和复合能力可以帮助学生在复杂的多元文化的国际商业环境中尽快调整适应、立足并取得进一步的发展。这里，复合能力能够体现学校的人才培养特色，实现其服务于区域和行业发展的目标，应受到“校标”的高度重视。

在接受英语专业教育过程中，学生基于树根和树干两部分能力而成长起来的主枝部分的特色能力，保证了学生的整体发展和特色发展的和谐统一。首先，学生能够掌握相关的专业知识和相关技能。此为基础，因为英语类三个专业都强调英语技能训练的重要性，国家标准明确规定把语言技能训练作为各专业的首要任务（王立非、葛海玲 2015：8）。除此之外，学生具有更强的学习能力、交际能力、适应能力和职业能力，而且具备更健全的人文素养和更为广阔的视野。学生的个人兴趣将因得到“营养”而提升为个体特色，形成可持续发展的基础。

3.4 树冠——专业高阶能力

专业高阶能力涵盖高效而精确的英语理解与表达能力、英语语言学评论能力、英语国家社会文化解释能力、中外文化差异敏感性、中外文化冲突处理能力、职业能力和个人特长等。

树冠部分的能力项设计是以“基于《国标》、高于《国标》、办出特色”为基本原则，旨在为高校设定符合自身办学定位的英语类专业高阶能力架构，供建立兼顾质量和专业特色的学校标准参考。这些能力在实践中直接应用，能解决涉及本专业范围的具体问题，最终体现高阶的专业能力和专业特色。具有高阶能力的学生能够主动接触并建立与外部世界的联系，擅长识别并恰当处理语言文化差异和冲突，具有创造性解决问题的能力和团结协作的精神，成为综合素质高、职业能力强和个人特长突出的高端国际人才。如果我们承认在过去一段时间内英语毕业生总体特色不明显，专业优势不明显，那么其原因即在于缺乏最能凸显英语类专业特色的、处于树冠部分的这些能力。其中，职业能力由复合能力发展而来，与其他能力形成合力，能体现专业人才的培养特色和质量，制定“校标”时必须充分认识其重要性。

树冠部分的“校标”能力项除了以《国标》为参照系，需要站在更高的更宏观的角度进行构建，还特别需要综合考察学校所在地区及全国的重点发展规划及其相应的人才需求，亦即满足国家和相关行业的发展需求，比如国家“一带一路”倡议的布局、“自贸区”在一些地区设立以及省市地方发展规划的实施等所可能带来的外语人才需求及附带的能力要求。同时，除此之外，持续关注和提升学生的个体特色亦将使学生已有特色更为突出，发展为特长，为学生最终实现充分的个性化发展奠定坚实基础。

有四点特别值得说明。第一，本文所区分的四个层次的能力并不意味着不同层次能力的培养对应于截然分开的阶段。事实上，不同层次的能力完全可能同时培养和提高。第二，较高层次的能力从基础层次的能力中孕育和发展而来。第三，复合能力和职业能力的培养体现不同英语院系自身及环境的特色，是因校制宜的结果。第四，个性化发展在本文依据全人教育理念所建构的能力结构中占有重要地位，表现为，在四个层次的能力中，从个体偏好、个人兴趣、个体特色到个人特长，体现了全人教育理念以学生为本、尊重个性、追求个性化发展的应然取向。追求个性化发展，个性化教育是关键。我们希望，将这些列入各层能力，能引起全体英语专业教育者的高度注意，并在人才培养过程中有所体现。

4. 结语

本文尝试对《国标》中英语类专业人才规格的“能力”要求进一步细化、重组和扩展，勾画了具有一定普适性的“校标”能力结构树，凸显了不同能力之间的层级关系。十年树木，百年树人。校标能力树能否成长、开花、结果，依赖于配套落实的方法，例如针对我国英语专业人才培养在思辨和创新能力上存在的瓶颈问题，我们建议学校在空间和条件上支持教师开展依托项目的教学实践，搭建以"英语研究式学习"为代表的"课程项目化、项目课程化"的平台型课程。这类平台型课程鼓励学生在教师指导下，基于兴趣自主选择研究项目，在类似科学研究的过程中主动学习并应用英语专业知识和技能，发展创新能力（张文忠 2015：16）。我们认为，针对落实"校标"能力项开展教师职业培训，是确保"校标"规定的能力项得以培养到位的关键因素，只有充分开展职业培训才可能避免发生顶层设计者和管理者与实际基层需求间的矛盾（韩子钰、张文忠 2016：82）。另外，为了增加教师理解"校标"和落实"校标"的积极性，校方可以广泛调查，认真了解基层教师对学校标准的看法和建议，积极邀请《国标》和"校标"制定的专家为教师开展有关培训，介绍实行标准的重要意义和落实的方式方法并答疑解惑。同时，对《国标》和"校标"的认识和落实是一个系统工程，因此从教师到教育系统内部所有相关人员，包括负责管理和落实项目的分管校领导及教务负责人等都需要参与。

在过去的几十年时间里，英语类专业教育为一代又一代学生的知识、能力和素养的提高而努力探索和不断改革。与时俱进的《国标》的颁布也必将对我国英语类专业人才全人教育带来巨大而深远的影响。英语类专业必须突出特色培养，在教育实践中开展更多的个性化教育，为落实《国标》的要求和实现英语类专业的科学、健康和创新发展走出特色之路。

参考文献

陈法春，2014，本科英语专业人才培养规格的能力构成，《中国大学教学》（11）：64-66。

冯光武，2016，新一轮英语类专业教育改革：回顾与展望，《外语界》（1）：12-17。

韩子钰、张文忠，2016，《英语教师职业发展创新》评介，《中国外语教育》（2）：82-86。

刘长江，2003，谈外语教育中目的语文化和本族语文化的兼容并举，《外语界》（4）：14-18。

彭青龙，2016，论《英语类专业本科教学质量国家标准》的特点及其与学校标准的关系，《外语教学与研究》（1）：109-117。

彭聃龄，2004，《普通心理学》。北京：北京师范大学出版。

孙有中，2015，外语教育与思辨能力培养，《中国外语》（3）：扉页。

王立非，2015，国家标准指导下的商务英语专业建设的核心问题，《中国外语教育》（1）：3-8。

王立非、葛海玲，2015，我国英语类专业的素质、知识、能力共核及差异：国家标准解读，《外语界》（5）：8。

王立非、叶兴国、严明、彭青龙、许德金，2015，商务英语专业本科教学质量国家标准要点解读，《外语教学与研究》（2）：297-302。

袁芳，2006，试析外语教学中“母语文化”的地位与作用，《外语教学》（5）：67-70。

张绍杰，2010，全球化背景下的外语教学——行动与反思，《外语与外语教学》（1）：9-12。

张德禄、陈一希，2015，我国外语专业本科生多元能力结构探索，《外语界》（6）：2-10。

张文忠，2015，i PBL——本土化的依托项目英语教学模式，《中国外语》（3）：15-23。

张文忠、冯光武，2015，关于英语专业设置创新能力培养课程模块之思考，《外语与外语教学》（3）：29-34。

中华人民共和国教育部高等教育司（编），2012，《普通高等学校本科专业目录和专业介绍》。北京：高等教育出版社。

钟美荪，2015，实施本科教学质量国家标准，推进外语类专业教学改革与发展，《外语界》（2）：2-6。

仲伟合，2014，英语类专业创新发展探索，《外语教学与研究》（2）：127-133。

仲伟合，2015，《英语类专业本科教学质量国家标准》指导下的英语类专业创新发展，《外语界》（3）：2-8。

仲伟合、潘鸣威，2015，论《英语专业本科教学质量国家标准》的制订——创新与思考，《现代外语》（1）：112-120。

仲伟合、赵军峰，2015，翻译本科专业教学质量国家标准要点解读，《外语教学与研究》（2）：289-296。

军队院校大学英语课程教学改革的探索与实践 *

陈　莉　田少华
海军航空工程学院

摘要：本文旨在克服以往军队院校大学英语教学只重视通用英语而忽视军事英语的弊端，以有效扭转军校外语教学“水土不服、军味不足”的局面，突出学员的外语应用能力的培养，以满足部队执行多样化海上任务的外语需求。改革内容主要涉及四个方面：一是紧盯实战化导向，突出外语教学课程设置的军事特色。二是瞄准学员未来任职发展方向，开发具有校本特色的军事英语系列教材。三是聚焦实战需求，建设具有海军航空特色的英语课外学习实践平台。四是立足理念更新，打造知识和能力结构满足军事外语教学需要的师资队伍。

关键词：大学英语；教学改革；实战化；军事英语；外语应用能力

1. 引言

笔者所在的海军航空工程学院自 2011 年 10 月以来在本科层次全面推行大学英语小班化分级教学改革，经过几年的教学实践，理清了小班化分级教学的理论基础和实践优势，也总结了小班化分级教学存在的问题和制约因素。但是，我们发现缩小班级规模和分层次教学远远未达到预期的效果，学员的主体地位没有得到充分的体现，多数人在学习过程中仍然被动跟随，缺乏积极性和主动性，英语应用能力没有得到实质性的提高。党的十八大以来，习主席对军队院校教育做出了一系列重要指示。因此，2014 年起，外语教研室开展了实战化导向下的英语课程教学综合化改革，强调对接岗位的教学内容，培养能胜任岗位的外语应用能力。

通过英语课程教学综合化改革，一方面旨在厘清小班化分级教学条件下教学诸要素之间的关系，探索小班化分级教学环境下的大学英语教学模式的最优化，以教学模式改革为抓手，带动教学内容、教学方法、评价方式和教师角色等方面的改革创新，从而真正提高小班化分级教学的效益。另一方面，该项目也旨在克服以往军校大学英语教学只重视通用英语而忽视军事英语的弊端，以有效扭转军校外语教学“水土不服、军味不足”的局面，突出学员的外语应用能力的培养，

* 本文系“2016 年度海军级教学成果立项培育项目”（文件编号：参训 [2016]33 号）之——“实战化导向下军校大学英语课程教学改革的探索与实践”的阶段性成果。

以满足部队执行护航、海上维权等多样化海上任务的外语需求。

2．军队院校英语课程实战化教学改革的理论依据

英语课程教学改革的理论依据之一是 ESP（English for Specific Purposes 专门用途英语）教学理论。起源于 20 世纪 60 年代的 ESP 是与 EGP（English for General Purposes 通用英语）相对而言的，该理论重视在具体工作场合的英语应用能力和跨文化交际能力的培养，满足不同学习者群体的专门需要，追求英语学习效率的最大化（严明 2009）。从使用目的看，ESP 教学可划分为两种类型，即 EAP（学术英语）和 EOP（职业英语）。军校培养的是有明确职业取向的群体，他们所学的英语理应为其部队任职做好准备，因此，ESP 教学理论对于军校英语教学贴近实战的军事转型有现实的指导意义。

理论依据之二是 CBI（Content-based Instruction 内容依托式教学）教学理念，该理念起源于 20 世纪 60 年代，围绕学生需要获得的内容或信息组织教学（而非围绕语言或其他形式的大纲），以达到内容教学和语言教学互相促进、共同提高的目的（常俊跃 2014）。它被认为是将外语同内容结合起来学习的一种有效教学途径，其要素包括课程设置符合特定学习者群体的需求，以及教学内容以学科知识为核心、使用真实语言材料，这是组织军事英语教学和编写军事特色教材的重要理论依据。

此外，在网络信息和多媒体教学环境下，多模态理论也为军事英语教学主体之间以及教学主客体之间的多模态互动提供了有力的理论支撑。该理论强调培养学习者的多元能力，主张利用网络、图片、角色扮演等多种渠道和多种教学手段来调动学习者的各种感官，使之协同运作参与语言学习（曾庆敏 2011）。在多模态课堂教学中，教师结合多媒体手段创设真实的情境环境，通过听觉、视觉、触觉等多感官刺激，使学习者体验真实的目标语语言环境，提高学生输出运用词汇的能力。

3．军内外解决类似教学问题的主要做法

外军学历教育院校普遍非常重视外语教学，将军官外语能力列为关键作战技能。例如，西点军校的外语课程教学注重实用性内容，涉及相关对象国军事、历史、地理、文学等方面；重视教学实践环节，通过国际俱乐部和国外参观见学，为学员搭建交流平台（金开龙 2013：64）。北约国家军事院校以及日韩等亚太国家军事院校的外语教学内容紧贴军队需求，岗位指向明确，体现训用一致的原则，在基础阶段之后，以军事外语和对象国文化为主要内容，还包括相关语种国家的语言融入实践（张锦涛 2011：94）。

通过对军队几所主要综合性大学的调研，发现各院校均采用分级教学模式、

在大学英语提高阶段设置军事英语课程模块。解放军理工大学已完成军事英语系列教材的编写和内容更新提升，获四项军事学方向国家社科基金。空军工程大学通过课程体系改革，形成军事基础英语和专业军事英语两大模块，大大突出了外语教学的军事特色。中国人民解放军海军大连舰艇学院建立了海军职业英语教学训练中心，为实战化教学提供了良好的实训平台。

同时，军内院校在利用俱乐部这一平台开展实战化教学训练方面已有较为成熟的经验。好的做法如下：(1) 俱乐部硬件设施良好，有年度经费支持；(2) 俱乐部下辖报刊组、辩论组、模联组等不同部门，任务分工明确，主要由英语学习骨干自主管理开展各项活动；(3) 定期承办地区性或军校范围的赛事，为学员搭建应用和展示语言能力的平台。但是多数军校俱乐部活动仍然存在“军味”不够、军种特色不鲜明的问题，没有充分体现出院校面向实战培养人才的导向和需求。

4. 目前军队院校外语教学普遍存在的矛盾和问题

4.1 外语课程教学内容单一性与军校学员学习需求多样性之间的矛盾

尽管普遍实施了分级教学，但是本科层次的外语教学主要以大学英语为主，往往使用同一教材，只是起点不同，并不能有效满足军校学员个性化的需求和未来不同任职岗位的语言能力需求。“重视通用英语，轻视军事英语”的心态普遍存在。军事类英语课时少，而且多为选修课，不利于学员军事语言应用能力的提高。

4.2 教学理念和教学实施之间的矛盾

先进的教学理念和方法不能有效地贯彻落实到教学实践中。教学模式和教学方法普遍比较单一，课堂授课主要以讲解为主，课堂互动不足。如果教师和学生都没有做好充分准备和接受过良好训练的话，教学模式和方法改革就只会变成一个吸引眼球的教育改革措施，停留在研究论证的层面，起不到任何实际的教育效果。

4.3 信息化教学资源与互联网受限之间的矛盾

这一矛盾导致新兴信息技术与外语课堂教学缺乏深度融合。信息化时代的外语学习随时随处可以发生，而军队院校学员使用互联网和手机受限很多，这使得MOOC、SPOC、微课等依托网络的教学模式无法有效地应用。

4.4 师资力量与教学需求的矛盾

近年来，军校教员队伍因编制体制调整等原因持续减员，一些有经验的骨干教员因退休、专业等原因陆续离开部队，而新入职的文职人员经验不足。而且多数教员长期从事大学英语教学，对军事知识和兵种专业知识只是一知半解，又缺乏实践经验，无法完全胜任军事英语教学，军事英语教学的师资力量严重不足。

4.5 军事英语教学缺乏统一的课程标准和考核标准

各院校都根据自己的培训特点开设了一些具有校本特色的军事英语课程，课程标准不一致，之间必然有一些交叉和重叠，没有形成有军种特色的系列教材，各院校之间缺乏军事英语教学资源的整合和共享，势必造成了教学资源的浪费。同时，通用军事英语和海军职业英语考核标准的缺失，使学员的军事英语应用能力难以评定，这不利于对各院校的军事英语教学质量进行统一、综合的评价。

5. 我院英语课程教学实战化改革的主要做法

5.1 着眼模式优化，构建了具有校本特色的外语教学改革体系

从本院外语教学实际出发，设计了“一体两翼六要素”改革体系，把本科阶段英语课程教学看作一个整体，以“小班化教学改革”和“分级教学改革”为两翼，带动课程目标、课程设置、教学内容、教学模式、评估方式和环境平台六要素的改革。其中教学模式创新为改革的重点，“双主联动”教学模式是对我院前期大学英语教学实践的凝练和升华。“双主”是教学指导原则，即教员主导作用的发挥和学员主体地位的实现；“联动”反映在教学组织中，一方面课堂上加强教员和学员的互动，鼓励学员和学员之间的互动，另一方面强调课堂教学教员指导为牵引、课外学员独立或合作探究式自学为基础，实现教和学的有机联动，同时，以课内的“教”带动课外的“学”，以课外的“学”促进课内的“教”，从而实现师生联动、生生联动、“教”和“学”联动、课内课外联动，以多样性的手段达到促进教学效率提高的目的。

5.2 紧盯实战导向，突出外语教学课程设置的军事特色

适应海军执行护航、海上维权等任务对外语需求不断增强的形势，确立“立足通用外语课程夯实外语语言基础、突出军事特色课程培养实用能力”的思路，不断优化课程设置。目前英语课程体系教学按本科四年全程设计，包括英语语言知识、应用技能、跨文化交际、军事英语和相关专业英语等方面的内容。按照基础英语阶段设“4 个能力级别”，高级英语阶段设“4 个内容模块”，构建能力层级递进、内容覆盖广泛的英语课程体系，保证学员能够根据自身学力、发展需求和学习兴趣，选择不同难度和不同领域课程。基础阶段主要学习《大学英语》，按照 4 个能力级别开设课程。高级阶段包括军事英语、海军英语、语言技能拓展和学科专业英语 4 个内容模块。鼓励学员在第二学期参加大学英语四级考试，通

过考核的学员，可不再按顺序修《大学英语》后续课程，而是选学更高能力要求的军事英语类和能力拓展类课程。针对不同类别、不同层次的学员，加强富有军事特色，尤其是海军特色的外语教学，分别开设《海军英语》《海军实用英语》《海军飞行实用英语》《军事英语》等专门用途英语课程，建立起满足部队实战需求的课程体系。

5.3 瞄准任职方向，开发具有海军航空特色的军事英语系列教材

着眼海军走向远海的大趋势，紧贴部队执行海上多样化任务的需求，持续优化课程教学内容，强调实战化元素。军校大学英语与地方大学不同之处就在于教学内容中要适当融入实战化因素，把军人战斗精神和军事素养的培养贯穿于教学过程的始终。比如，结合教材文章的人文教育内涵，在举例、练习、讨论等课堂活动中融入军事因素和国际国内热点问题，听说训练引入军事英语新闻等。针对我院海军航空兵学员的任职方向，着力完成编写了海军重点立项教材《海军飞行实用英语》阅读分册和口语分册。目前在继续编写针对海军航空兵职业英语能力提升的系列教材。此外，在调研部队需求的基础上，广泛搜集素材，积极开发军事特色系列辅助教材，完成《飞行英语 1000 句》和《海军英语 1000 句》，并制作与教材配套的 PPT 课件和系列微课，供学员课外自主学习和海军部队参考使用。

5.4 聚焦实战需求，建设具有海军航空特色的英语课外学习实践平台

融课堂环境、网络自主学习环境和第二课堂活动于一体，通过文字、图片、音频、视频等多模态手段，以具有海军航空特色的“海之翼”英语俱乐部为依托，一方面，开展英语演讲、辩论、模联等竞赛活动，另一方面，设计航海、航空特色鲜明的实战场景，模拟实战场景下的语言交流沟通，丰富以情景化教学为主的英语第二课堂语言实践活动，搭建英语教学训练平台，进一步拓展外语学习交流的途径，提高学员的英语实际运用能力。自从“海之翼”英语俱乐部投入使用以来，英语俱乐部的日常活动更是开展得有声有色。外语教研室为英语俱乐部指派了兼职教员，负责指导俱乐部各项活动的开展。每周的英语广播和每半月一期的英文报纸成为英语爱好者学习和运用英语的多彩园地。定期举办的具有海军特色和航空特色的语言实践活动吸引了学员的广泛参与，教员和学员合作完成了一系列贴近实战的海军航空情景模拟训练活动的设计和演练。此外，俱乐部活动培养了一批英语学习骨干，他们在各类英语竞赛中成绩优异，而且管理组织能力也得到了极大的锻炼。实践证明，以竞赛为驱动、以学生为主导的俱乐部运作体系，更能保证第二课堂活动的常态化和持久性。近期将引进虚拟情境实训系统，

扩展和完善俱乐部的实战化教学功能。该系统通过网络化、虚拟化、智能化的技术来模拟海军对外交流的真实场景，学员在场景中进行身临其境的角色扮演，这有助于职业技能和语言交流能力的同步提高。

5.5 立足理念更新，打造知识和能力结构满足军事外语教学需要的师资队伍

鼓励教员在在职自我完善、自我提高的同时，拓宽渠道为教员创造外出进修的机会，鼓励他们以教学为平台开展教学研究，以学术研究为动力促进教学改革和实践。通过服务部队机制，选派教员赴一线部队担任口译译员，参加护航、出访、联合军演、对外援助等活动，或承担海军机关的书面资料翻译任务，使教员深入了解部队实际情况，更准确地把握部队外语需求，培养服务部队的意识，同时不断积累海军知识和外事经验，提升军事素养和外语运用能力。近三年，先后2人次执行亚丁湾护航翻译任务，3人次参加中外联合军演，2人次承担和平方舟出访翻译，2人次担任国外培训翻译，2人次承担对外援助翻译。5人次参加西太论坛的翻译。完成海军司令部下发的《美国海军战术文件丛编》8个分册的翻译，共计150万字。

6. 结语

近年来，海军部队远海联合训练、多边联合演习及舰艇出访频繁，而部队官兵的英语应用能力普遍薄弱已成为海军“走出去”的瓶颈。因此，深化外语教学改革、提高军校学员的语言应用能力是院校外语教育永恒的主题，而紧贴部队、聚焦作战、瞄准未来则为军队院校外语教学改革赋予了鲜明的时代特征。今后，为适应海军不断走向深蓝的需要，军事英语教学必须得到日益重视和加强：一方面，进一步更新军校外语教育教学理念，加大师资培训力度，提升教员队伍的军事英语素养，打造能力过硬的教学团队；另一方面，充分利用各种资源，加大团体对抗式模拟演练的培训力度，为学员创造更多的外事出访和语言实践机会，达到训用一致的目的，从而推动军校学员英语应用能力和职业素质的整体提高。

参考文献

常俊跃，2014，英语专业“内容·语言”融合教学整体课程体系改革的教学效果分析。载俞理明、邵军航（编），《大学外语教学研究》。上海：上海交通大学出版社。1-14。

金开龙，2013，西点军校军事外语教学及启示，《空军指挥学院学报》（5）：63-65。

严明，2009，《大学专门用途英语（ESP）教学理论与实践研究》。哈尔滨：黑龙江大学出版社。

曾庆敏，2011，多模态视听说教学模式对听说能力发展的有效性研究，《解放军外国语学院学报》(6)：72-76。
张锦涛，2011，外军学历教育院校外语教学及启示，《解放军理工大学学报》(1)：93-96。

A Pilot Study on the Implementation of Task-based Language Teaching in Chinese Colleges

任务型教学法在中国高校应用研究初探 *

刘玉迎
广东外语外贸大学

Abstract: This study investigated college EFL teachers' attitudes towards task-based language teaching (TBLT), regarding their familiarity with the idea of TBLT, their actual use of TBLT, and contextual factors that impede the implementation of TBLT in the higher education context in China. The study described here is a questionnaire survey with 26 valid responses. Results of this study are derived from discussion concerned with qualitative and quantitative data. The findings in the study show that though there are constraints from various aspects (including the teaching materials, large class size, etc.) for the successful implementation of TBLT, TBLT as a communicative teaching approach received very positive feedback from teachers. The majority of the teachers in this study hold positive views towards TBLT even though they have a low-level understanding of principles and practices of TBLT. The results addressed the issues in the pre-service and in-service training of Chinese EFL teachers. This study also highlighted the need for the Chinese ELT teachers to further develop their professional skills in terms of their competence to deal with large class size teaching, material development and English proficiency. Based on the findings, suggestions for teacher education and further development were made. This research is intended to yield informative insights regarding sustainable curriculum change management, policy implementation and professional development of English teachers in the Chinese EFL context.

Keywords: task-based language teaching; teachers' attitudes; teacher education; curriculum change management

* 部分文章信息曾发表于 *English Language Teaching* : Liu, Y. & T. Xiong. 2016. Situated task-based language teaching in Chinese higher education: Teacher education. *English Language Teaching* 9 (5): 22-32。

1. Introduction

Since the early 20th century when English Language Teaching (ELT) in China entered into the formal educational system, Chinese ELT practitioners and researchers have been seeking the best method for English language teaching. The National English Curriculum Standards (NECS) in mainland China, published in 2001, advocate the use of task-based language teaching (TBLT) (MOE 2001: 2). That is to say this "government-mandated TBLT innovation" calls for Chinese English teachers to move from traditional teaching methods to the proposed language teaching method (Hu 2013). However, the implementation of TBLT in Chinese higher education is under-investigated. Some case studies have investigated the implementation of TBLT in the classroom, with a particular focus on the context of primary and secondary English education in China (e.g. Zheng & Borg 2014; Zheng & Adamson 2003). Many studies focus on the application of TBLT in writing courses at tertiary level (e.g. Miao 2014; Cao 2012). Few studies have investigated in-service teachers' response to this proposed language teaching method in the Chinese college English context.

Furthermore, like many other language teaching innovations, TBLT has been applied to the English language curricula in many countries across Asia (Butler 2011; Littlewood 2007). However, "little research has been done to explore what teachers know and believe about these reforms in their specific contexts" (Barnard & Viet 2010: 77). Findings from relevant literature show that the traditional teacher-centered teaching methods still play a predominant role in many Chinese college English classes (Meng 2009; Du 2012). There seem to be some inevitable gaps between the official syllabus and what is happening in the classrooms in the Chinese college EFL context. Thus, more observations and studies of college English teaching need to be done, especially considering the current situation of teachers' perceptions and application of TBLT. To bridge the gap between the literature and practice, specific research objectives in this report are presented as follows:

1) What are Chinese college EFL teachers' attitudes toward task-based language teaching?

2) For what practical reasons do teachers avoid implementing TBLT?

3) How can successful implementation of TBLT be encouraged?

The study described here is a questionnaire survey, including data collected from teachers in different parts of China, including Jiangsu, Zhejiang, Chongqing and Shandong, 26 in all.

2. Theoretical Framework

2.1 Change Management Strategies

As mentioned in Section 1, this "TBLT innovation"calls for Chinese English teachers to move from traditional teaching methods to the proposed language teaching method (Hu 2013). It is clear that educational innovation is a process which needs to be managed actively throughout its formulation, adoption, and evaluation. Therefore, the effective change management of curriculum innovation is of great importance to its success.

Educational change involves different parties in an education system (such as teachers, teacher trainers, material designers, etc.). Thus educational change management needs to be aware of the consequences affecting all parities within an education system. According to Walters & Vilches (2013: 62), "The project change management strategy needs to be sufficiently thought through so that the wider 'ripple' effects of the primary innovation are also taken properly into account, including, as necessary, via the creation of additional, secondary innovations." It is clear that the introduction of TBLT as an innovative pedagogy in EFL teaching in Chinese higher education will have implications for coursebook design, teacher training, examination system and so on. In order to promote this pedagogical change in the Chinese context, additional innovations in terms of teacher training, the examination system, and materials design should be created.

2.2 Teacher Cognition and Classroom Practice

The literature on curriculum innovation and implementation suggests that "one of the causes of the discrepancy between prescribed theory and classroom practice may be teachers' attitudes" (Evdokia 1996: 187). According to Graves and Shoen (2006: 2), "Teachers' perspectives are widely recognized as the most critical in the realization of any curricular innovation."

According to Richards (1998), a primary source of teachers' classroom practices is what Borg (2006: 49) calls teacher cognition, that is, "the beliefs, knowledge, theories, assumptions and attitudes that teachers hold all aspects of their work". It is argued that the change of teacher's mental activity or thinking needs to be taken into account in making educational change, such as implementing a new curriculum or a new pedagogy, adopting new assessments or introducing new technological resources (Freeman 2013: 127; Borg 2006). Teachers are inclined to interpret new ideas in the light of their own style of teaching, and will tend to translate innovative ideas to conform with this (Wagner 1991). They can accept, reject, or adapt the newly-proposed curricular innovation. This has been made apparent in various retrospective accounts of TBLT innovation (Carless 1997, 2003, 2004, 2005; Markee 1997). Carless (2004) carried out a qualitative case study to explore how task-based innovation was implemented in three primary school classrooms in Hong Kong, China. His analysis of classroom observation and interview data shows how the case study teachers reinterpreted a new curriculum in line with their own beliefs and the practical challenges occurring in their school contexts. Carless (2004: 659) maintains that teachers' knowledge and experiences are central to the change process, but are often neglected; teachers mold innovations to their own abilities, beliefs, and experience, the immediate school context, and the wider sociocultural environment.

Thus, educational innovation strategies need to address the practical and theoretical concerns that teachers have while adapting their classroom practice, preferably in an integrated way (Van den Branden 2006: 234; Richards & Lockhart 1994). Given the teacher's central role in how curricular elements are put into practice, this study focuses on the investigation of teachers' perceptions of TBLT and how the change of management strategies helps the implementation of TBLT.

2.3 Teacher Education

The National English Curriculum Reform in the twenty-first century in China brings immense educational changes for Chinese EFL teachers in higher education. This proposed teaching approach, TBLT, advocates student-centered, communicative, and experimental learning, which poses challenges for Chinese EFL teachers to reconstruct their knowledge and skills and re-conceptualize their professional identity. Various studies (Freeman 1993; Slaouti & Motteram 2006) show the important role of teacher education in shaping teacher cognition. Ellis (2006) also argues that the knowledge and beliefs gained in formal teacher education and teachers' experiences of learning a second language help to formulate language teachers' professional knowledge and belief system.

The importance of in-service professional development in the improvement of EFL teachers' professionalism level is also stressed by many researchers (Freeman 1993; Day 1999). Day (1999) claims that without a focus on lifelong learning and in-service professional development, teachers cannot provide effective teaching as the nature of teaching demands teachers to engage in utilizing knowledge and information in a changing context. Therefore, it seems that Chinese EFL teacher education and professional development are crucial for the successful implementation of this curriculum change, in order to meet with the new requirements and demands.

3. Method

3.1 The Participants

The questionnaire was designed to investigate Chinese EFL teachers' attitudes towards TBLT and factors that impede the implementation of TBLT. The participants of this study are the EFL teachers for non-English majors in Chinese colleges and universities. Random sampling was employed and the questionnaire was emailed to at least 200 Chinese EFL teachers in various parts of China in the form of an online questionnaire survey. The goal of the study and the procedures related to the study were included in the email, and a consent form approved by the Research Ethics Committees (RECs) of the first author's university was provided for the participants. Ultimately, 28 responses were received, but two of the received responses were invalid. In addition, due to the unblalanced regional devlopment in China, the responses in this study mainly came from provinces distributed in the north east, east and south parts of China. In other words, the participants in this study are EFL teachers from different universities in five provinces including Hebei, Jiangsu, Zhejiang, Chongqing and Shandong.

3.2 Research Instrument and Design

The design of the questionnaire for this study was developed based on practical suggestions illustrated by Dörnyei (2007: 102-114), in terms of writing the questionnaire items, the format of the questionnaire and developing and administrating the questionnaire. In addition, some items in this questionnaire are adapted from the questionnaire designed by Jeon and Hahn (2006) (see Section 1) as these two research studies both focus on investigating teachers' perceptions of TBLT. The questionnaire in this study includes closed-ended items and open-ended items, to enable the participants to express their ideas freely. The questionnaire contains 13 items mainly focusing on four different areas:

1) class size;

2) the teachers' overall familiarity with TBLT and whether they have implemented it;

3) to investigate if teachers have had training in TBLT;

4) to address the practical reasons that lead teachers to choose, or avoid, implementing TBLT (including two closed-ended multiple choice questions and four open-ended questions);

Teachers' perceptions of TBLT were assessed and analyzed by using the answers they provided for the questionnaire. Mixed methods are employed in this research. Data collected from the questionnaire are quantified and the qualitative data are coded and analyzed by using thematic analysis framework proposed by Braun & Clarke (2006). Thematic analysis is a method for identifying, analyzing, and reporting patterns or themes within the data set (Braun & Clarke 2006: 35). Guest, Macqueen & Namey (2012: 15) describe it as "a rigorous, yet inductive set of procedures designed to identify and examine themes from textual data in a way that is transparent and credible".

4. Results

4.1 Class Size

Figure 1 presents the number of students in the EFL classes taught by the participants. These results show that around 40% of the participants' classes have more than 50 students and around 11% have more than 100. It is widely accepted that a language class with 50-60 or more is "large", even though there is no quantitative definition of what constitute a "large class". Therefore, we can see that nearly half of the participants in this study have to deal with large class size in teaching.

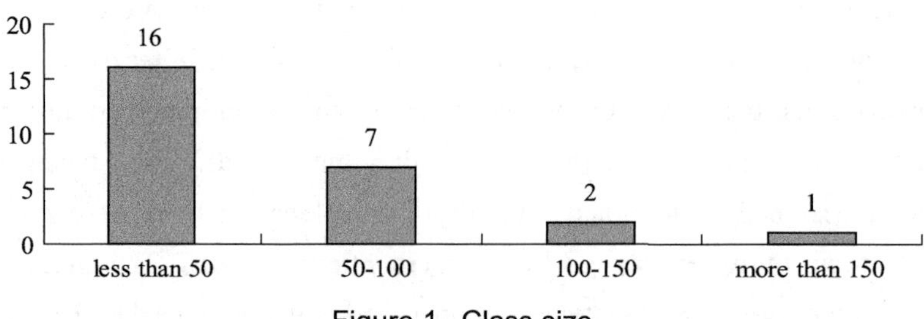

Figure 1. Class size

4.2 Familiarity with TBLT

Figure 2 illustrates the results related to one of the research aims in this study which investigates "how well Chinese college English teachers understand the concept of TBLT".

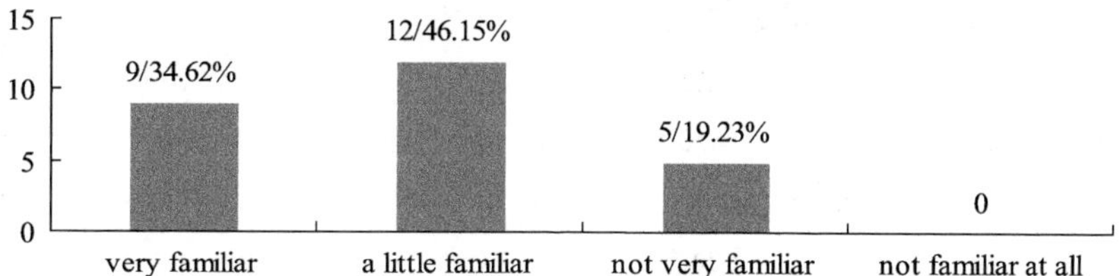

Figure 2. Teachers' familiarity with TBLT

In response to the Likert scale question on whether they are familiar with TBLT, Figure 2 reveals that only 34.62% of participants are very familiar with TBLT. Over 65% are a little familiar or not very familiar. The findings show that most teachers (around 65%) in this study perceive themselves as having a low level of understanding of TBLT.

4.3 Use of TBLT and Frequency of Use

In respond to Q3 ("Have you ever used TBLT in your teaching?"), 17 participants (65.38%) have used TBLT in their teaching and 15 out of them are still using TBLT (Q4). The remaining nine participants have never used it. The frequency of use of the 15 participants is shown in Figure 3. This will be examined in the discussion section (see Section 5.1).

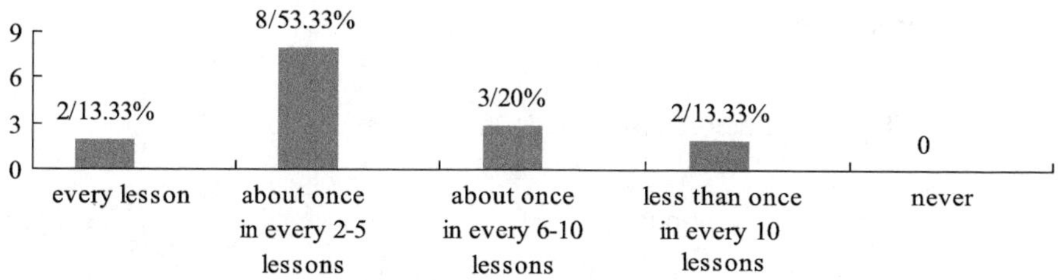

Figure 3. Responses to Q5 "Approximately how often do you use TBLT?"

4.4 Training in TBLT

In response to Q6 "Have you had any training in TBLT?" none of the participants answered in a positive way. This issue is also highlighted by the participants for the open-ended items (Qs 10 and 11). Moreover, as described by one participant: "There is no training for TBLT in my university. TBLT was really popular for a period of time and I learnt it by reading articles and books." Some teachers in this study suggest "teachers should be given some training of TBLT".

There is limited opportunity for teachers to develop their teaching skills; it seems that the only accessible way for teachers to develop this is by self-learning. Teachers are left with instructions to use methods they are not familiar with without any institutional support. It is not surprising to see that around 65% in this study have a low level of understanding of TBLT (see Figure 2). About 20% of the questionnaire participants think that their limited understanding of task-based instruction led them to avoiding using TBLT (see Table 1). This finding provides further support for Nunan's (2003: 606) statement that a major problem in Chinese teacher education is the lack of adequate and appropriate teaching training. This specific factor will be given more details in Section 5.

4.5 Factors Impeding the Implementation of TBLT

Concerning for the main reasons why teachers avoid TBLT implementation, three items, including one closed-ended question (Q9) and two open-ended items (Qs 10 and 11), were presented and analyzed. The quantitative and qualitative data will be illustrated in turn here. The answers reveal considerable variation in teachers' reasons for reluctance to use TBLT application.

4.5.1 Quantitative Results

Table 1 presents the responses to Q9, a multiple-choice question investigating the factors that impede the implementation of TBLT. Multiple responses are possible here, so the total exceeds 26.

Table 1 Factors that impede the implementation of TBLT

Options	Total responses	Proportion
Materials in textbooks are not suitable for using TBLT.	14	53.85%
Large class size is an obstacle to using task-based methods.	13	50%
TBLT requires much preparation time compared to other approaches.	9	34.62%
Students are not used to task-based learning.	7	26.92%
I have very little knowledge of task-based instruction.	5	19.23%

(to be continued)

(continued)

Options	Total responses	Proportion
I have difficulty in assessing learners' task-based performance.	5	19.23%
I have limited target language proficiency.	1	3.85%
Total	54	

As shown in Table 1, 53.85% choose "Materials in textbooks are not suitable for using TBLT" as the main reason. Half of the participants (50%) believe that large class size is an obstacle to use task-based methods. 34.62% hold the view that "TBLT requires much preparation time compared to other approaches". In addition, around 20% of the participants found that their limited knowledge of TBLT and the difficulty of task design and assessment are the factors that impeding the implementation of TBLT.

To get further information about the feasibility of TBLT implementation, two open-ended questions (Qs 10 and 11) were explored. Ten people answered these questions in total with 17 separate answers. Though four out of ten participants held very positive attitude toward TBLT implementation, others thought that TBLT could not be easily adopted in the Chinese context due to various factors. Unsurprisingly, there is a significant overlap between data collected from the open-ended questions and that of the closed-ended question. Details will be discussed in the following section.

4.5.2 Qualitative Results

The answers resulted from the open-ended items (Qs 10 and 11) were coded into themes by using thematic analysis (Braun & Clarke 2006). Themes and codes generated from the data are listed as follows:

1) shortage of appropriate teaching materials;

2) classroom management in large classes;

3) high requirements for teachers:

a. the difficulty of task design and task assessment;

b. the complexity of TBLT to be carried out.

The lack of suitable materials for using TBLT is one of the most serious constraints in implementing TBLT in this study. Though many research studies stress the importance of TBLT, there are few genuinely task-based textbooks available (Rooney 2000; Willis &

Willis 2007: 201); "this popular and strongly SLA-based methodology has been eschewed by course books" (Mishan 2013: 273). The findings in this study provide further support for this claim as more than half of the participants believe that "Materials in textbooks are not suitable for using TBLT" (see Table 1). In the open-ended questions, teachers address this issue in the following aspects. Firstly, there lacks textbook that is relevant to TBLT, as they wrote "I find myself short of appropriate materials when I want to use TBLT" and "textbook compiling need to be initiated and designed in line with the TBLT so as to make it workable". Secondly, teachers are not satisfied with the quality of tasks in TBLT-oriented textbook as they think "TBLT designed in textbooks does not quite fit the physical world". In other words, tasks designed in the textbooks are not authentic. However, according to Ellis (2003: 6), one of the most important characteristic of a task is authenticity, which means "task needs to correspond to some real-world activity". Moreover, teachers found the management in large classes can be a problem. Students have different levels of English competence which is challenging for teachers to implement TBLT. One participant deceived that "the English competence of EFL learners play sorts of decisive role in the applicability of TBLT in the English language class".

As discussed earlier in this section, there is limited availability of ready-made task-based materials and textbooks designed to fit TBLT, leading teachers to believing that the only way to implement TBLT is to create their own complete set of teaching materials (Hobbs 2011). However, task design for EFL teachers can be quite challenging, when they, as individual practitioners, have to consider various questions, like how to make the tasks interesting, how to group students and the appropriate amount of input in the pre-task cycle at the same time. For example, one participant comments in the questionnaire that "It is very difficult to design interesting and appropriate tasks. If the task is time-consuming and difficult to do, EFL learners might lose enthusiasm to finish it". Apart from task design, task assessment is another challenge for Chinese EFL teachers. For example, the participants maintain "How to design good tasks and how to assess the effectiveness of the tasks are worth of much attention" and "It is not hard to implement the tasks but it is not easy to assess how far the tasks work effectively on the learners". This echoes the findings in Table 1, where around 20% of the teachers state that they have very little knowledge of TBLT and they find it very difficult to assess learners' task-based performance.

Furthermore, the participants in this study also found it is very challenging to implement TBLT. For example, one participant described, "The idea of TBLT is wonderful, but it's difficult to implement for teaching practitioners. That's why so many English teaching methods are coming and going quickly". Implementing TBLT has high requirements for teachers in refer to understanding of concept of task, the implication of the task-based instruction and also evaluation of the task performance. This can be revealed in the words of one participant: "Assessing the students' performance appropriately requires a lot from the teachers' side, like rich knowledge on the task, quick mind, target language fluency and so on." The findings in this study provide further evidence for the statement made by Butler (2011). According to Butler (2011: 41), non-native English-speaking ELT teachers often do not feel confident of their sociocultural and strategic competence when introducing communicative activities in class, or when assessing student' communicative competence. It is clear that some Chinese ELT teachers in this study feel intimidated by TBLT implementation due to the requirement for a high level of language proficiency and communicative and pragmatic competence.

5. Discussion

In this section, the participants' attitudes toward TBLT regarding their familiarity with TBLT and the use of TBLT are discussed (see Section 5.1). Since the focus of this study is to investigate factors that impede the implementation of TBLT, details on this will be illustrated. In order to improve the situation and encourage the successful implementation of TBLT, suggestions for best practice are illustrated in Section 5.2. Suggestions are mainly focused on the following aspects, namely, the pre-service and in-service teacher training and teachers' further development.

5.1 Teachers' Attitude toward TBLT

As discussed in Section 4.3, around 65% of the participants have used TBLT in their teaching and among these, 88.24%, which is 15 out of 17 people are still using TBLT. In addition, Figure 3 shows that more than half the questionnaire participants (53.33%) use TBLT at least once every 2-5 lessons. This shows that the frequency of use is high. The results indicate that Chinese EFL teachers hold positive attitudes toward the practice of TBLT in their classroom though the comparatively lower-level understanding of TBLT (see Figure 2). In other words, this finding suggests that these teachers are willing to try out TBLT in their teaching.

However, the existence of situational constraints (including contextual and cultural constraints) may lead to the failure of implementation despite favorable attitudes (Oskamp 1991; Cheng & Moses 2011). In this research, though most of the Chinese ELT teachers may prefer the innovative task-based approach, due to constraints from the local context, (for example, large class size and the form-focused examination system), teachers may adopt the language-focused traditional teaching approach in their teaching. Therefore, the factors that hinder the implementation of TBLT will be addressed in the following discussion.

5.2 The Difficulties

As discussed in Section 2.1, educational innovation is a process, which needs to be managed actively throughout its formulation, adoption, and evaluation. Therefore, effective change management of any curriculum innovation is of great importance to its success. Educational change involves different parties in an education system (such as teachers, teacher trainers, material designers, etc.). Thus educational change management needs to be aware of the consequences for all parities within an education system. It is clear that introduction of TBLT as an innovative pedagogy in EFL teaching in Chinese higher education will have implications for coursebook design, teacher training, examination systems. Section 4.5 presents constraints that made the participants avoid using TBLT in a variety of areas within the education system, including the lack of task-based coursebook, the large class size and teachers' ability to use TBLT. It seems that policy makers for the Chinese EFL curriculum innovation did not adopt effective management strategies in order to facilitate the sustainable and successful implementation of TBLT.

Findings in Section 4.5 illustrate that the large class size is an obstacle for teachers to implement TBLT. Around 40% of the participants' classes have more than 50 students and around 11% have more than 100 (see Figure 1). It is widely accepted that a language class with 50-60 or more is "large", even though there is no quantitative definition of what constitute a "large class". While it is not possible to generalize on the basis of a very limited amount of data, it is interesting to note that these results corroborate the findings of the survey conducted by the National College English Committee, which revealed that the average number of students in college English classes surpassed 80 in 2005 (Meng 2009). English as an international language is playing an ever-increasingly important role in the world. Due to China's large population and the larger number of college students since 1999, the large size of classes, at all levels of education, seems to be a challenge for teachers. The ratio of College English teachers versus students is around 1:100 according to a survey carried out by Shu (2004: 190). However, this phenomenon will not disappear in the near future as the number of English learners in China is increasing at surprising speed. It is clear from the above that the English teaching environment in Chinese colleges seems to be a big challenge for any pedagogy, but particularly for TBLT, since task-based teaching encourages interaction in the classroom and many tasks are carried out in groups. Therefore, Chinese EFL teachers have to develop the skills and competences to deal with implementing TBLT in large class sizes.

Moreover, as mentioned in Section 4.5, there are few genuinely task-based textbooks available (Rooney 2000; Willis & Willis 2007: 201). In China, a variety of course books have been compiled and published since the nationwide reform of college English language teaching in 2004; however, among the various versions of course books, few perfectly fit the particular requirements of the TBLT approach (Huang & Zhao 2013). Therefore, it seems that teachers have to adapt the coursebook to fit the principles of TBLT if they wish to carry out tasks in class (Rooney 2000). Willis and Willis (2007: 201-212) offer a range of solutions for teachers to integrate tasks into their coursebook even if the coursebook is not designed for task-based teaching. It is possible to carry out TBLT in the classroom even without the genuinely task-based textbooks. However, it poses challenges for Chinese EFL teachers to be able to adapt the teaching material.

Furthermore, the data in this present study shows that most of the teachers are not confident in understanding the principles and practices of TBLT. The participants in this study also found it is very challenging to implement TBLT. This exposed a major problem in Chinese teacher education; the lack of adequate and appropriate teaching training (Nunan 2003: 606). As discussed in Section 4.4, there is limited opportunity for teachers to develop their teaching skills; it seems that the only accessible way for teachers to develop this is by self-learning. However, educational change requires changes in teacher cognition and identities in the classroom as the process of becoming a teacher involves formation and transformation of teacher identity (Flores & Day 2006). Pre-service and in-service training play crucial roles in shaping and mediating teacher cognition and identity (see Sections 2.2 and 2.3). Teacher education should provide support for Chinese EFL teachers to reconstruct their knowledge and skills and re-conceptualize their professional identity when faced with the National English Curriculum Reform.

5.3 Implications for Practice

As discussed in Section 5.2, there is a need for most of the Chinese ELT teachers to further develop their professional skills, in terms of teaching in large class sizes, material development skills, English proficiency, sociocultural and strategic competence. It seems that a more practical and efficient teacher training program should be developed to deal with problems in the Chinese context. However, the current MA TEFL programs in China are being criticized in terms of overemphasizing the development of teachers' subject matter knowledge (Zhang 2008; Liu & Zhang 2014). This training leads to "a teacher education program aimed at memorializing knowledge, never at nurturing and enhancing teachers' professional practical ability" (Zhang 2008: 200). In addition, the EFL teaching methodology course in the MA programs only briefly introduces various language teaching approaches (e.g. communicative language teaching, the audiolingual method, TBLT, Grammar Translation method) without integrating with any teaching practice. TBLT is only introduced as one of the various language teaching approaches and no special attention or focus has been given to such task-based learning and teaching (Liu & Zhang 2014). It seems that there is a gap between the curricula of EFL and teacher education in Chinese higher education. In order to maintain a sustainable curriculum change, there is a strong need for the adjustment of Chinese EFL teacher education in terms of the curriculum design, training focus, and training model. Moreover, the Chinese EFL teacher education should "empower teachers in constructing their personal theory when confronting educational changes" (Zheng 2015: 53).

Furthermore, findings in this study show that there are limited chances for EFL teacher to attend in-service training in TBLT. From the questionnaires which support this study it is evident that none of the participants had some training in TBLT. According to Meng & Tajaroensuk (2013), the shortage of good and practical in-service professional program in Chinese higher education affects EFL teachers' professional development. The findings in this study further support this statement. Teachers are left with instructions to use methods they are not familiar with without any institutional support. Therefore, it seems that developing a support system for the professional development of Chinese EFL teachers in order to respond to the on-going reforms of ELT is both necessary and crucial.

In terms of teacher training and further development, teachers' ability to adapt or develop teaching material should be highlighted. Teachers in China are frequently required to use a coursebook mandated by the institution. Thus teachers need to be capable of evaluating, adapting and producing materials, to ensure that the teaching material matches the learners and suits their individual teaching contexts, that is, as Tomlinson (2003: 1) suggests, "Every teacher needs to be a material developer." Therefore, teacher trainers should bear in mind teachers' ability to evaluate, adapt and produce materials. In addition, as illustrated in this section, teachers' ability to deal with large class size and their language proficiency and sociocultural and strategic competence should be addressed in teacher training. In order to facilitate teacher teaching, it may be that a national sharing online platform should be created for teachers to exchange ideas on teaching or task design in the Chinese context. This could provide more useful resources in the areas of further study and self-development for teachers. By sharing the design of task-based teaching, teachers can save a lot of time and energy preparing their lessons while a more contextualized task-based teaching model can be created.

6. Conclusion and Outlook

This study investigated teachers' views and understanding of TBLT and its implementation in the Chinese context. The results in the study show that though there are constraints from various aspects (including the teaching materials, large class size, etc.) for the successful implementation of TBLT, TBLT as a communicative teaching approach received very positive feedback from teachers. The majority of the teachers in this study hold positive views towards TBLT even though they have a low-level understanding of principles and practices of TBLT (Liu & Xiong 2016; Liu 2015). This study also highlighted the need for the Chinese ELT teachers to further develop their professional skills and suggestions for teacher education and further development were made. In addition, the empirical research contributes to enriching the data on the TBLT practices in the EFL context. It contributes to a better understanding of curriculum innovation and English teachers' professional development in the Chinese context, all of which have implications for the implementation of other innovative teaching methods in China. This research also yields informative insights regarding sustainable curriculum change management, policy implementation and professional development of English teachers in the EFL context.

References

Barnard, R. & N. G. Viet. 2010. Task-Based Language Teaching (TBLT): A Vietnamese case study using narrative frames to elicit teachers' beliefs. *Language Education in Asia* 1: 77-86.

Borg, S. 2006. *Teacher cognition and language education*. London: Continuum.

Braun, V. & V. Clarke. 2006. Using thematic analysis in psychology. *Qualitative Research in Psychology* 3 (2): 77-101.

Butler, Y. 2011. The implementation of communicative and task-based language teaching in the Asia-Pacific region. *Annual Review of Applied Linguistics* 31: 36-57.

Cao, L. 2012. A feasibility study of task-based teaching of college English writing in Chinese EFL context. *English Language Teaching* 5 (10): 80-91.

Carless, D. 1997. Managing systematic curriculum change: A critical analysis of Hong Kong's target-oriented curriculum. *International Review of Language Education* 43 (4): 349-366.

Carless, D. 2003. Factors in the implementation of task-based teaching in primary schools. *System* 31 (4): 485-500.

Carless, D. 2004. Issues in teachers' reinterpretation of a task-based innovation in primary schools. *TESOL Quarterly* 38 (4): 639-662.

Carless, D. 2005. Prospects for the implementation of assessment for learning. *Assessment in Education* 12: 39-54.

Cheng, X. Y. & S. Moses. 2011. Perceptions and implementation of task-based language teaching among secondary school EFL teachers in China. *International Journal of Business and Social Science* 2 (24)：292-302.

Day, C. 1999. *Developing Teachers: The Challenge of Life-long Learning*. London: Routledge.

Dörnyei, Z. 2007. *Research Methods in Applied Linguistics: Quantitative, Qualitative and Mixed Methodologies*. Oxford: Oxford University Press.

Du, Y. 2012. Cooperative learning in college English class in Chinese context. *Contemporary English Teaching and Learning in Non-English Speaking Countries* 1 (1): 78-94.

Ellis, R. 2003. *Task-based Language Learning and Teaching*. Oxford: Oxford University Press.

Ellis, R. 2006. Current issues in the teaching of grammar: An SLA perspective. *TESOL Quarterly* 40 (1): 83-107.

Evdokia, K. 1996. Using attitude scales to investigate teachers' attitudes to the communicative approach. *ELT Journal* 50 (3): 187-198.

Flores, M. & C. Day. 2006. Contexts which shape and reshape new teachers' identities: A multi-perspective study. *Teaching and Teacher Education* 22 (2): 219-232.

Freeman, D. 1993. Renaming experience/ reconstructing practice: Developing new understanding of teaching. *Teaching and Teacher Education* 9 (5-6): 485-497.

Freeman, D. 2013. Teacher thinking, learning, and identity. In K. Hyland & L. Wong (eds.). *Innovation and Change in English Language Education.* London: Routledge. 123-136.

Graves, V. & B. Shoen. 2006. "Innovability" analysis: Teachers in task-based language education. http://www.hawaii.edu/eli/research/research-papers/papers-research/Graves-and-Shoen-2006.pdf.(accessed 30/04/2016).

Guest, G., K. M. Macqueen & E. E. Namey. 2012. *Applied thematic analysis*. Thousand Oaks, CA: SAGE

Hobbs, J. 2011. *Practical Steps Towards Task-based Teaching*. Tokyo: JALT. 487-495.

Hu, R. 2013. Task-based language teaching: Responses from Chinese teachers of English. *TESL-EJ* 16 (4). Retrieved from http://tesl-ej.org/pdf/ej64/a1.pdf. (accessed 9/04/2015).

Huang, J. B. & Y. Zhao, 2013. The design of task-based college English coursebooks: A study from the perspective of task-based language teaching. *Polyglossia* 24: 26-40.

Jeon, I. & J. Hahn. 2006. Exploring EFL teachers' perceptions of task-based language teaching: A case study of Korean secondary school classroom practice. *Asian EFL Journal* 8 (1): 123-143.

Littlewood, W. 2007. Communicative and task-based language teaching in East-Asian classroom. *Language Teaching* 40 (3): 243-249.

Liu, Y. Y. 2015. Task-based language teaching (TBLT) in Chinese higher education: EFL teachers' perceptions. Ph.D. Dissertation. Limerick: University of Limerick.

Liu, Y. Y. & T. Xiong. 2016. Situated Task-based language teaching in Chinese higher education: Teacher education. *English Language Teaching* 9 (5): 22-32.

Liu, Y. & Y. Zhang. 2014. Investigations on status of English major postgraduates' academic research ability cultivation. *Journal of Higher Education Finance* 17 (2): 52-58.

Meng, F. 2009. Encourage learners in the large class to speak English in group work. *English Language Teaching* 2 (3): 209-224.

Meng, J. & S. Tajaroensuk. 2013. An investigation of tertiary EFL teachers' problems in their in-service professional development. *Journal of Language Teaching and Research* 4 (6): 1356-1364.

Miao, H. 2014. The task-based teaching of writing to big classes in Chinese EFL setting. *English Language Teaching* 7 (3): 63-70.

Mishan, F. 2013. Studies of pedagogy. In B. Tomlinson (ed.). *Applied Linguistics and Materials Development*. London: Continuum. 269-287.

MOE (Ministry of Education). 2001. *National English Curriculum Standards for Nine-year Compulsory Education and Senior Higher School Education*. Beijing: People's Education Press.

Nunan, D. 2003. The impact of English as a global language on educational policies and practices in the Asia-Pacific region. *TESOL Quarterly* 37 (4): 589-613.

Oskamp, S. 1991. *Attitudes and Opinions* (2nd ed.). Englewood Cliffs, NJ: Prentice Hall.

Rooney, K. 2000. Redesgning Non-task-based materials to fit a task-based framework. http://iteslj.org/Techniques/Rooney-Task-Based.html (accessed 23/09/2014).

Richards, J. 1998. *Beyond Training: Perspectives on Language Teacher Education*. Cambridge: Cambridge University Press.

Richards, J. & C. Lockhart. 1994. *Reflective Teaching in Second Language Teaching Classrooms*. Cambridge: Cambridge University Press.

Shu, D. 2004. *EFL in China: Problems and Suggested Solutions*. Shanghai: Shanghai Foreign Language Education Press.

Slaouti, D. & G. Motteram, 2006. Reconstructing practice: Language teacher education and ICT. In P. Hubbard & M. Levy (eds.). *Teacher Education in CALL*. Amsterdam: John Benjamins Publishing Company. 81-97.

Tomlinson, B. 2003. Introduction in B. Tomlinson (ed.). *Developing Materials for Language Teaching.* London: Continuum. 1-14.

Van den Branden, K. 2006. Training teachers: Task-based as well? In K. Van den Branden (ed.). *Task-based Language Teaching: From Theory to Practice.* Cambridge: Cambridge University Press. 217-248.

Wagner, J. 1991. Innovations in foreign language teaching. In R. Phillipson *et al*. (eds.). *Foreign Language Pedagogy Research: A Commemorative Volume for Claus Færch*, Clevendon: Multilingual Matters.

Walters, A. & M. Vilches. 2013. The management of change. In K. Hyland & L. Wong (eds.). *Innovation and Change in English Language Education.* London: Routledge. 120-135

Willis, D. & J. Willis. 2007. *Doing Task-based Teaching*. Oxford: Oxford University Press.

Zhang, W. M. 2008. In Search of English as a Foreign Language (EFL) Teachers' Knowledge of Vocabulary Instruction. Ph.D. Dissertation. Georgia: Georgia State University.

Zheng, H. 2015. *Teacher Beliefs As A Complex System: English Language Teachers in China*. New York: Springer.

Zheng, X. M. & B. Adamson. 2003. The pedagogy of a secondary school teacher of English in the People's Republic of China: Changing the stereotypes. *RELC Journal* 34 (3): 323-337.

Zheng, X. M. & S. Borg. 2014. Task-based learning and teaching in China: Secondary school teachers' beliefs and practices. *Language Teaching Research* 18 (2): 205-221.

显性学习科目 隐性习得英语
——CBI 视角下中学外教课堂的观察研究与话语分析 *

张效珍
广东外语外贸大学

摘要：本研究聚焦于外教在中国中学课堂中如何处理学科内容目标与英语语言目标的关系，以及采用何种教学策略来促进学生双重目标的实现。通过课堂结构性观察、描述、分析以及话语分析的方法，研究发现，外教课堂中，英语主要作为教学的媒介来达成显性的学科目标，同时隐性地习得英语语言。这种教学模式有助于学生以最直接的方式获得对学科原理的深刻理解和自然的语言运用能力，但同时也存在忽略语言目标的倾向。本研究有助于反思外教教学的本土适应性，为中国教育的国际化进程提供理论指导。

关键词：CBI；外教；教学策略；课堂观察；话语分析

1. 引言

在世界经济全球化浪潮下，教育国际化已然成为我国基础教育改革和发展的战略选择和既定方针。《国家中长期教育改革和发展规划纲要（2010—2020 年）》鼓励学校开展多层次、宽领域的教育交流与合作，提高我国教育国际化水平，提出“要加强中小学、职业学校对外交流与合作”，“鼓励各级各类学校开展多种形式的国际交流与合作，办好若干所示范性中外合作学校和一批中外合作办学项目”（教育部 2010），以探索利用国外优质教育资源的多种方式。因此，实现基础教育的国际化，成为越来越多的教育管理部门和学校的追求。

深圳市教育局先行一步，大胆尝试了在公立学校全面引进外教，由外教开设包含音乐、美术、形体、戏剧、科学等学科课程。国际合作呈逐年扩大趋势，仅 2014 年，深圳市与中国国际教师协会签约就引进 65 名外教，分别在深圳市的 31 所学校任教。深圳市宝安区第一外国语学校（以下简称宝一外）是其中卓有成效的实验学校。2012 年至 2015 年间，由加拿大列治文市教育局派来 4 名外教，为学校 100 余名学生（按照自愿原则，经家长抽签产生）提供每周 8 节外教学科课程。

* 本研究为教育部哲学社会科学研究重大课题攻关项目“中国外语教育改革与发展”（项目批准号：15JZD048）的阶段性成果。

合作产生了积极的效益。以宝一外的教育国际合作项目为例，2014 年 5 月，宝一外组织专家组采用英语书面测试、口语测试、个别访谈、资料查阅、课堂观察和现场走访等途径，对中加合作英语教学实验班项目进行了全面评价，并结合学校自评与第三方评价、过程性评价与结果性评价的有机结合，形成了实验班“绩效报告”。报告表明，实验带动了学校教育观念的转变，促进了教学方式的创新，加快了与国际先进教育水平接轨的步伐，对学校打造外语特色品牌产生了强大的推动力。

然而同时，研究者也发现一些不可忽略的问题。如中加双方的课程教学目标和课程体系深入融合的问题；个别学生不适应外籍教师授课的问题；优质教育资源效益发挥不充分的问题等等。其中，由外教进行学科教学而引起的教学目标和课程体系的融合问题是校方和学生以及家长普遍担心的问题。

在国际语言教学与研究领域，教师对以英语为外语的学习者进行全英学科教学，这称为“基于内容的语言教学”（Content-based Language Instruction，简称 CBI）（Snow，Met & Genesee 1989），或“融合性语言教学”（Integrated Language Instruction），它是西方自 20 世纪 80 年代中期以来兴起的一个外语教学法流派，也是第二语言和外语课程设计的一种新理念。在欧洲，类似的教学体系被称为 CLIL（Content and Language Integrated Learning），是被欧洲外语和第二语言教学实践和研究广泛采纳的教学理念。英国、中国香港地区的学者也常采用 EMI（English Medium Instruction）来代表同样的教学思路。

本文采纳 CBI 这个国际通用的简称来指称类似的教学模式。根据 Brinton 的定义，CBI 是“一种将特定的学科内容与语言教学目标结合起来，将当前学术领域的教学与第二语言的技能相结合的一种教学”（Brinton *et al.* 1989）；因此，其教学目标包括“发展第二语言或外语能力，并在学习特定学科内容的过程中获得杰出的内容和语言的运用能力”（Wesche 1993）的双重目标。来自第二语言习得研究、教育心理学、教学策略等研究领域的学者都对该教学模式和理念进行了研究（Cummins 1981），肯定了该模式的价值，认为当外语或第二语言与学术内容相联系时，我们能够获得比孤立学习第二语言更为有效的学习成效。然而外教在中国进行的CBI教学还是新生事物，可资参考的实践经验和科研成果都相当匮乏。

因而本文借助深圳宝一外为课题研究提供的便利，以课堂结构性观察和描述分析的方法为主，辅以教师话语分析，对宝一外实验班的三位外教课堂进行研究，分析外教 CBI 课堂的学科内容与英语语言的双重目标的处理和教学策略问题，据此提出相应的指导性建议，以求实现外教教学的本土适应性，并对未来将引进外教的教育部门和进行外教教学的学校有借鉴作用。

2. 相关研究：外教 CBI 教学在国内中学是全新的实践和研究领域

近十年来，有关外教课堂教学的研究论文集中在多个主题，如对外教语言教学的研究，尤其是口语教学的研究；外教课堂教学的文化适应性研究；中外英语教师课堂对比的研究等。

李玲清（1997）认为外籍教师所主导的 CBI 课堂，形成了目的语的言语社区（language community），创造了学习语言的自然环境，使得他们在我国的英语教学中发挥着中国教师所不能替代的作用。外教以学生为中心的口语教学，有助于形成学生积极的态度，获得更好的交际效果。但外教在教学中较少纠正学生的错误语法，以体态语代替语言的表达等，会对学生的学习产生负面影响（刘佳 2010）；根据对外教口语课堂的观察研究，指出了外教教学在文化适应和方法上的不足，建议加强对外教在教学方法、内容、评价等方面的监督和管理（廖英、张月丽 2015）。外教在文化适应性方面，较关注师生之间的多维互动和交流，在互动模式上通常采用合作式、个别化、小组讨论等教学形式或多种教学形式相组合，在教学组织上体现出以人为本、灵活应变的原则，重视知识在实践中的应用，主张学生自己去思考和解决问题（周玉忠、王辉 2004）。陆璐、董金伟（2015）运用文化定型理论研究探讨了大学英语外教教学问题的成因，为减少课堂冲突、优化教学效果提供了理论依据。

对外教课堂进行的话语研究（classroom talk）有多个角度。有学者运用话语分析的方法对比研究了中外教师课堂互动模式（李素枝 2007）。通过对外教与中国教师所执教的大学英语课堂在师生交互模式及话步频数方面的对比分析，作者指出 TST（教师—学生—教师）交互模式在中国教师课堂中出现的频率明显高于外教的课堂；在师生话步频数方面，两组课堂没有显著差异；此外，外教课堂的关注点更多集中在语言学习过程的意义协商，知识建构的问题。也有研究者通过个案研究对中外教师英语课堂话语进行对比分析，发现在课堂总话语量、课堂提问、课堂会话结构和反馈方式等几方面，中外教师在课堂提问方式上差异较大，中方教师课堂提问总数是外教的四倍多（胡青球 2007），这与前者的研究结论相互印证。

上述对外教课堂的研究多集中在大学阶段，原因在于基础教育阶段除了少数外语特色学校，其他学校的外教人数有限或基本没有。在内容上多集中在外教口语教学，外教课堂的文化适应性、师生互动特征等问题，鲜有以 CBI 内容教学的角度去描述和深入研究外教的课堂。作为一种全新的实践领域，外教在中学运用全英语进行多种学科教学值得我们深入研究，总结经验。

3. 研究方法：课堂观察与话语分析相结合

根据研究目的，本文采用课堂结构性观察与描述，并辅以话语分析的方法，对宝一外任教的三位外教的课堂进行了录像观察和分析评价，以期获得感性与理性兼备的研究结论。

3.1 课堂结构性观察

本文采纳了 Waxman 等（2004）开发的专门针对 CBI 课堂的观察表，“在预设的分类下获得对被观察现象的详尽描述”（陈瑶 2002）。具体而言，研究者分别就宝一外三位外教的课堂目标、教学方法、师生互动、教师语言输出等进行了课堂观察与基于录像带的描述分析。观察记录的重点内容包括：

1）教师如何引入学习目标和内容。教师是否明确向学生提示课堂教学的学科与语言的双重目标？

2）教师运用何种教学策略进行教学。教师的教学策略主要是针对学科目标还是语言目标？

3）师生互动的特征。师生互动能否体现教师在 CBI 教学背景下的独特性？

通过对课堂录像的观察研究和分析能够“对现象进行深入而细致的研究，再现其本质，从而为处于类似情境的人和事起到一种关照作用，通过认同而得到推广”（陈向明 1996）。同时，为弥补课堂观察与描述研究所不可避免的主观性的缺陷，本文同时采纳了课堂话语分析的方法。

3.2 课堂话语分析

通过对教师的课堂话语进行分析，获得教师的课堂话语输出特点的认识。也即回答这样的问题：教师的教学语言中针对学科内容目标和语言目标的数量和比例如何？教师的课堂话语的长度与复杂性如何？

研究者对外教的课堂话语进行了逐一转录，并以话语单元为单位（AS-units-Analysis of Speech Units）（McCarthy 1998），对外教“完成各种事情的方法、方式和技巧”（陈瑶 2002）进行编码，据此统计相应的话语量和各类话语的比例。

“AS-unit”是指一个主句和从句（subordinate clauses）或子句（sub-clausal）构成的语言单位（McCarthy 1998：79）。Foster 等（2000）在此基础上设计了话语单元编码模式作为研究口语的工具。根据研究目的，本文对外教课堂话语的编码进行了改编。具体如下：

TLC（teacher language of content）= 教师对学科内容的描述、解释、叙述，指导；

TLL（teacher language of language）= 教师对语言的描述、解释、叙述，指导；

TLM（teacher language of management）= 教师进行课堂管理，解释、叙述课堂或课后任务等。

研究者对教师三种类型的话语从总数和长度进行了统计。在 Foster 等（2000）和 Moser（2010）研究的启示下，分别统计其 7 个单词以上和以下的话语单元总量和比例，从中可分析外教在课堂中使用简单句和较复杂的长句的情境特征。

虽然在确定某一个话语单元属于何种类型时仍不可避免地依赖主观判断，但由于其三种类型话语的特征鲜明，因而在统计上歧义较少。最终通过定性描述和定量统计相互佐证来揭示外教 CBI 课堂中的教学策略及特点。

4. 对外教课堂的描述和讨论

如前所述，课堂结构性观察包含了对三位外教课堂的课堂目标、教学方法和策略以及师生互动的观察和描述。

4.1 外教 Jack[1] 的课堂

这是一节戏剧创编展示课。Jack 在课前已将课堂教学目标手书在黑板上，要求学生完成题目为“wild things story”的戏剧创编，并运用形体和语言排演戏剧。Jack 在大约 3 分钟内向学生阐明了课堂任务。除强调板书内容目标外，Jack 没有提及本节课需要学习的单词、句型等语言目标，也没有对单词、语法进行专门讲授。但是在陈述目标和活动要求的过程中，Jack 使用了体态语和手势语，以增强其语言的可理解性。比如在讲到“提高声音（project your voice）”“戏剧性的（dramatic）”的时候，他将食指和拇指相对，右手形成喇叭状，从嘴边迅速挥向前方，手掌迅速张开来表示 voices 和 sounds；掌心向内绕自己胸口几圈，表示 bodies 等。同时也利用环境加强单词学习。比如在教室的窗玻璃上，贴有学生绘制的英文单词彩图。包括一些比较简单的单词，如“creepy”“bored”“wicked”等，也有一些难度较高的形容词“aggressive”“anxious”等，显然这些都是戏剧创编可能用到的表示情感的形容词。

课堂采用了任务型教学和小组合作的课堂组织策略。学生分为 6 个小组，每组 3 名同学，围坐一起。Jack 分发活动所需的图片后，学生开始紧张忙碌起来。此后 20 分钟内，教师不断巡视全班，确保各个小组明了任务目标，并随时解答学生问题。10 分钟后，Jack 提醒每个小组应在 10 分钟内完成故事写作，上台表演。此时小组开始试图用英语将图片连接起来。第 20 分钟左右，学生上台进行戏剧表演。

师生之间的话语互动主要是 Jack 巡视课堂时，与个别小组和个别学生的交

1. 本文教师名均为化名。

流，面向全班讲授时互动较少。偶尔为了检验学生是否听懂，Jack会向学生发问"Understand?"看到学生点头或说"Yes"后，才继续讲课。几乎没有针对讲授内容的全班集体问答式的互动交流，也没有个别提问式的互动。学生通过用英语向教师发起提问而引发个别交流。此外，与同伴汉英夹杂的讨论是学生语言输出的主要机会。

4.2 外教Amy的课堂

本节课的任务是学习由于气候变化而引起的动物杂交繁殖现象。Amy首先讲解什么是气候变化（what is climate change），用PPT展示天气变化（climate change）的定义，并用手指指着逐行读给学生听。第三分钟后用同样的方式讲解杂交（what is crossbreeding）的概念。在确认学生明白其含义后，Amy展示两张整页几乎都是文字、内容含量较高的PPT，继续阐明气候变化对动物生存环境的影响。第六分钟开始，Amy展示了两张图片，一张灰熊（grizzly bear）和北极熊（polar bear）的照片，以及它们杂交后的后代照片，并描述其特征。接着展示两种鲸类（blue whale and narwhal）及其后代，并描述其特征。最后以电影《饥饿游戏》（*Hunger Games*）里创造的变种动物为例，引出今天的任务，即学生小组合作创作一种因气候变化而杂交变异的动物，画在A3纸上。学生需要向全班展示，并说明这种动物来源于哪两种动物，有什么特性，而经过杂交的新物种又有哪些强于上一代的特性。

Amy同样采用了任务型教学的策略和小组合作的课堂组织方式。为确保学生明了任务，Amy举着自己事先画在A4纸张的自己创作的动物，巡回教室一周，让学生近距离观看，同时解释自己的创作的动物。这一段解释时间较长，如果写下来相当于一篇200字的作文。第12分钟左右，学生开始自由组合，3人一组，上台领取纸张等材料。

Amy与学生的互动主要体现小组活动时与个别学生的交流。在20分钟小组合作学习中，Amy与个别学生的互动达30人次左右，每次与学生的互动时间大约30秒到3分钟不等。几乎每一个学生都有与她对话的机会。互动中Amy和学生常利用肢体语言达成相互的理解。学生的肢体语言和面部表情是自然的。其次是课堂的前10分钟面对全班阐述课堂目标、内容和任务的时候，为保证学生能够理解，Amy刻意保持相当于慢速VOA语速，并常使用"Does it make sense?""Questions?"等语言进行确认。

4.3 外教Jenny的课堂

本节课的任务是要求学生学会用大事年表标明并阐述各种历史事件的发生

年代。Jenny 在开始的 3 分钟内主要通过与学生进行问答交流，讨论了几个物件以及几位名人像，并确认相关事件和发生年代。比如先后问学生什么是算盘（abacus），谁认识伊丽莎白（Elizabeth），并围绕这些事物和人物的年代问题与学生进行简短的面向全班的对话。然后 Jenny 在黑板上画了一个时间坐标，告诉学生这是大事年表时间线（timeline），接着引出今天的任务。Jenny 没有明确对学科语言或语法进行专门讲解，但对一些重要的学科词汇，还是给予了重视。比如 timeline 是本节课的关键学科词汇，Jenny 虽然没有专门针对该词的读音及意义进行解释，但是却以前面充分的例子做铺垫，让学生直接弄懂了该词的含义。又如 Jenny 比较明显地强调了 chronological 这个词汇，把它作为重量级词汇（big word）写在黑板上。

Jenny 也采用了任务型教学策略和小组合作的组织策略。第 13 分钟后，Jenny 给每组分发内容不同的材料。学生每两人一组，在教室走动与其他小组交流各自年表上的事件。Jenny 不断巡视，主动询问学生并与他们交谈。个别小组获得较长时间的具体指导。

师生话语互动方面主要是开课前与几位学生的简短对话，课上师生的问答以及小组活动时的个别答问。本节课有较多的师生全班问答式的互动。比如课前 Jenny 安排学生分发作业时，一直与学生进行日常生活对话。如“How are you today?”“Happy? Raise your hand.”等。在与全班互动中比前面两位教师采用更多的问答，如问学生“What is this in English?”“Does anybody remember this lady?”等。学生的回答自然放松，中英文回应均有。教师语速正常偏快，参与过互动的学生比例大约为三分之二。

5. 对外教课堂的话语分析

本文同时对教师面对全班讲授的课堂话语进行了转录、编码和分析，不包含进行小组和个别指导的话语。统计结果均可更直观地展示在 CBI 课堂中外教采纳何种教学策略来实现学科与语言的双重目标。

5.1 教师 AS-units 话语总数、长度统计及分析

研究者将转录为书面文字的课堂话语逐一划分为独立的 AS-units 单元，对外教话语进行话语总量以及不同类型话语量的统计。表 1 显示了教师 AS-units 话语总数及长度。根据 Skehan & Foster（2005）的研究，英语口语中 7 词以下多为简单句，而 7 词以上则多为含有从句的复合句。以下分别统计其 7 个词以上和以下的话语总量。

表 1 教师 AS-units 话语总数及长度统计表

教师	AS-units 句子单元总数	AS-units 7 字以下		AS-units 7 字以上	
		数量	百分比	数量	百分比
Jack	40	30	75%	10	25%
Amy	116	55	47%	61	53%
Jenny	154	123	80%	31	20%
总数	310	208	67%	102	33%

以更直观的柱状图显示如下：

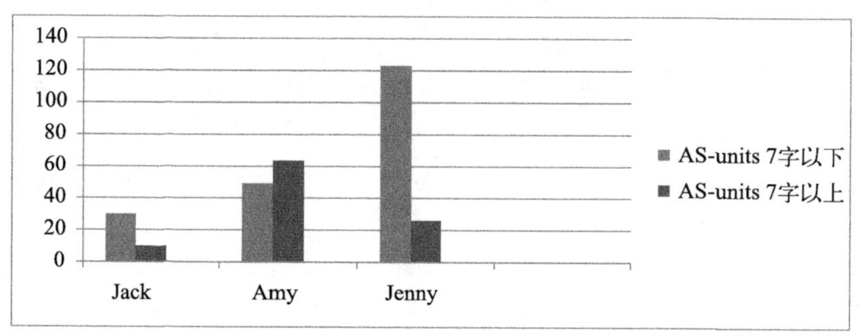

图 1 教师 AS-units 话语总数及长度

由表 1 可知，在话语总量上，Jack 的课堂语言 AS-unit 单元总数为 40 句，Amy 为 116 句，Jenny 为 154 句。其中，可看出 Jenny 整体讲授用时较长，语言输入量最多。而最少的 Jack，话语总量仅为 40。总的来说，三位教师面对全班集体进行的语言输入极为精简。在话语长度特征上，柱状图的浅色显示 AS-unit 7 词以下的话语量，三位教师分别为 10、55、123，分别占其总话语量的为 75%、47%、80%。深色为 AS-unit 7 词以上话语量，三位教师分别为 10、61、31，分别占其总话语量的 25%、53%、20%。

这个结果反映出教师的个人语言特点，也反映出教师授课内容的性质和复杂程度。总体上显示教师都倾向于使用学生更易于接受的简单句。其中，Amy 明显地更加偏好使用复杂句型，从一定意义上体现 Amy 在表述上学科性更强，更为严谨。因为只有使用较复杂的从句，才能科学地描述一个概念或事物。而 Jenny 倾向于主要使用 7 词以下的简单句，可看出 Jenny 很重视与学生的日常交流，但她也同时能适度运用比较复杂的句型来表达内容，7 词以上话语单元达到 30 以上，数倍于 Jack。Jack 的话语总量较少，更多的交流在小组活动中达成。

当然课堂话语的总量和各类话语的占比是个动态过程。虽然本统计只能反映该教师在这一堂课中的特征，但结合与中方教师和对学生的非正式访谈，这样的课堂有相当的代表性。

5.2 教师 TLC 与 TLL 句子单元总数和比例及分析

本文分别以 TLC、TLL、TLM 的编码，代表课堂话语中教师对学科内容、英语语言以及课堂管理等三方面进行解释、叙述和指导的话语。研究者只统计教师全班授课的话语。

表 2 教师 TLC/TLL/TLM 句子单元总数及比例

教师	AS–units 句子单元总数	TLC 句子单元（学科内容）		TLL 句子单元（英语语言）		TLM 句子单元（课堂管理）		其他	
		总数	比例	总数	比例	总数	比例	总数	比例
Jack	40	2	5%	0	0%	30	75%	8	2%
Amy	116	52	45%	0	0%	39	34%	25	22%
Jenny	154	12	8%	2	1%	51	33%	65	42%
总数	310	66	21%	2	0%	120	39%	98	32%

以更直观的柱状图显示如下：

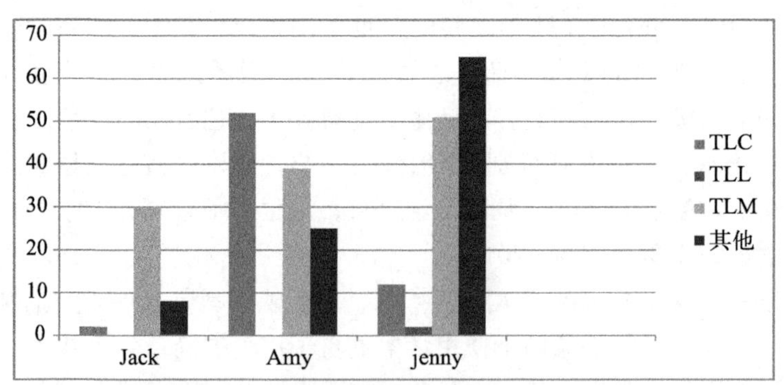

图 2 教师 TLC/TLL/TLM 句子单元总数及比例

统计显示，三位外教 TLC 话语单元总数分别为 2、52 和 12，分别占其总话语量的 5%、45%、8%。显示 Amy 的课堂学科目标话语占据较大比例，达到将近一半，为整堂课主要的话语类型，与我们前面的观察描述一致，是最为典型的

CBI 课堂。而 Jack 的课堂是一种非典型的 CBI 教学，看不到学科内容目标的学习，这可能与本节课重在活动与创编，不需要过多讲解有关。

三位外教 TLL 的话语单元总数分别为 0、0 和 2，几乎可以忽略。可以看出外教一致的理念是将英语仅仅作为学习学科的媒介，不需要着意讲解。

三位外教 TLM 的话语单元总数分别为 30、39 和 51，分别占其总话语量的 75%、34%、33%。其他不能涵盖在上述三类的话语总数分别为：8、25、65，分别占其总话语量的 2%、22%、42%。这提示在课堂中，学生对外语语言的习得很大程度上依赖于教师对任务的阐述、课堂管理以及其他日常交流话语。

6. 研究发现与讨论

上述研究表明，三位外教的课堂都属于典型的 CBI 教学，虽各有其特点，比如课堂语言输入总量有较大的差别，学科内容目标和语言目标的侧重点不同，语言运用的复杂程度不同，但仍以更多的共性区别于我国单纯以语言学习为目标的外语课堂。

6.1 显性的学科目标和隐性的语言习得相结合的课堂教学

学科目标都以显性的方式突出地呈现给学生。外教均在课堂开始后的 5-10 分钟内完成对学科内容和任务目标的阐述。学科目标不仅由教师口头阐述，还鲜明地写在黑板上，显示在 PPT 中，甚至体现在教师亲手画出的示范模板上。教师整堂课的大部分话语用来阐述学科内容、布置任务和进行课堂管理。在小组活动中教师与学生个别互动的话语内容也主要围绕课堂任务进行。在这种情境中，戏剧的表现方式、生物进化的原理、历史概念的理解等学科目标的完成是课堂的首要任务。

同时，学生隐性地习得英语语言。外教将英语仅仅作为教学的媒介，像对待英语母语者一样使用英语。除了用放慢语速和肢体语言帮助学生理解外，教师鲜有专门针对词汇、语法所做的讲解或练习。但学生却以潜移默化的方式习得相应的学科词汇、讨论对话的能力和表达的能力等，进而获得地道自然的英语思维能力。比如，Jack 的课堂中挂在墙壁的词汇，就是一种隐性的习得方式。而学生大多能够直接用英语领会教师意图并开始活动，体现了学生的直接思维能力。

6.2 真实任务与小组合作相结合的课堂教学

通过小组合作的课堂组织方式完成真实任务是三位教师不谋而合的做法。学科目标是以任务为主导，语言学习也以任务为驱动。如前所述，教师进行大班授课的时间都没有超出 10 分钟。10 分钟内完成学科内容和目标的陈述、铺垫后，教师把大部分课堂时间都交给了学生。在这种组织策略下，师生之间和学生之间的交际互动是真实情境下的自然交际，是为完成学科任务而进行的自然交流。因而课堂上很少出现重复性操练，也很少有大班授课下师生集体问答式的互动。这种组织策略有助于学生在完成显性学科目标任务的同时，隐性地习得英语。

6.3 双重目标的基础上建构和实现第三重目标

以原汁原味的语言帮助学生获得最原始的话语形式，以最直接的方式获得对学科原理的认识，避免误译和语言转换所带来的信息歪曲和丢失，从而更深刻地理解课程内容和自如地使用日常语言，这是外教课堂实现的第三重目标（Stoller 2004）。严谨的学科语言与生活化的日常语言的输入相结合，客观上帮助学生达成对学科原理的理解和外语语言的自如运用。这体现在，在外教总话语量中，代表学科内容的话语与课堂管理等的数量是相当的。此外，虽然没有确切统计，但可观察到外教在小组活动中与学生的个别互动是非常活跃的。其效果可以体现在学生完成任务的自信展示，以及学生在与教师对话时自信的神态、自然的表情和自如的手势语等。

6.4 强调学科任务而忽略语言目标的倾向

总体而言，外教的 CBI 课堂强调学科任务的完成，但对学生需要掌握的语言目标缺乏明显提示。虽然学生通过环境和对话等方式隐性习得英语，但这种完全忽略语言目标的方式的学习效率需要进一步探究。正如 Met（1999）研究中指出的，CBI 教学中教师最好能够在内容驱动（content-driven）和语言驱动（language-driven）的两级坐标上，找到自己课程的位置，并进行相应的课程设计。对外语学习者来说，完全忽略语言目标可能会削弱其通过此类课程提高外语能力的机会。

7. 结论

本文对深圳宝一外三位外教的录像课进行了结构性观察和描述分析，并对外教课的话语进行了转录、编码，并以 AS-unit 为单位进行了话语分析。研究发现，与单纯以语言学习为目标的中国传统外语课堂相比，外教 CBI 课堂最显著的特征是更多地将英语作为教学的媒介来学习学科内容，即采用了在外语与第二语言习得理论中的 CBI 原理，使学生达成显性的学科目标的同时，隐性地习得英语语言，并采用真实任务和小组教学，使得学生在有意义和目的性较强的环境下学习并使用语言，因而更进一步达成对学科原理的深刻理解和自然的语言运用能力。但外教课忽视了学生作为外语学习者对掌握学科理论与巩固强化学科语言能力的双重需要，存在只单纯强调学科任务的倾向。此研究结论提示我们在吸取外教有益经验的同时，也应反思外教教学的本土适应性。中外合作双方应就外教在外语教育理念和教学策略方面做到充分沟通，对引进教师的第二语言教学理论素养提出要求，从而使外教的引进课程实现效益最大化。本文没有对相关教师和学生进行问卷或访谈研究，缺少来自参与者的描述和评论，因而相关研究存在一定的主观性。

参考文献

Brinton, D.,M. A. Snow & M. B. Wesche. 1989. *Content-based Second Language Instruction*. Boston: Heinle & Heinle Publishers.

Cummins, J. 1981. The role of primary language development in promoting educational success for language minority students. In C. F. Leyba (ed.). *Schooling and Language Minority Students: A theoretical Framework.* Los Angeles: California State University, Evaluation, Dissemination, and Assessment Center. 3-49.

Foster, P., A. Tonkyn & G. Wigglesworth. 2000. Measuring spoken language: A unit for all reasons. *Applied Linguistics* 21: 354-375.

McCarthy, M. 1998. *Spoken Language and Applied Linguistics*. Cambridge: Cambridge University Press.

Moser, J. 2010. Using an AS-unit complexity benchmark to measure beginner learner oral production in communicative tasks. In《大阪樟蔭女子大学論集》第 47 号 .191-201.

Met. M. 1999. *Content-based Instruction: Defining Terms, Making Decisions.* NFLC Reports. Washington, DC: The National Foreign Language Center.

Snow, M. A., M. Met & F. Genesee. 1989. A conceptual framework for the integration of language and content in second / foreign language instruction. *Tesol Quarterly* 23 (2): 201-217.

Stoller. F. L. 2004. Content-based instruction: Perspectives on curriculum planning. *Annual Review of Applied Linguistics* 24: 261-283.

Waxman, H. C., R. G. Tharp & R. S. Hiberg (eds.). 2004. *Observational Research in U.S. Classrooms: New Approaches for Understanding Cultural and Linguistic Diversity.* Cambridge: Cambridge University Press.

Wesche, M. B. 1993. Discipline-based approaches to language study: Research issues and outcomes. In M. Krueger & F. Ryan (eds.). *Language and Content: Discipline- and Content-based Approaches to Language study.* Lexington, MA: D.C. Heath. 217.

陈瑶，2002，《课堂观察指导》。北京：教育科学出版社。

陈向明，1996，定性研究方法评介，《教育研究与实验》(3)：62-68。

胡青球，2007，中外教师英语课堂话语对比分析——个案研究，《国外外语教学》(1)：32-37。

教育部，2010，《国家中长期教育改革和发展规划纲要（2010—2020年）》，http://www.moe.edu.cn/publicfiles/business/htmlfiles/moe/moe_838/201008/93704.html.2010-07-29（2017年8月22日读取）。

廖英、张月丽，2015，利用课堂观察法探讨外籍教师的教学特点，《中国成人教育》(5)：121-123。

李玲清，1997，论外籍教师在外语语言教学中的作用，《汕头大学学报》(1)：54-58。

李素枝，2007，中外教师英语课堂互动模式对比研究，《解放军外国语学院学报》(2)：34-39。

刘佳，2010，从外教口语课堂特点重新审视交际法的运用，《西安外国语大学学报》(1)：108-112。

陆璐、董金伟，2015，文化定型对高校英语外籍教师教学效果的影响——基于定型理论的分析，《外语研究》(5)：57-60。

周玉忠等，2004，外教与中国师生在外语教学有关问题上的分歧探析，《外语教学》(6)：77-80。

英语教学改革中的行动研究
——以陕西科技大学大学英语教学改革为例 *

李稳敏[①] 席丽红[②]
①陕西科技大学
②陕西服装工程学院

摘要：基于行动研究的理论框架，本文跟踪陕西科技大学为期两轮的系统化的大学英语教学改革试点活动，通过教学改革中的教师团队的实践案例分析，研究大学英语教学改革过程中外语教师的行动研究特点及其对大学英语教学效果、外语教师职业技能发展及科研能力提升所发挥的作用，以期为陕西科技大学新一轮大学英语教学改革及大学英语教师职业发展提供指导参考。

关键词：行动研究；参与式合作；问题导向；大学英语；教学改革

1. 引言

教育是民族振兴和社会进步的基石，十八大以来，我国坚持教育优先发展，推动高等教育内涵式发展，注重加强教师队伍创新建设，提升高等教育国际化水平。大学英语教学是高等教育的有机组成部分，全球化背景下，英语作为第一国际语言的特殊性赋予英语教学以特殊地位：无论文、艺、理、工，无论本科还是硕士，英语均被确定为必修课。

2004 年，教育部在全国 180 所高校进行了大学英语教学改革试点（大英教改试点），目的是提高学生英语综合应用能力。试点高校各显神通，教改试点形式多样：实施分级教学，开设英语选修课，依据学科发展特点开设相应的专门用途（ESP）英语课程等。2013 年 9 月，陕西科技大学外语系以本校人文类的管理、艺术设计学科群大学本科生为教改试点对象，以行动研究法为依据和指导，展开了大学英语教学改革实践：分级、分模块、突出学科特色。

2. 行动研究概述

行动研究通常被认为起源于“二战”时期。负责美国印第安民族事务的官

* 本研究得到陕西科技大学校级教改项目“‘通用英语 +’智慧教学背景下陕西省属高校英语教师专业发展研究与实践”（项目批准号：17Y085）资助。

员 John Collier（1945）首次使用“行动导向的研究”（action oriented research）研究方法，让行政人员参与研究，社会人士参与实践，合作研究白人与印第安人之间的关系。德裔美国社会心理学家 Kurt Lewin（1946）将行动研究引入社会科学领域，在“行动研究与少数民族问题”论文中指出，没有无行动的研究，也没有无研究的行动。他强调研究人员与实际工作者共同参与，研究过程循环反复，基于小组的参与式研究等行动研究特点（Lewin 1948）。1953 年，哥伦比亚大学师范学院院长柯雷在《改进学校措施的行动研究》一书中将行动研究的概念引介到教育领域，强调教师既是课堂教学的实践者又是分析问题并提供问题解决策略的研究者，由此行动研究是教师教学与科研的桥梁。简而言之，行为研究是为行动而研究，对行动研究，在行动中研究（袁振国 2000：212）。近年来，行动研究因其以发现问题、解决问题、发现新问题、解决新问题的循环往复、螺旋上升为方法，以质量提升、专业发展为核心，以解决问题为导向，以团队参与式合作为途径，以问题——计划——实施——观察——反思——总结——新问题为动态目标，而备受参与大学英语教学改革的广大教师的关注。

3．行动研究在陕西科技大学大学英语教学改革中的应用

Lewin（1946）认为行动研究包括：在团队合作条件下，(1) 分析问题、收集资料；(2) 制订并实施行动计划；(3) 评价并反思；(4) 修订并螺旋性重复整个行动。

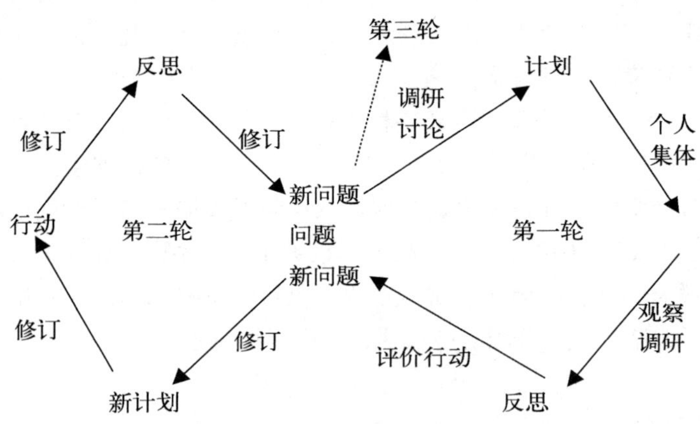

图 1　行动研究在大学英语教学改革中的应用

3.1 行动研究的出发点：现实问题——教改前的现状

行动研究是一种“问题导向”的研究方法。大学英语教学改革试点根源于大

学英语教学过程中所凸显的矛盾和问题，是行动研究法应用的最好案例之一。

2004 年教育部在全国 180 所高校进行了大学英语教学改革试点，旨在提高学生英语综合应用能力，尤其是听说能力。2009 年对全国 10 省市 21 所大学的非英语专业的大四学生课程满意度进行调查，结果显示，勉强满意和不满意的占 52.6%。大多数高校英语课堂教学与学习矛盾突出：基础英语的重复学习与学生对新知识及实用知识期待之间存在矛盾。大学英语教学主体“模式单一，手段滞后，内容脱节，费时低效”的现状，与国家经济国际化发展对综合型外语人才的需求相矛盾。

陕西科技大学大学英语教学问题更为突出：无分级、分学科教学，大班授课（个别 3 个班合班计 90 人以上）；教师集听、说、读、写、译课堂教学任务于一身，教学内容总体基础重复；硬件设施落后，网络时代网络学习中心仅 160 座，全校大学英语课程在学学生约 9,000 人，且大一新生禁止携带个人手提电脑入校；学生生源明显本地化且农村学生比例大，陕西省历年高考无听力考试；教师根据行政命令执行教学任务，无权干预教材使用及教学评估标准。

3.2 行动研究的应对措施与实施——分级、分模块，突出学科特色的大英教改思路及实践

行动研究是针对存在的问题分析问题、制定具体措施并付诸实施以解决问题，以达到效果的实践与研究方法。针对大学英语教学中存在的以上问题，陕西科技大学原大学英语教学部于 2013 年广泛搜集文献，Clem Adelman（1993）“Kurt Lewin and the Origins of Action Research”和文秋芳（2011）“《英语教学中的行动研究方法》评介”肯定了行动研究理论与教师职业发展的紧密关系。通过调查研究，深刻意识到大学英语从基础型向学术型转型的必要性及学科背景下的学术英语在转型中的重要性。陕西科技大学基于“学科群”背景的大学英语教学改革实践始于 2013 年，改革计划及思路包括课程设计、过程评估和考核等，由第一教研室全体教师根据学校实际情况，自主调研讨论，集集体智慧而形成。第一教研室负责人文、管理、艺术学科群的教学任务，首期 2013 级学生的教学改革实践任务由第一教研室 2013 级组全体教师（5 名中国教师及 3 名外籍教师）具体承担，充分体现了教师的主体作用，也体现了教师分享创新思路和合作参与实践的意识。

3.2.1 搭建基于学科群的师资团队化框架

陕西科技大学原文化传播学院于 2013 年 5 月组建大英第一、二、三、四教研室。根据学科群将学校院系划分为人文、艺术类，数、理、化、材料类，轻工、生物、食品类及机、电、计类四大模块，与教研室依次对应。初步完成依托学科群的师资团队化框架的搭建任务，第一教研室承担了此次教学改革试点任务。

3.2.2 实施分级、分模块教学模式

大学一年级阶段实践以雅思为导向的“分级分模块”教学模式，根据高考成绩及入学考试成绩的A、B级及听说、阅读、写作（应用文体训练）模块教学。大学二年级实践“特殊用途英语”模块教学模式即阅读（学术英语）、写作（求职简历、专业论文及其摘要写作技巧）及口语课程（面试、会议论文交流技能）。每位教师确立自己的学习及研究方向，根据方向选择课程，满足有所专长的要求，深化研究，促进教学与科研相长。

3.2.3 建立合理排课测评机制

大学英语教改试点组成员共16人（11名中国英语教师及5名外籍教师）。第一轮教改试点组共计8人（5名中国英语教师及3名外籍教师）。其中3名中国英语教师承担阅读和写作课程，另外2位中国英语教师和3位外籍教师合作承担听说课（由于师资不足，目前合班上课），1名外籍教师和1名中国英语教师合作共同承担艺术类学生听说课程，2名外籍教师和1名中国英语教师承担非艺术类学生听说课程。实施听说课程与读写课程单列，这样的安排有利于教学改革实践的对比研究。

大学一年级阶段期末考试统一试卷，考测听力、阅读及写作三部分内容（内容独立，但一次性考试）。大学二年级听说拟单班上课，重在互动和交流，提升学生生活用语、面试用语及会议交流学术用语的交流能力，英语期末考试听说、读写统一试卷，考测学术英语阅读和写作两部分内容，口语考试随堂进行，成绩按比例计入期末成绩。

3.2.4 重视过程性考核和评估

加大英语课程过程性考核及评估（考勤、作业、课堂表现等）比例，使其与期末考试比例各占50%。大学一年级阶段，听力（口语）、阅读及写作的比例分别为40%、40%、20%。大学二年级阶段，口语、阅读及写作分别为50%、30%、20%。这样有助于实现英语学习过程性评估及教师对学生英语学习主动性的良性引导和正确把握。

表1 大学英语课程设置

第1学期	第2学期	第3学期	第4学期
阅读(1.5课时/周)	阅读(1.5课时/周)	学术英语(2课时/周)	学术英语(2课时/周)
写作(1.5课时/周)	写作(0.5课时/周)	写作(1.0课时/周)	写作(1.0课时/周)
听说(1.5课时/周)	听说(2课时/周)	听说(1.0课时/周)	听说(1.0课时/周)

3.2.5 构建教学模式

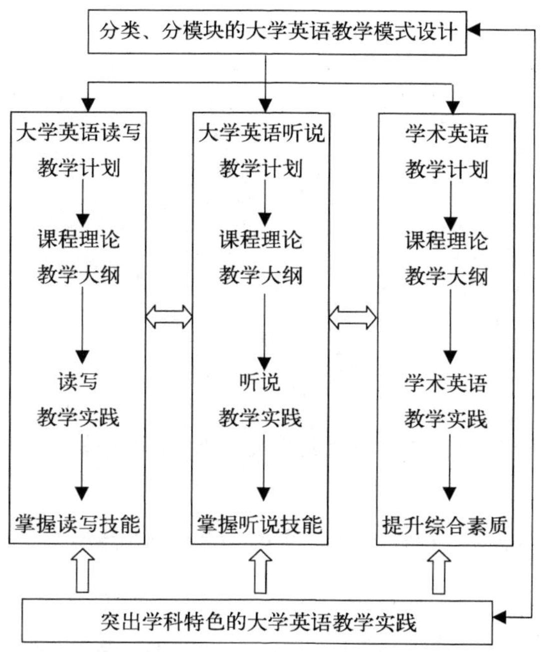

图 2　构建分级、分模块，突出学科特色的大学英语教学模式

陕西科技大学分级、分模块，突出学科特色的大英教改实践从 2013 年 9 月至 2016 年 7 月进行了两轮，共计四学年。此次改革从方案设计到教改实施，教改组老师们都是直接研究者和实践者。在第一轮实践过程中，发现问题，及时微调修正。例如，在学校审批教改计划时因教务管理困难等原因而将“分级”（快慢班）微调为“分类”，即：艺术类和非艺术类两类；原计划听说课小班授课仍维持合班授课的现状。一学年的教学改革实践，通过任课教师及学生对课程及教学的反馈，发现艺术类学生因英语基础弱而无法适应外教的听说课程，第二学年艺术类听说课程调整为中国外语教师承担，英语阅读课程以学科为背景：管理类学生开设商贸英语，艺术类学生开设西方艺术史。2014 级新生依据 2013 级调整后的课程计划，由 2014 级教改组成员开始第二轮的改革实践，由此，陕西科技大学大学英语第一教研室全体教师及艺术类、管理类 2013 级、2014 级全体大学生都已投入到此次教改试点中。

此次教改不但强调课堂教学，同时也注重课外教学环节（课内教学的延伸）。教改组认为，充分利用学生的课外学习时间是提高学生综合英语能力的关键。为此，创建了英语课外学习环境，使英语听说训练融入学生的每时、每日生活，鼓励学生参与英语听说的小环境及大环境。

图 3　构建提高学生综合英语能力的课外学习模式

3.3 行动研究的观察和反思——大英教改的评估与反思

3.3.1 教改效果评估

第一轮教改试点结束后，教改组经过讨论研究，设计调查问卷 5 份。对陕西科技大学参与大学英语教学改革试点的2013级及2014级学生问卷调查；对参与大英教改的大学英语第一教研室的教师及外籍教师问卷调查；对学生英语课外学习方式问卷调查及对美国纽约理工国际留学生问卷调查。

通过问卷、教学测试及作文批改网使用等实际情况进行对比研究、数理分析，结果表明：分类、分模块、突出专业特色的大学英语教学改革模式极大地激发了学生英语学习的兴趣和热情。这种将读写、听说以及学术英语分模块式讲解的方法使学生的学习目标更加明确；同时，突出专业特色的分类教学使学生感受到专业英语和大学英语真正结合的魅力。授课中所采用的师生共同行动，从课内讲解延伸至课外实践更是极大地提高了大学生学习英语的参与度，增强了教师扩大学科专业知识面、提升教学研究能力的意识；几乎所有学生都对本次教改持支持和欢迎态度，认为这样的形式不仅切实有效地提高了他们的英语读写和听说水平，而且帮助他们通过学术英语的学习了解到了所学专业的新动态。教改组的跟踪观察和测试结果也反映出学生的读写和听说能力确实得到了很大提高，在课堂上更显积极主动，也能较为流利地表达自己的思想。

以大一学生英语课外学习方式的问卷调查为例，从大一学生入学前和入学后一学年所采用的学习方式的对比曲线图不难看出，学生的英语课外学习模式与高中时代有了很大不同。问卷设计的选项为五分级，所以平均值高于 3 则表示此种学习方式被学生们认可并运用得较多（详见图 4）。

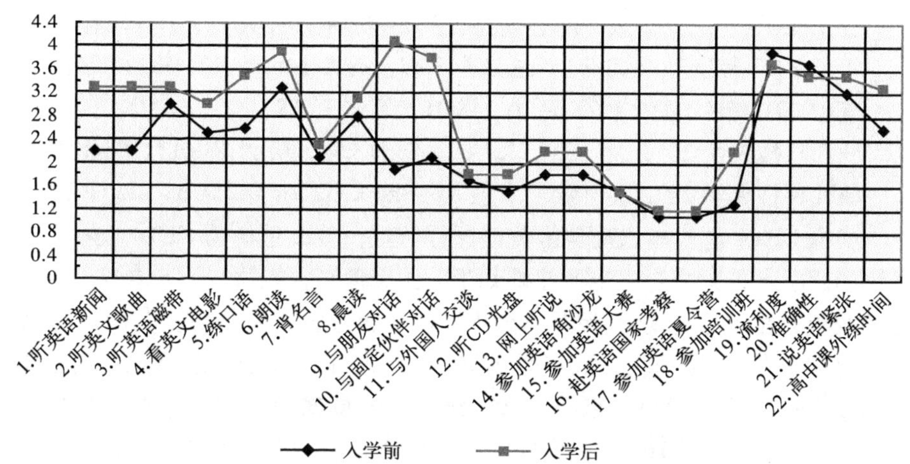

图 4　大一学生英语课外学习方式变化曲线图

以教师情况问卷调查为例：第一轮大学英语教改试点共有 3 名外籍教师合作承担听说课的教学，这样的安排有利于教学改革项目的对比研究。经过一年的教学后，教改团队在教师及学生中开展了“中外教师大学英语视听说课程教学情况问卷调查”及“外籍教师大学英语教学情况问卷调查”，问卷结果显示：(1) 95% 以上的中外教师对此次教改试点给予了很高的评价。(2) 98% 的外籍教师通过参与本次教改加深了对中国大学英语教育的认识，同时增强了与中国教师的教学交流。(3) 教改组的所有中国教师在与外籍教师的教学合作中，丰富了大学英语的教学理念，强化了英语应用的基本功，开阔了英语教学的国际视野。(4) 学生对中外教师的教学态度、教学管理都给予很高评价。(5) 学生普遍认为中国教师更了解中国学生的英语水平和学习需求，授课内容和进度安排更为合理。(6) 89% 的非艺术类学生可以积极参与到外教的课堂活动中，认为跟外籍教师可习得地道的英语表达，提高自己的口语水平。(7) 95% 以上的非艺术类学生认为外籍教师可以承担听说课，而读写课由中国教师承担较好。

3.3.2 大学英语四级（CET4）成绩评估

事实上，大学生 CET4 成绩与生源、高考英语成绩、所选专业、性别等相关性很大。本文依据主题，对本校大学生 CET4 成绩与本次教学改革试点的相关性进行了调研与分析。教改组针对 2012 级和 2013 级首次 CET4 成绩做了抽样，并进行横向及纵向对比分析如下：

包装 2013 级（教改试点）：总分 438.93，听力 145.36，写作 135.34；

包装 2012 级（教改试点前）：总分 403.87，听力 128.43，写作 127.10；

轻工能源学院 2013 级（除包装）：总分 404.95，听力 134.52，写作 125.88；

轻工能源学院 2012 级（除包装）：总分 405.60，听力 129.01，写作 124.83；

管理 2013 级（教改试点）：总分 443.47，听力 149.89，写作 135.54；

管理 2012 级：总分 452，听力 148.01，写作 137.97；

陕西科技大学 2013 级（除艺术）：总分 413.84，听力 138.13，写作 128.59；

陕西科技大学 2012 级（除艺术）：总分 416.95，听力 134.63，写作 128.48。

根据 CET4 题型特点及学术英语课程特点，教改组认为 CET4 根本无法通过阅读测评学术英语中对于专业基础知识的阅读理解，在这点上两者显然无关。因此教改组只抽取了总分、听力分数及写作分数进行比较分析。其次，管理 2013 级和包装 2013 级属于教改试点学科群范围，轻工与能源学院是包装所在学院，但不属于教改试点学科群范围。纵向比较，包装 2013 级总分、听力及写作分数分别提高 +35.06，+16.93，+8.24。轻工能源 2013 级分别为：－0.65，+5.51，+1.05。管理 2013 级分别为：－8.24，+1.88，－2.43。陕西科技大学 2013 级（除艺术类）分别为：－3.11，+3.5，+0.11。从以上数据来看，包装 2013 级不论是与其所在的轻工能源学院 2013 级（除包装）比较，还是与全校比较，各项增长幅度巨大。且包装 2012 级与轻工与能源学院 2012 级（除包装）相比，除写作分数增幅为正值外，另外两项均为负值。由此可见包装在实行教改后效果显著。然而管理 2013 级试点班则完全相反，各项增幅为抽样中最低。虽然管理学院会计 135 班首次 CET4 通过率为 93.94%，全校 2 次通过率总和仅为 54.58%。根据以上数据分析，虽然“分类、分模块、突出学科特色”的大学英语教学改革有利于 CET4，但其在英语综合能力培养方面的功能却因 CET4 题型的局限而不能被很好展现，CET4 成绩并不能完全有效地体现学生的英语综合应用能力。

3.3.3 教改反思

由此可见CET4成绩对此次教改的反拨作用：端正外语学习的动机，提高自我效能感；理性分析英语成绩，重视英语实际应用能力的培养。

第一轮的教改试点使教改组深刻意识到：“分类、分模块，突出学科特色”大学英语教学改革虽然深受学生欢迎，也给教改组成员（授课教师）带来了提升自身职业素养和科研水平的机遇，但如何真正提升大学英语改革的效果和科学有效地评估教改，是大学英语教学改革得以深化的关键，是教改组研究的难点，也将是继续探索和完善的目标。教改组同时在实践、研究中发现了新挑战。

3.4 行动研究中的循环往复——大学英语教改中的新问题、新举措

3.4.1 教改中的新问题

大学英语教师自身职业素养的提升迫在眉睫。外语教师的英语语言应用能力有局限性，学术知识缺失，教师科研能力及科研意识普遍薄弱。事实上，这是我国高校几乎所有外语教师面临的困境。

重成绩，轻水平，重结果，轻过程，这种固化思想有碍此次教改。一直以来，高成绩意味着学业优秀，未来工作体面，这是所谓的高等教育的好结果。以“分类、分模块、突出学科特色”为内容大英教改重在能力和过程，而能力的体现，需要时间的积淀。

CET4 与此次改革的矛盾在于，CET4 考试无法评估将语言作为传递通用专业基础知识和科技前沿知识载体的学术英语水平。但 CET4 成绩与学位关系密切，现实使得学生花费更多精力和时间去准备 CET4 考试，学生甚至会要求老师在课堂上搁置学术英语学习，全面备战 CET4。CET4 与学术英语学习由此遭遇了不可调和的矛盾冲突。

3.4.2 教改中的新举措

针对第一轮教改中出现的新问题，教改组经过调研、思考和讨论，提出教改新举措，进一步完善教改计划。

构建课程学习的过程性评估体系，表现（15%）+ 出勤（5%）+ 平时测试（30%）+ 作业（20%）+ 期末考试 30%，提高学生英语学习的积极性。组建科研团队，加强学习和交流，提升教师科研能力，实现大学英语教师职业专业化发展：2014 年，第一教研室教改 5 人团队成功申请省级教改项目一项，相继完成相关教改论文 3 篇[1]，实行导师制，推选资深教师做导师，指导引领青年教师的成长。2016 年派送一位教改组成员参加为期 3 个月的商贸英语培训课程的学习，实现教师职业素养的提升。

鉴于艺术类学生英语基础弱，取消学术英语课程，继续强化基础教育，非艺术类课程不变。教改组在 2014 级、2015 级大学英语课程中继续“分类、分模块、突出学科特色”教学改革实践与研究。

---

1. Li, Wenmin, 2015. College english teachers’“content-based” professional development in China. *Journal of Applied Research of Intellectual Disabilities* 3 (5): 319-323.

王雪，2015，非英语专业本科生通用学术英语教学改革探索与研究—以陕西科技大学教改试点为例，《商情》(35)：12。

翟菊霞，2015，基于 CBI 的大学英语分科教学探索，《新西部》(26)：28，33。

4. 结语

行动研究是近年来国外发展起来的一种教学理论研究方法，它既是开启注重过程性评估的教学实践与研究的有效方法之一，又是在职教师自我完善的有效途径。行动研究跨越“教育理论和实践的鸿沟”，教师成为“研究者”或“反思型实践者”。行动研究为解决当前教师迫切需要发展职业专业技能与培训手段陈旧低效的矛盾提供了可能（支永碧 2008）。

陕西科技大学大学英语的教学改革凸显了问题导向，重在实践，启发研究，注重过程和效果的教改过程，也充分验证了行动研究的问题——计划——实施——观察——反思——总结——新问题这样一个循环往复、螺旋上升的实践与研究过程。

2016 年，分级教学在 2016 级新生中展开，拟在大学二年级开设拓展课程，这次深化改革给外语教师的教学和学生英语学习提供了更为广泛灵活的选择余地，同时也为陕西科技大学全体大学英语教师在科研能力培养、外语教师职业专业化发展等方面带来了更新的挑战。

参考文献

Adelman, C. 1993. Kurt Lewin and the origins of action research. *Educational Action Research* 1(1)：7-24.

Collier, J. 1945. United States Indian administration as a laboratory of ethnic relations. *Social Research* 12 (3)：265-303

Lewin, K. 1946. Action research and minority problems. *Journal of Social Issues* 2 (4)：34-46.

Lewin, K. 1948. Action research and minority problems. In G. W. Lewin (ed.). *Resolving Social Conflicts.* New York: Harper & Brothers. 201-215.

文秋芳，2011，《英语教学中的行动研究方法》评介，《中国外语教育》4（3）：63。

袁振国，2000，《教育研究方法》。北京：高等教育出版社。

支永碧，2008，“行动研究”到“行动教育”——英语教师教育和课堂改革的范式创新，《外语与外语教学》（9）：28-33。